JN059020

「国際セクシュアリティ教育ガイダンス 教育ガイダンス」活用ガイド

活用ガイド

包括的性教育を教育・福祉・医療・保健の現場で実践するために

浅井春夫／谷村久美子
村末勇介／渡邉安衣子 編著

明石書店

まえがき──「学び方改革」に挑む

『【改訂版】国際セクシュアリティ教育ガイダンス』と包括的性教育

　『【改訂版】国際セクシュアリティ教育ガイダンス』（以下、「ガイダンス」）の翻訳書が、2020年8月に明石書店から出版されました。幸いにも手元に置いていただいている方が確実に増えており、日本における性教育の発展のためにも「ガイダンス」を活かしていくことが求められているという認識が広がっています。

　性教育発展の国際的なスタンダード（到達すべき水準）となっているのが「ガイダンス」です。今日、性教育といっても、①「純潔強制教育」（宗教的な儀式のなかで結婚までは性行動をしないことを誓わせる儀式などによるマインドコントロール）、②性の恐怖教育（人工妊娠中絶や性感染症の怖さを強調することで、子ども・若者を性的行動から遠ざける教育）、③抑制的性教育（"過剰に"性知識を教えると、問題行動につながるという「寝た子を起こす」論に依拠した性教育で、現在の文部科学省がとっている方針）、そして現在、子ども・若者の性的諸課題に応じた、科学と人権を骨格とした「ガイダンス」に依拠した④包括的性教育があります。

　包括的性教育とは、①子ども・若者のすべての年齢を対象として（ただし「ガイダンス」では0〜4歳は記述されていない）、②子ども・若者の性的発達のさまざまな局面に対応できるカリキュラムとなっており、③日常生活のなかで性に関わるあらゆる場面に対応できるちからを形成することで、④豊かな共生能力をはぐくむことをめざした性教育です。それは人権をベースにした変革しつつある性教育ということができます。包括的性教育は、各国の子ども・若者の実状にあわせて創造的に発展し続ける性教育であるのです。

　なお本書では、包括的性教育と包括的セクシュアリティ教育は同じ内容と意味として使っています。

「ガイダンス」を買ってはみたものの

　そんな「ガイダンス」ですが、「買ってはみたものの自分ひとりでは難しくて、読み切れない」「読み始めたけど頓挫しています」とい

う声をよく耳にしました。確かに「ガイダンス」はわかりやすいとはいえません。そのわかりづらさには、いくつかの理由があります。

1つは、「ガイダンス」は子どもと若者をめぐる人間と性の諸課題を、現場実践者が子どもたちのなかに見出し、それらの課題に向きあった性教育実践を創造することを求めていることがあります。したがって「ガイダンス」で列挙されている諸課題を子ども・若者に伝えていくためには、各国、地域、学校、子どもの暮らす場所などで具体的に実践をつくっていくことが私たちに求められているのです。

もう1つは、"包括的"ということに関わっているのですが、私たちの課題意識を超えて、視野を大きく広げていることがあります。8つのキーコンセプトに示されている実践の構想は、私たちに広がりと深まりのある学びと実践内容が問われています。その点でも「ガイダンス」を実践化していくことは、新たなチャレンジを私たちに求めていると受け止めています。

さらに、性教育、ジェンダー教育に関わるカタカナの専門用語は、単に英語の意味を暗記するだけではなく、セクシュアリティやジェンダーの本質的な理解が求められます。そして、刻々と用語の理解・解釈の発展・変化があるのが実際です。

これ以外にもあると思いますが、こうしたことが「ガイダンス」がわかりにくいという理由の大きな理由ではないでしょうか。

でも、どんな本や論稿でもそうだと思うのですが、読めば、そこに求めている答えがちゃんと書いてあることなどあまりないと思うのです。誰もが納得するような答えに安住するのではなく、自分なりに"答え"を探し当てることに喜びを感じる学び方をしたいものです。

そんなわかりづらさは、わかっていく学びを通して味わうワクワク感につながっていくことが多いのです。その"わかっていく学び"の内容も深まり、さらに次の課題への挑戦を拓く意思をはぐくんでいくことになると思うのです。研究発展の弁証法とはそういうものではないでしょうか。

では、意味のある興味深い研究とは、どのような研究をいうのでしょうか。社会的に役立つ、人間を大切にするための研究であることも重要なことです。でも社会に貢献する研究となるかどうかは、あえていえば研究の結果であって、その研究成果を活かした具体化にゆだ

ねられるということもできます。私たちにとって意味のある研究とは、自身の問題意識・関心に突き動かされて行う研究ではないかと思うのです。その原動力となるのは、本書に関わっていえば、子ども・若者と向きあった実践現場で培われ、また直面している現実から逃げることのできない課題（解決すべき問題）として受け止められた内容と考えます。研究とは自由な発想のなかで生み出される努力の積み重ねのプロセスでもあります。自らが読んで学んで、心を揺さぶられた感動と意思を言葉にのせて伝えていくことが、言葉のちからになっていくのではないでしょうか。

　性教協（下記の団体紹介を参照）を通じて知りあった私たちは、そのような問題意識を持って集まりました。一人ひとりが1回はレポーターになり、15回のゼミ形式での学びあい、自主ゼミをしようということになりました。参加者それぞれの専門領域で培った実践経験と学びを踏まえての報告は、理論的な学びとともに、現場での多様な実践が花開いていること、レポーターが直面する課題を取り上げてチャレンジしていることを知ることで"その人から学ぶ"という学び方にもなったのではないかと思います。

【一般社団法人 "人間と性" 教育研究協議会（性教協）の紹介】

　性教協は「科学・人権・自立・共生」を柱にした性教育の実践と研究をすすめている団体です。1982年に設立され、これまで40年、性教育の実践と理論を発展させてきました。その性教育は、本書で読み解いていく「包括的性（セクシュアリティ）教育」を中軸に据えて、たくさんの性教育の実践を積み重ねてきました。

　また全国の都道府県に広がる地方サークルや障害児・者、助産師、乳幼児の性と性教育、全国児童養護施設の種別サークルなどで、40を超える団体が各地で活動をしています。

　研修の企画は、年間を通して、全国夏期セミナー、理論と実践講座、性の基礎講座などに加え、各地のセミナーや例会なども継続して行われています。

　会報「人間と性」は年間10回の発行、さらに性教協責任編集の日本で唯一の性教育に関する雑誌『季刊 セクシュアリティ』

（エイデル研究所）を発行しています。

　包括的性教育の研究と実践にチャレンジし、子ども・若者に人間と性の学びを保障していきたいですね。ぜひ性教協で学びをともにしませんか。

　日本各地で包括的性教育の花を咲かせていきましょう。

　性教協の詳しい紹介は、ホームページ（https://www.seikyokyo.org）をご覧ください。

私たちの「ガイダンス」自主ゼミ

　私たちの自主ゼミの発端は、以下のシンプルな目的意識でした。

①「ガイダンス」をまずは読んで、自らの理解のし方、性教育実践への活かし方などの問題意識を自由に語りあうことをめざす。語りあってみることを大切にしたい。

②「ガイダンス」の内容を、いかに現場で活かすことができるのかについて論議したい。

③リラックスして、自由に議論ができる、運営上も無理のない学びの場とする。そういう意味では、"私はこのように読んでみた"という意見をだいじにしていきたい。

具体的には、以下のように行いました。

①2時間のゼミを基本に、持ち回りのレポート（A4判1枚を基本に＋αがあってもよい、報告は30分〜45分）を受けて、残りの時間を討議の時間とする（でも実際には数枚〜10枚を超えるようなレポートばかりでした）。参加者が討議してみたいことを、できれば1つは持ってくる努力をする。

②月1回のゼミの開催で、参加者が報告を1回は担当し、15回のゼミを終了の予定とする。「ガイダンス」全体を読み通す。章立てにそった順番でなくても、参加者の合意で自由にすすめてもいい。

　時間は平日か土・日曜日の19時〜21時など、開催日時等は

参加者による相談で決める。

③リモート（Zoom）での討議を基本とする。

④参加者数は10名程度とし、15名を上限とする。

⑤当面は幹事メンバー（"人間と性"教育研究協議会幹事会）がある程度は運営の進行役を担いながら、慣れてきたら、持ち回りですすめていくことを基本に、臨機応変、柔軟な対応で。

⑥誰々ゼミといった指導的な人のもとに集まる運営ではなく、対等平等な関係のなかで自由な論議をめざす。

⑦結論をまとめたり、内容の理解についての確認は求めたりはしないこととする。それぞれが疑問や理解、意見等を自由に議論できるようにしたい。画面に顔を出す・出さないは自由に。

⑧食べながら、飲みながらの参加もOKとする。

「ガイダンス」自主ゼミを経て出版へ

　困難な学びにチャレンジすることはたいへんですが、そのプロセスこそ自主ゼミの醍醐味です。学びへのチャレンジは勇気が求められます。出版を山登りに例えれば、どのように頂上をめざすのかという登り方とコースの選定が問われます。そのプロセスに学びの意味があるのではないでしょうか。

　本書は、さまざまな現場で性教育実践に携わっている研究仲間15人で15回の「ガイダンス」自主ゼミとして研究し、それぞれの問題意識を大切にした自由な論議を行い、グループに分かれての各自の執筆構想の検討、執筆期間での全体での意見交換、さらに最終的な原稿の完成まで、2年6か月をかけて出来上がったものです。15人がそれぞれの問題意識を大切にした自由な論議をしたまとめとなりました。

　そして、出版という頂に達したところで、次の山が見えてくることも少なくないのです。出版は学びの完結形ではありません。実際には次へのステップとしての中間まとめでもあるのです。ここに集まったゼミ生は皆、それぞれの学びと実践の道を見つけ、新たな山登りにチャレンジしていくのではないかと思っています。

学び方改革への挑戦を──4つのK＋1K、そして自主ゼミのすすめ

　いま現場の研究運動を考えたときに、提起したいことは「学び方改

革の４つのK」です。

　第１のKは「聴く」という学びのあり方です。受け身となりやすい面がありますが、自らの問題意識を持って聴くことで、さまざまな学びのステップへと通じることがあります。性教育を学び、実践しようと思ったきっかけには"目から鱗が落ちる"体験のある人も多いでしょう。真摯に他者の講演や報告を聴くことは、研究する者にとって不可欠の姿勢・態度であるといえます。

　第２に「購読する（買って読む）」というKがあげられます。このKは、独習に向かう勇気と決意が問われます。これもどのような問題意識を持っているかによって本の選択基準が変わってきます。新しい知見を学ぶ努力は、性教育やジェンダー問題に関わる研究には特に求められます。それは急テンポでバージョンアップされていく理論を学ぶことは、変革的な教育実践をすすめるうえでも必要なことだからです。広く読むことと焦点を絞って深く読むことの両立は経済的にもたいへんですが、新刊本は意識して購入する努力をしたいものです。

　第３のKとして、「語る」という学びも重要です。特に自主ゼミでは、自らが事前にレポートを準備して、発表するということで相当な努力と勇気が必要となりました。それとともにレポートを踏まえての討論はお互いの問題意識を交流する場となり、それぞれが新しい視点を獲得する学びの場ともなりました。何よりも語りあう楽しさを味わえることが学びの魅力であることを体感する自主ゼミだったのではないでしょうか。

　第４として「書く」というKがあります。第１のKから第３のKを踏まえて、学びを昇華させるのが「書く」という作業となります。最も苦労するのがこの第４のKですね。書くことは、書き始める決意をするまでに、長い時間がかかることがあります。書くという責任感が重くのしかかることもあるでしょう。あえていえば、自分のために書くことこそ意味があると考えます。私が知りたいこと、私自身の問題意識を手放さないという意味でも、書いて発表する努力には大きな意味があります。また書き終えたときの爽快感も書く魅力の１つではないでしょうか。

　私たちとしても、思い通りに書けなかったなあと感じたり、こう書くほうがよかったかなと思い悩んだりすることもありました。そのゆ

らぎのプロセスこそがだいじな学びの経験ではないでしょうか。

　そして、もう1つの希望を込めたKとして「行動」をあげておきます。性教育実践への着手、実践のバージョンアップへの挑戦、研究運動への参加、新たな研究仲間との協働、性教育をすすめる学校づくりなど。本書を手に取ってくださった皆さんも、ぜひとも本書をきっかけにそれぞれの立場で自主ゼミを行い、皆さんならではの「ガイダンス」の学びを具体的に拓いていくことを願っています。

　2021年1月29日、私たちの自主ゼミはスタートしました。奇しくも、コロナ禍においてそれまであたりまえであった対面による学びの機会が奪われてしまった期間において展開されたのです。その意味で、本書には、私たちのしたたかで粘り強い学びへの情熱も込められています。それは、他ならぬ「すべての子どもや若者たちに包括的性教育を届けたい」との願い、そして自分自身が主体的に自由に生きていきたいという願いの具体的な表明であり、表現なのです。多くの方が本書を読んでいただき、「ガイダンス」ゼミ生の一員として、この輪に加わっていただければ幸いです。

編者　　浅井春夫　谷村久美子

村末勇介　渡邉安衣子

「国際セクシュアリティ教育ガイダンス」活用ガイド●目次

まえがき──「学び方改革」に挑む.............................3

第Ⅰ部　『国際セクシュアリティ教育ガイダンス』と日本

1　はじめに（イントロダクション）[浅井春夫]　　17

1　SDGsと包括的セクシュアリティ教育.....................18
2　『国際セクシュアリティ教育ガイダンス』の目的と対象......20
3　「ガイダンス」の構成...................................21
4　なぜ「ガイダンス」改訂版が必要なのか..................23
5　開発過程...23

2　包括的セクシュアリティ教育の理解 [浅井春夫]　　25

1　包括的セクシュアリティ教育（CSE）とは何か.............25
2　「ガイダンス」5.2の8つのキーコンセプトの補足的説明.....33
3　包括的セクシュアリティ教育の当面する実践的課題を考える..39

3　若者の健康とウェルビーイング（幸福）[あっきー]　　41

1　書かれていることのまとめと考察........................42
2　おわりに...55

4　科学的根拠に基づいた包括的セクシュアリティ教育
[村末勇介]　　56

1　ここには何が書かれているか──科学的根拠についての概要..57
2　わが国の若者の性の現状...............................60
3　今、性教育はどうなっているのか
　　──大学生の「性教育履歴」を読む.......................66
4　まとめ...74

第Ⅱ部　8つのキーコンセプト

5　キーコンセプト、トピック、学習目標　　79

5.1　目標、年齢グループ、構成 [浅井春夫]　　82

  1　到達目標... 82
  2　年齢グループ..................................... 83
  3　構成... 86

5.2　キーコンセプト1　人間関係 [星野恵]　　89

  1　ここで書かれていることのまとめ................... 89
  2　みなさんと考えたいこと（問題意識）............... 90
  3　キーアイデアの説明............................... 91
  4　学習者ができるようになること..................... 94
  5　具体的な実践の提案.............................. 100
  6　まとめ――人間関係の学びを実現するために........ 103

5.3　キーコンセプト2　価値観、人権、文化、セクシュアリティ [小泉玲雄]　　107

  1　ここで書かれていることのまとめ.................. 107
  2　みなさんと考えたいこと（問題意識）.............. 108
  3　キーアイデアの説明.............................. 108
  4　学習者ができるようになること.................... 111
  5　補足しておきたいこと――社会的・文化的規範とは何か.... 118
  6　まとめ.. 120

5.4　キーコンセプト3　ジェンダーの理解 [浦野匡子]　　122

  1　ここで書かれていることのまとめ.................. 123
  2　みなさんと考えたいこと（問題意識）.............. 124
  3　キーアイデアの説明.............................. 129
  4　学習者ができるようになること.................... 132
  5　補足しておきたいこと――おとなの学びこそ重要である.... 139

6 まとめ..141

5.5 キーコンセプト4 暴力と安全確保 [土屋麻由美] 142

1 ここで書かれていることのまとめ.....................142
2 みなさんと考えたいこと（問題意識）.................143
3 キーアイデアの説明 144
4 学習者ができるようになること.....................149
5 補足しておきたいこと——信頼できるおとなに伝えること...156
6 まとめ..158

5.6 キーコンセプト5 健康とウェルビーイング（幸福）のためのスキル [谷村久美子] 161

1 ここで書かれていることのまとめ.....................162
2 みなさんと考えたいこと（問題提起）.................162
3 キーアイデアの説明 163
4 学習者ができるようになること.....................176
5 補足しておきたいところ——「ガイダンス」は語らない
　……ガイダンスの読み方について.....................179
6 まとめ..181

5.7 キーコンセプト6 人間のからだと発達 [渡邉安衣子] 183

1 ここで書かれていることのまとめ.....................183
2 みなさんと考えたいこと（問題意識）.................184
3 キーアイデアの説明 185
4 学習者ができるようになること.....................188
5 補足したいこと——障がいのある子どもへの性教育.......198
6 まとめ..199

5.8 キーコンセプト7 セクシュアリティと性的行動 [田部こころ] 202

1 ここで書かれていることのまとめ.....................202

2 みなさんと考えたいこと（問題意識）.....................203

3 キーアイデアの説明.....................206

4 学習者ができるようになること.....................209

5 補足しておきたいこと.....................214

6 まとめ.....................216

5.9 キーコンセプト8　性と生殖に関する健康
［岩佐寛子］　218

1 ここで書かれていること.....................218

2 みなさんと考えたいこと（問題意識）.....................219

3 キーアイデアの説明.....................222

4 学習者ができるようになること.....................225

5 補足しておきたいところ.....................233

6 まとめ.....................234

第Ⅲ部　効果的な実施体制に向けて

6 サポート体制の構築と包括的セクシュアリティ
教育プログラム実践のための計画［辻奈由巳］　239

1 ここで書かれていることを受けて.....................239

2 まとめ.....................256

7 効果的な包括的セクシュアリティ教育プログラムの実施
［水野哲夫］　258

1 「ガイダンス」7章　「効果的な包括的セクシュアリティ
教育プログラムの実施」.....................259

2 「効果的なカリキュラム開発」には何が必要か.....................259

3 モニタリングと評価.....................262

4 7.5　包括的セクシュアリティ教育を拡大する.....................268

5 私の考える包括的性教育推進のためのプロセス.....................269

6 まとめ.....................270

あとがき——4グループのとりくみから.....................273

第Ⅰ部
『国際セクシュアリティ教育ガイダンス』と日本

1 はじめに（イントロダクション）

自己紹介

　私は定年退職して 7 年になります。でも、さびしくはありませんよ〜。いろいろなことに関心があるので、まだまだやりたいことがいっぱいあります。「あなたの専門はなに？」って言われることもよくありますが、専門は、児童福祉論とセクソロジー（人性学）です。大学教員になる前は、児童養護施設で児童指導員として 12 年勤務してきました。そこで性教育と "人間と性" 教育研究協議会（性教協）と出会って 40 年になります。性の学びは、自らを謙虚にさせ、勇気をはぐくんできたと思います。性教育、社会的養護、戦争孤児問題などを研究領域としてやってきました。

　子どもたちへの無関心が続く戦後史のなかで、すべての子ども・若者に包括的性教育を権利として保障する国となるために、「包括的性教育推進法」をこの国で制定することを具体化したいと願っています。性教育の後進国から脱却するために、『改訂版 国際セクシュアリティ教育ガイダンス』を活用していくために、「ガイダンス」自主ゼミが全国に広がっていくことを願っています。

　『【改訂版】国際セクシュアリティ教育ガイダンス』の「はじめに」で、現代社会において包括的性教育が若者のさまざまな性的なリスクに対して、安全で有意義な充実した人生を送るうえで重要な役割を担っていることを明らかにしています。にもかかわらず、「質の高いカリキュラムに基づいた包括的セクシュアリティ教育がもたらすよい

影響についての明白で説得力のある科学的根拠があるにもかかわらず、責任をもって自由に自らのセクシュアリティや関係性についてコントロールし知識に基づいた意思決定をすることを励ます、かれらの人生のための準備（教育）を受けられている子ども・若者はごくわずかだ」（p.20）と、包括的セクシュアリティ教育の活用の不十分な状況を率直に述べています。

そうした現実は、日本においても同様で、いやそれ以上に子ども・若者の学びのニーズや保護者のねがいと包括的セクシュアリティ教育の活用状況の乖離は、国際的にみても最も後れた国となっています。その根本的な要因は、日本の政府・文部科学省の性教育政策の停滞と逆流化であり、1990年代から続いてきた"性教育バッシング"と授業実践の内容に制限をかける1998年改訂の学習指導要領のいわゆる"はどめ規定"による否定的な影響が教育現場を覆ってきたことによります。それらの問題が性教育の発展を阻害してきたことは指摘しておきたいと思います。

国際的にみれば、ヨーロッパやアメリカの諸州などで、『国際セクシュアリティ教育ガイダンス』（以下、「ガイダンス」）が活かされていることに学びながら、日本でも「ガイダンス」を性教育政策、学校運営、授業実践などで活かすことを真摯に追求したいものです。

どのように活かすことができるかという課題意識をもって、自主的なゼミが全国各地で開催されることを通して、「ガイダンス」が創造的に活かされることで包括的性教育を根づかせる1つの推進力になることを願ってやみません。

1　SDGsと包括的セクシュアリティ教育

「ガイダンス」の初版が2010年に発行されてからほぼ10年が経過しました。そして、2018年に「改訂版ガイダンス」が発行され、包括的セクシュアリティ教育の内容の充実と確実な成果を確認することができます。その到達点を踏まえて、日本におけるこの10年間のなかで性教育実践と研究運動の発展をいかに展望するかが私たちに求められています。

2030年をゴール（政策目標）とした持続可能な開発目標（SDGs）は、

すべての人が人権とジェンダー平等の実現のために行動することを求めています。そのためには「教育、ジェンダー平等、健康と福祉における開発目標を実現するために、政治的責任を遂行させることは、あらゆる場で子ども、若者に提供される包括的セクシュアリティ教育の、既存のあるいは新しい多角的なプログラムを拡大する、非常に重要な契機でもある」(p.21) ことを明記しています。2030 年に当面する政策目標として掲げられた課題を、国・自治体だけではなく、性教育政策、コミュニティ、学校のレベルでも検討され、具体化されることが求められています。そのためには「整えられた学校環境の中で、十分なトレーニングを受け支援された教員により提供されるべきである」ことも必然的に導かれる課題です。日本の現状を考えれば、そうした課題に文部科学省が取り組んでいるとはいえない現状のなかで、包括的セクシュアリティ教育の内容を子どもたちに心をこめて伝えたいと思う教員や専門職や学校の教職員集団自身が学びをすすめるなかで、性教育実践を展開するしかありません。そうした開拓者精神が性教育実践の根幹にはあるのではないでしょうか。本書が多くの人たちに参考にしていただけることを熱望しています。

　また「包括的セクシュアリティ教育はまた、多くの場合間違った情報や抑圧、搾取に対して最も弱い立場に置かれている、学校に通っていない子ども・若者たちに対してもアクセス可能なものでなければならない」(p.21) という課題にも関心を寄せ続けることも、コミュニティにおいて "信頼される学校" に求められている課題です。たやすい課題ではありませんが、課題として捉えようとしなければ、課題 (解決すべき問題) にはならないのです。

　そうした課題意識をはぐくむうえでも、*International Technical and Programmatic Guidance on Out-of-School Comprehensive Sexuality Education*（*CSE*）(2020 年 11 月 20 日) が国連人口基金 (UNFPA) ／国際連合教育科学文化機関 (UNESCO) 編、WHO、ユニセフ、国連合同エイズ計画、国連 HRP〔リプロダクティブ・ヘルス〕研究特別プログラム協力で発行されていますので参考にしていただきたいと思います。こちらの報告書も翻訳出版を検討いたしましたが、版権の承諾が得られないことがわかりましたので、何らかの形で内容の概略を伝えられることができればと考えています。

2 『国際セクシュアリティ教育ガイダンス』の目的と対象

　「序文」で明確に書かれているように、「完全に更新されたこの『国際セクシュアリティ教育ガイダンス』の改訂版は、現在の科学的根拠における新しいレビューに基づいており、人権とジェンダー平等の枠組み内でのセクシュアリティ教育の位置づけを再確認しています。それは、ポジティブで、肯定的で、若者の最善の利益に焦点を当てた方法で、性と人間関係についての構造化された学習を促進します。このガイダンスは、効果的なセクシュアリティ教育プログラムの重要な構成要素を概説することにより、各国関係機関が、若者の健康とウェルビーイング（幸福）にポジティブな影響を与える包括的なカリキュラムを設計できるようにしています」(p.8)。そのうえで「『ガイダンス』の初版と同様に、この改訂版は自発的に利用されるものであり、最新の科学的根拠に基づいており、各国の状況に応じた効果的なセクシュアリティ教育プログラムの実施をサポートするように設計されています」(p.8) と、「ガイダンス」の役割が明示されています。

　「ガイダンス」は「教育や健康などにかかわる政策立案者が、学校内外における包括的セクシュアリティ教育のプログラムや教材を開発し実践することを手助けするために作成されたもの」(p.21) であり、政策立案者である文部科学省、教育委員会、学校管理者、性教育担当者、NGOなどの行動計画のなかで位置づけるための具体化が求められているのではないでしょうか。

「ガイダンス」の目的

　以下に、7項目の「ガイダンスの目的」を引用しておきます（便宜的に番号を振っています）。

①包括的セクシュアリティ教育についての明確な理解を促し、包括的セクシュアリティ教育の望ましいポジティブな結果を明らかにすること。
②子ども・若者に影響を与える性と生殖に関する健康についての問題や懸念についての認識を高めることによって、包括的セクシュアリティ教育プログラムの必要性の理解を促進すること。

③政策立案者や教育者、カリキュラム開発者を援助する科学的根拠と研究に基づく指針を共有すること。

④教員と教育者の準備態勢を強化し、質の高い包括的セクシュアリティ教育を提供するための制度上の可能性を拡大すること。

⑤教育に携わる各省庁・政府機関に対し、地域や学校レベルの包括的セクシュアリティ教育のためのサポート体制をどのように構築するかの指針を示すこと。

⑥その地域の文化にあった形で、適切な、科学的根拠に基づいた、年齢や発達段階に適した包括的セクシュアリティ教育のカリキュラム、教材、プログラムを、どのように開発するのかの指針を示すこと。

⑦月経やジェンダー平等といった、文化的状況によってはセンシティブなこととしてみなされがちな問題についての認識を、包括的セクシュアリティ教育はどのように高めることができるのかを提示すること。

また「ガイダンス」は、「最新の科学的根拠だけでなく、数多くの国際的な人権に関する文書を確固たる基盤としている」(p.23) と述べています。その点に関連していいますと、最後にくる未来の人権条約は、性の人権条約ではないでしょうか。1995年9月開催の北京女性会議でEU（ヨーロッパ連合）が提起した「Sexual Rights」を国際人権条約として成立させる課題が21世紀前半の課題であるといえますが、後半にまで持ち越すかどうかは国際的なセクシュアリティをめぐる理解の深まりとアクションにかかっているといえます。その「国際セクシュアルライツ条約」(仮称) の条項には、「ガイダンス」の課題が反映されることになるのではないでしょうか。

3　「ガイダンス」の構成

「ガイダンス」全体は7章で構成されています。第1章から第4章は包括的セクシュアリティ教育の定義やその全体像、科学的根拠などが提示されています。第5章は、8つのキーコンセプトとトピックが年齢ごとの学習目標とともに整理されています。第6章と第7章では、

包括的セクシュアリティ教育実施のためのサポート体制の形成の課題、効果的なプログラムを提供するための推奨案が示されています。また第8章～第10章では、補足的な情報が提供されています。特に付録は、「ガイダンス」を成り立たせている基盤でもある国際条約や宣言、報告書などが紹介されており、「ガイダンス」の理念や思想を学ぶうえで有用な情報がコンパクトに紹介されています。

　「ガイダンス」全体は以下に示したように構成されており、本書はこの構成にそって執筆をしています。この構成によって「教えられている内容をどのようにモニタリング［観察し記録すること］するかのアイデアを提供し、教育と学習の目標に向けての進捗状況を評価するために、各地域の状況に合わせることができるし、また合わせるべきである」(p.24) という留意事項が示されています。

1　はじめに（イントロダクション）
2　包括的セクシュアリティ教育の理解
3　若者の健康とウェルビーイング（幸福）
4　科学的根拠に基づいた包括的セクシュアリティ教育
5　キーコンセプト1　人間関係
　　キーコンセプト2　価値観、人権、文化、セクシュアリティ
　　キーコンセプト3　ジェンダーの理解
　　キーコンセプト4　暴力と安全確保
　　キーコンセプト5　健康とウェルビーイング（幸福）のためのスキル
　　キーコンセプト6　人間のからだと発達
　　キーコンセプト7　セクシュアリティと性的行動
　　キーコンセプト8　性と生殖に関する健康
6　サポート体制の構築とCSE実践のための計画
7　効果的な包括的セクシュアリティ教育プログラムの実施
8　参考資料
9　用語集
10　付録

4 なぜ「ガイダンス」改訂版が必要なのか

　「新たな考慮すべき事柄は次々と生まれている」(p.25) という現実があります。特にセクシュアリティやジェンダーをめぐる問題は刻々と変化の波が押し寄せているのが実際です。包括的セクシュアリティ教育は、そうした変化に対応するちからが求められています。

　「現在、SDGsは、セクシュアリティ教育の目的、位置づけ、関連性が理解されるべきであるという新たなグローバル開発の枠組みを提示している」(p.25) のです。性教育を発展・促進させていくうえで、SDGsのグローバル展開のなかに位置づけて、どのようなアクションを起こすかが改訂版では意識されています。

　「ユネスコ (UNESCO) と初版時に協力した国連の他機関は、最新の科学的根拠を反映させ、若い学習者の現代的なニーズに応答し、そして、それらのニーズに対処しようとする教育システムと実践者をサポートするために、ガイダンスの内容を再検討し更新したのである」(p.25) と述べられています。「再検討し更新した」(p.25) 内容に即して、実践の段階でどのようにブラッシュアップしていくのかが求められています。そうしたチャレンジが包括的セクシュアリティ教育には常に問われているのが実際です。

　チャレンジの課題として提起しておきたいこととして、「ガイダンス」は、対象年齢に関して、0〜4歳は空白となっており、人生はじめから包括的セクシュアリティ教育が対応していることで「包括的」という意味があると思います。そうした観点から0〜4歳の乳幼児期のガイダンスの作成に取り組むことも私たちの課題としてチャレンジしたいものです。

　「性教協・乳幼児の性と性教育サークル」の若い現場実践者のみなさんが中心となってグループで、この課題に取り組んでおられることに大いに期待しています。心よりエールを送りたいと思います。

5 開発過程

　「今回の改訂は、科学的根拠の新たなレビューと、また、カリキュラムとカリキュラム枠組みのレビューに基づいている」(p.25) と説明

されています。その結果、「この改訂版は、世界中の専門家の意見、若者の声、既存の最良な実践の理解に基づいたものになった」(p.26) と説明されています。こうしたスタンスから学ぶことを通して、各学校、専門施設、コミュニティのもとで、子ども・生徒の発達要求と地域の状況にあったカリキュラムの作成を行うことも現場のカリキュラム開発の課題として考えていきたいものです。

2 包括的セクシュアリティ教育 の理解

浅井春夫

　「ガイダンス」第2章では、「包括的セクシュアリティ教育の新たな定義と説明を提起し、包括的セクシュアリティ教育の進化する分野を理解するための重要な考慮事項を示す」(p.28) ことが課題としてあげられています。

　本稿で論じる内容は、①包括的性教育とは何かを概説したうえで、②「ガイダンス」の内容を紹介し、③各国で包括的性教育はどのように活かされているのか、④「ガイダンス」を活かす性教育の課題と展望について書いています。

　なお、本稿では「包括的性教育」と「包括的セクシュアリティ教育」の二通りの表記をしていますが、後者は翻訳書で使用している表記で、両者は基本的に同じ内容を示しています。

1　包括的セクシュアリティ教育（CSE）とは何か

　包括的セクシュアリティ教育の目的は、子どもや若者たちの「健康とウェルビーイング（幸福）、尊厳を実現することであり、尊重された社会的、性的関係を育てることであり、かれらの選択が、自分自身と他者のウェルビーイング（幸福）にどのように影響するのかを考えることであり、そして、かれらの生涯を通じて、かれらの権利を守ることを理解し励ますことである」(p.28) と明記されています。

　こうした目的を踏まえて、包括的セクシュアリティ教育の基本的要素 (p.28〜p.31) として10項目があげられています。その項目の解説を本文から紹介しておきます。以下、「　」内は引用です。

　①科学的に正確であること──「事実と科学的根拠によって構成される」ことが基本にあり、「ガイダンス」のサブタイトルにある

ように「科学的根拠に基づいたアプローチ」を徹底することが基盤になっています。

②**徐々に進展すること**――「幼少期に始まる継続的な教育であり、……スパイラル型カリキュラムのアプローチを用いる」。スパイラル［らせん形］カリキュラムとは、カリキュラムモデルの１つで、授業計画・実践・評価・課題の確認といった一連のプロセスを何度も繰り返し、次第に実践内容を豊かに発展させていく方式のことをいいます。

③**年齢・成長に即していること**――「学習者の年齢と発達に基づいて、……健康とウェルビーイング（幸福）にとって最も適切な時期に、発達に関するトピックを取り扱う」。ここでいう「最も適切な時期」をどう捉えるのかは、子ども（たち）の現状と課題をより正確でリアルに受けとめているのかが問われることになるのです。

④**カリキュラムベースであること**――「生徒の学習をサポートする教育者の努力をガイドするカリキュラムの記述が含まれている」。しかし、ねらい通りの授業ができるとは限らないのが実際です。そこに「教育者の努力」が問われることになります。

⑤**包括的であること**――「セクシュアリティについて包括的で正確、科学的根拠に基づき、かつ各年齢に適した情報を得る機会を提供する」。包括的とは、全体を関連付けて把握し、さまざまな局面――性的発達段階や人生のプロセスにおいても、日常生活においても――に対応できるという意味合いがあります。

⑥**人権的アプローチに基づいていること**――「子どもや若者の権利も含む普遍的人権と、健康、教育、情報における平等と非差別に対するすべての人の権利の理解に基づき、またその理解を促進するものである」。「ガイダンス」の目標の１つは、すべての人々の人権が保障されることを通して共生社会が実現することであるといえます。

⑦**ジェンダー平等を基盤にしていること**――「ジェンダー規範が不平等に影響するさまざまな過程や、これらの不平等がいかに若者の健康やウェルビーイング（幸福）に影響するか、またそれだけでなくHIVや性感染症、早期および意図しない妊娠、ジェン

ダーを基にした暴力などの問題を防ぐための働きにも影響しうるのかといったことにも取り組む」。ジェンダー平等も、人権の尊重も、不平等や暴力や差別に抗う知識・態度・スキルが求められており、それは社会を変えるアクションとしての意味をもっているのです。

⑧**文化的関係と状況に適応させること**──「特定の環境での文化的構造、規範、行動が人々の選択や関係性に影響を与える方法を調べ、理解し、挑戦する学習者をサポートすることで、人間関係における尊敬と責任を育成する」。さまざまな文化や状況のなかで子ども・若者も暮らしているのであり、具体的なサポートをすることがCESのとりくみの１つであるのです。それは単に個別指導を通して自己責任で対応するというだけではなく、クラスや学校、地域を変えるとりくみをすすめることと並行してとりくむ課題ということができます。

⑨**変化をもたらすこと**──「個人とコミュニティのエンパワーメント、批判的思考スキルの促進、若者の市民権の強化をすることにより、公正で思いやりのある社会の構築に貢献する」。この点に関して補足的にいうと、不公正で、人権を踏みにじる排除的な社会の現実に対して、どういう態度をとることができるかが問われています。こういう主張にすぐにさまざまなレッテルを張って、バッシングをする個人や団体などがありますが、人間が人間らしく生きる社会を形成するために変化を求めることは、すべての人々の課題であると考えます。

⑩**健康的な選択のためのライフスキルを発達させること**──「情報に基づいて熟考し、意思決定できること、効果的にコミュニケーションと交渉を行うこと、自分の主張ができることが含まれる。これらのスキルは、子どもや若者が家族、仲間、友人、恋人、性的パートナーと互いを尊重し健康的な関係性を築くことに役立ちうる」。知識や態度は、一定の期間を通して、普遍的に活かすことのできるスキルとして形成することが課題としてあるのです。

　ここで提示された包括的セクシュアリティ教育の基本的要素は、私たちが自らの現場で包括的性教育を実践し運営していくうえで、授業

を計画し、実践し、総括・評価する視点として活用していくことができるのではないでしょうか。

「BOX1　包括的セクシュアリティ教育におけるセクシュアリティの概念枠組み」(p.32) は、「セクシュアリティの概念を定義するのは、容易なことではない」としたうえで、セクシュアリティについて、いくつかの側面から論じています。日本語の「性」もそうですが、性教育、セクソロジーの理論的発展とともに用語の概念の再定義・発展、さらに多様化がすすむことになります。

セクシュアリティの概念を捉えるうえで、その留意点を以下のように明記しています。

「『セクシュアリティ』は、身体、感情的な愛着と愛、セックス、ジェンダー、ジェンダーアイデンティティ、性的指向、性的親密さ、快楽と生殖についての理解と、これらの関係性を含む、人間であることの中核として理解される可能性がある」。また、「『セクシュアリティ』という言葉は、それぞれの言語、文化的背景によって意味が異なる。さまざまな言語での多くの変数と意味の多様性を考慮して、以下のセクシュアリティの側面は、包括的セクシュアリティ教育の文脈で考える必要がある」ということで、5点があげられていますが、ここではそのうちの1つを取り上げて考えてみましょう。

・セクシュアリティは権力（パワー）と結びついている。権力の根本的な境界線は、自らの身体についてコントロールすることの可能性である。包括的セクシュアリティ教育は、セクシュアリティやジェンダー、権力、およびその政治的、社会的側面の関係性を扱う。これらは特に年長の学習者に適している。

（下線は浅井）

セクシュアリティの側面は、DVや性暴力などの暴力や支配といった権力（パワー）の発現として私たちの暮らしのなかにあらわれる場合があります。権力の影響からの境界は、「自分のからだやプライベートな空間に関するプライバシー」（第5章「4.2　同意、プライバシー、からだの保全」の学習目標〔9～12歳〕）をどのように確保することができるかが、自らのからだについてコントロールし、保全（保護し安全を確

保) することができる可能性を広げるという関係にあると読めます。性的欲求は、性的支配欲求と性的共生欲求の2つの側面に区分することができますが（実際には混在していることも少なくありませんし、2つに明確に区分できないこともあります）、とくに「男女を問わず、望まない性的な扱われ方は、プライバシーと自らのからだを自分で決める権利の侵害であると認識する（態度）」(p.107) ことであり、からだの権利を自らのものにしていく可能性を広げていくことになるといえます。こうした文言を自主ゼミなどで検討できればいいですね。

1）包括的セクシュアリティ教育の整理──性教育の4つの発展段階と包括的セクシュアリティ教育の内容

　「性教育」と一言でいっても、さまざまな実践内容が混在しているのが実際です。私なりに第2章を整理しておくことにしましょう。

　「包括的」(comprehensive) とは、辞典的には「すべてをひっくるめてまとめているさま」という意味です。総合的という用語とかなり重なります。性教育の特徴と類型としての「包括的」の内容には、ポジティブなセクシュアリティ観と豊かな性と生殖に関する健康を実現するための学習者の知識・態度・スキルの発達を含んでいます。

　現在までの性教育の発展の歴史をみれば、図2-1のような歩みがあります。「性教育」といっても、歴史的に4つの類型が混在しながら発展してきました。①宗教や伝統文化あるいは特定のイデオロギーのもとで、女性・若者に純潔であることを誓わせ強制する「純潔強制教育」（結婚まではセックスをしないという誓約書に署名させるマインドコントロール教育で、性教育とはいえない内容）、②性行動の悲惨な結果をことさらに強調する「性の恐怖教育」（中絶方法として国際的にも遅れた方法である掻把（そうは）手術や、性感染症を脅しとして紹介するなどの方法）、③「性教育によって（無垢な）寝た子を起こす」という曲解と性行動の管理を柱にした「抑制的性教育」です。日本の性教育政策は戦後一貫してこの立場で継続されてきました。そして④今日、世界的にスタンダード（とりくみのよりどころ）となっている「包括的性教育」があります。その国際的なスタンダードとなっているのが「ガイダンス」です。

　ここでいう包括的性教育の骨格は、①青年期までのすべての年齢を対象にして、②日常生活のすべての出来事に対応できるように、③性

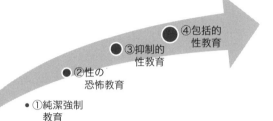

図 2-1 性教育の４つの発展段階と包括的性教育の展望

①純潔強制教育

②性の恐怖教育

③抑制的性教育

④包括的性教育

的発達のさまざまな段階に必要な学習課題を準備することで、④豊かな共生関係を実現することをめざしている性教育のことです。

ただし、「①青年期までのすべての年齢を対象にして」ということについて補足的に説明しますと、「ガイダンス」は、０～４歳は対象年齢とはなっておらず、学習目標（５～８歳）からはじまっています。その点に関しては、2010 年に、WHO ヨーロッパ地域事務所とドイツ連邦健康教育センターによって「ヨーロッパにおけるセクシュアリティ教育スタンダード」が発表されており、そこでは０～４歳について具体案が提示されています。

2）包括的セクシュアリティ教育の発展分野におけるその他の重要な考慮事項

本文で提起されている「重要な考慮事項」について紹介し、整理しておくことにします。

包括的セクシュアリティ教育（以下、CSE）は生殖、リスク、疾病についての教育にとどまらない

子ども・若者の多様なニーズに応えるためには「バランスのとれた包的的なアプローチが必要とされる」（p.33）のです。その内容は、生殖や性的行動、リスク、病気の予防に関する内容だけでなく、相互の尊重と平等に基づく愛や人間関係などのポジティブな側面、またジェンダーと権力の不平等、社会経済的要因、人種、HIV の状態、障がい、性的指向とジェンダーアイデンティティなどに関連する諸課題の議論を視野に置くことが重要です。そうした広い視野で課題を把握す

ることが包括的という意味でもあるのです。

　とくに以下の囲みは、さまざまな意見がある問題について、科学的根拠を明示することで社会的文化的に有害な慣習や差別に関する扱い方が有効であることを強調しています。

> 　「ガイダンス」は、特定のコミュニティでは注意が必要な問題や話し合いが難しい問題などを含む、**若者の生活におけるセクシュアリティの現実と影響を取り扱う**ことの重要性を強調する。科学的根拠を用いて、**ジェンダー平等と人権基準・枠組み**の内容を定着させることは、注意が必要な問題を扱うことを助ける。

包括的セクシュアリティ教育は妊娠、性感染症とHIVを予防するためのすべてのアプローチに関する情報を提供する

　いつ、誰と、いかなる形の親密な関係または性的関係をもつのかを選択する権利と責任は、性的関係を止める、性的関係を遅らせる、または性的関係をもつ権利が含まれるのです。禁欲は妊娠、性感染症とHIVを予防するうえで重要な方法ではあるが、多くの若者の生活においては永続的な選択ではないことが確認されています。禁欲のみのプログラムは、若者の性と生殖に関する健康と権利（SRHR）には効果がなく、潜在的に有害であることがわかっています。

　CSEは、セーファーセックス（意図しない妊娠のリスクと、HIVその他の性感染症を他の人に感染させるリスクを減らす性行動）を選択する判断力の形成を重視するための情報提供に力点が置かれています。「若者が自分たちの価値観に沿った性的感情を表現する方法について考えることを奨励することに焦点を当てている」(p.35) など、若者が実際に利用しやすい包括的な性と生殖に関する健康サービスの情報が提供され、紹介されることが推奨されています。

包括的セクシュアリティ教育は学習者中心アプローチを用いる

　これまで教員は学習課程の「指導者」であり、生徒は受動的な立場に置かれてきました。しかし、この数十年の間に、学習過程における新しいアプローチが開発されました。その観点に基づくと、学びは教員によって伝えられた情報を受け取り処理する以上のものであり、

「生徒が個人的な経験や情報に批判的に取り組むことによって、情報や資料に対する自分自身の理解を構築することができるときに、最も学びが深まる」(p.36) という知見を踏まえて、CSEを展開することを追究したいものです。

　これまでの教育実践研究によると「ポジティブな効果は主に教員のやる気、態度、技能、スキル、および参加型の教育方法を用いる能力の結果であることを示している」(p.36) ことを踏まえれば、教員の現場研修のあり方は問い直すことが求められているといえます。

　生徒の側に保障されるべき課題として「学びは個人的な成長の一形態として見ることができるので、生徒は自分自身の人生について注意深く考えるために振り返る取り組みが奨励される」(p.36) ことは、実践的に受けとめてみる必要があります。

学校は包括的セクシュアリティ教育の提供において中心的な役割を果たす

　この項では、学校におけるCSEを提供する利点が具体的にあげられています (p.37 ～ p.38)。

- ●学校は、熟達した信頼できる情報源としてふさわしい教員や、公的カリキュラムによって提供される長期間プログラムの作成の機会を含む、基盤を提供する。
- ●学校は、長年にわたって年齢および発達に関連した理想的な順序で包括的セクシュアリティ教育を実施できる環境を提供する。
- ●公教育を通して子どもや若者にジェンダーの視点を提供することができる。

加えて以下の3点も列挙されています。

- ●学校は、学習環境を保護的かつ支援的なものにするために、学習環境の多くの側面を調整する権限をもっている。
- ●学校を基盤にしたプログラムは、教育とサービスに対する若者の権利を保障するための非常に費用対効果の高い方法であることが示されている。

●学校は、子ども、親、家族、コミュニティを他のサービスとつなげることができる社会的サービスセンターとしての機能を果たす。

　学校におけるCSEを推進していくうえでも、これらの学校の可能性を認識することは重要ですが、学校の行政による管理主義的傾向は、学校の可能性を制限しているといわざるをえません。

ノンフォーマルでコミュニティを基盤にした環境もまた、カリキュラムを基盤にした包括的セクシュアリティ教育を提供するための重要な機会である

　「CSEの実践方法は、ノンフォーマルでコミュニティを基盤とした環境によって異なる可能性があるが、その内容は科学的根拠に基づいており、さまざまな年齢層に対して推奨される幅広いトピックに従い、効果的なプログラムの特徴と結びつけられなければならない」(p.39)とされています。

　これらの考慮事項を踏まえて、学校におけるCSEの発展を展望していくことを日本の現状から考えていくことが求められています。

2　「ガイダンス」5.2 の 8 つのキーコンセプトの補足的説明

　「ガイダンス」では、8つのキーコンセプト（①人間関係、②価値観、人権、文化、セクシュアリティ、③ジェンダーの理解、④暴力と安全確保、⑤健康とウェルビーイング（幸福）のためのスキル、⑥人間のからだと発達、⑦セクシュアリティと性的行動、⑧性と生殖に関する健康）で成りたっており、それぞれのキーコンセプト（物事の基本を捉える考え方・概念）の柱に、キーアイデアと学習者ができるようになることが、4つの年齢グループ（①5〜8歳、②9〜12歳、③12〜15歳、④15〜18歳以上）に即して整理されています。

　8つのキーコンセプトについては、各キーコンセプトをそれぞれの執筆者が専門分野の知見と経験を踏まえて説明し、キーコンセプトに関して補足的に論究しています。

1）8つのコンセプトの概要

8つのキーコンセプトについて、一部を紹介しながら説明します。

キーコンセプト1「人間関係」「1.1　家族」の学習目標（5〜8歳）の キーアイデア 「世界にはさまざまな家族の形がある」が冒頭にあり、包括的性教育のキーワードである「多様性」の視点が明記されています。多様性の視点は、包括的性教育の骨格をなす理念として貫かれています。同様に学習目標（5〜8歳）の キーアイデア 「1.2友情、愛情、恋愛関係」においても「友情にはさまざまな形がある」、学習目標（12〜15歳）の キーアイデア でも「人間関係にはさまざまな形がある」ことが書かれています。この「さまざまな形」のなかでどのような形を選ぶのかについて、その選択と対応能力を知識・態度・スキルのレベルで課題提起されています。

キーコンセプト2「価値観、人権、文化、セクシュアリティ」「2.1 価値観、セクシュアリティ」の学習目標（5〜8歳）の キーアイデア は「価値観は、個人、家族、コミュニティの中でつくられる大切なことへの強力な信条である」ことがあげられています。価値観とは、「何に価値（善悪、よい・わるいと判断するか）を認めるかという考え方」であり、信条とは「正しいと信じて実践していること」をいいます。

学習者ができるようになること では「平等、尊重、受容、寛容などの重要な個人的価値観を明らかにする（知識）」課題が示されています。ここに示された「平等、尊重、受容、寛容」は人権尊重の信条の骨格に据えられる価値観です。まさに根源的な課題が提示されているといえます。

キーコンセプト3「ジェンダーの理解」は、「改訂版ガイダンス」で新たに加えられたキーコンセプトです。「ジェンダー（gender）」という用語は、「ガイダンス」（初版）では38か所でしか使われていませんでしたが、「改訂版ガイダンス」では、411か所で使用されています。

「3.3　ジェンダーに基づく暴力」の学習目標（9〜12歳）の キーアイデア は、「あらゆる形のジェンダーに基づく暴力は間違った行為であり、人権侵害である」としたうえで、学習者ができるようになること で「性的虐待やジェンダーに基づく暴力は、その人が性的要望をコントロールできないという問題ではなく、力と支配による犯罪であるこ

とを説明する（知識）」というように示されています。

　こうした課題が小学校高学年の時期に<mark>学習者ができるようになること</mark>で明記されているのです。包括的性教育の包括性を理解するうえでも「ジェンダーの理解」は必須課題と位置づけられています。

　キーコンセプト4「暴力と安全確保」もキーコンセプト3とともに改訂版で新たに設定された項目です。

　「4.2　同意、プライバシー、からだの保全」は、学習目標（5〜8歳）の<mark>キーアイデア</mark>で「誰もが自らのからだに誰が、どこに、どのようにふれることができるのかを決める権利をもっている」ことを明確にしています。そのうえで学習者としてできるようになることについて誰もが「『からだの権利』の意味について説明する（知識）」課題をあげています。

　学習目標（12〜15歳および15〜18歳以上）では、暴力と安全確保にとっての「性的同意」「境界線」の認識の重要性が説明されています。あわせて相手への「リスペクト」（尊敬、敬意）の重要性に注目しています。暴力と安全確保においては、「からだの権利」「性的同意」「境界線」「リスペクト」の4つの判断能力をいかに形成するのかが問われています。

　キーコンセプト5「健康とウェルビーイング（幸福）のためのスキル」「5.2　意思決定」の学習目標（9〜12歳）の<mark>キーアイデア</mark>で「意思決定は、学び、実践することのできるスキルである」と明記しています。その理解を踏まえて、<mark>学習者ができるようになること</mark>として「意思決定は学ぶことのできるスキルだと認識する（態度）」ことが明示されています。

　学習目標（15〜18歳以上）の<mark>キーアイデア</mark>では「性にかかわる意思決定は、法的責任をともなう可能性がある」としています。<mark>学習者ができるようになること</mark>として「性的行動にかかわる意思決定を見極めるうえで、自分たちの権利を知っていることが重要であることを認識する（態度）」こととあわせて「性的行動にかかわる特定の意思決定の作用により生じうる法的責任を見極める（スキル）」課題が示されています。

　キーコンセプト6「人間のからだと発達」「6.2　生殖」の学習目標（9〜12歳）の<mark>キーアイデア</mark>「妊娠が始まるには、精子が卵子と結合し、

表2-1　国際セクシュアリティ教育ガ

	【改訂版】国際セクシュアリティ教育ガイダンス　章立て
第1章	はじめに（イントロダクション）
第2章	包括的セクシュアリティ教育の理解
第3章	若者の健康とウェルビーイング（幸福）
第4章	科学的根拠に基づいた包括的セクシュアリティ教育
第5章	キーコンセプト、トピック、学習目標 キーコンセプト1　人間関係 トピック：1.1　家族、1.2　友情、愛情、恋愛関係、1.3　寛容、包摂、尊重、1.4　長期の関係性と親になること キーコンセプト2　価値観、人権、文化、セクシュアリティ トピック：2.1　価値観、セクシュアリティ、2.2　人権、セクシュアリティ、2.3　文化、社会、セクシュアリティ キーコンセプト3　ジェンダーの理解 トピック：3.1　ジェンダーとジェンダー規範の社会構築性、3.2　ジェンダー平等、ジェンダーステレオタイプ、ジェンダーバイアス、3.3　ジェンダーに基づく暴力 キーコンセプト4　暴力と安全確保 トピック：4.1　暴力、4.2　同意、プライバシー、からだの保全、4.3　情報通信技術（ICTs）の安全な使い方 キーコンセプト5　健康とウェルビーイング（幸福）のためのスキル トピック：5.1　性的行動における規範と仲間の影響、5.2　意思決定、5.3　コミュニケーション、拒絶、交渉のスキル、5.4　メディアリテラシー、セクシュアリティ、5.5　援助と支援を見つける キーコンセプト6　人間のからだと発達 トピック：6.1　性と生殖の解剖学と生理学、6.2　生殖、6.3　前期思春期、6.4　ボディイメージ キーコンセプト7　セクシュアリティと性的行動 トピック：7.1　セックス、セクシュアリティ、生涯にわたる性、7.2　性的行動、性的反応 キーコンセプト8　性と生殖に関する健康 トピック：8.1　妊娠、避妊、8.2　HIVとAIDSのスティグマ、治療、ケア、サポート、8.3　HIVを含む性感染症リスクの理解、認識、低減
第6章	サポート体制の構築と包括的セクシュアリティ教育プログラム実践のための計画
第7章	効果的な包括的セクシュアリティ教育プログラムの実施
第8章	参考資料
第9章	用語集
第10章	付録

イダンス【改訂版】（2018 年）の構成

各章の具体的な項目および学習目標など	
「ガイダンス」の目的と対象、構成、なぜ改訂版が必要なのか、開発過程	
2.1　包括的セクシュアリティ教育（CSE）とは何か、2.2　CSE の発展的分野におけるその他の重要な考慮事項	
3.1　子ども、若者の性と生殖に関する健康（SRH）、3.2　CSE を通じて扱える、健康とウェルビーイングに関するその他の重要課題、3.3　その他の課題	
4.1　はじめに、4.2　科学的根拠のレビューの主な結論、4.3　科学的根拠のレビューの限界、4.4　今後、私たちに必要な科学的根拠は何か	

キーアイデア（例示） 4 つの年齢グループの 1 つを紹介	学習者ができるようになること（例示） 学習の 3 領域：知識、態度、スキル
1.1　学習目標（5 〜 8 歳）家族にはさまざまな家族の形がある／ジェンダー不平等は家族メンバーの役割と責任に影響することがある	家族のさまざまな形に対する尊重を表現する（態度）／家族の中における男性と女性の役割と責任の違いを列挙する（知識）
2.2　学習目標（9 〜 12 歳）自身の権利を知り、また国内法にも国際協定にも人権が表記されていることを知るのは重要である	人権の定義と、すべての人にどのように適用されているのかを再認識する（知識）／実際に自分が行使している権利を省察する（スキル）
3.2　学習目標（12 〜 15 歳）ジェンダー平等は性的行動や人生設計についての平等な意思決定を促進する	より公平なジェンダー役割がより健康的な性的関係にどのように貢献しうるか分析する（知識）
4.2　学習目標（15 〜 18 歳以上）同意を認識し、同意を伝える能力に強く影響を与える要因に気づくことが重要である	性的同意において、相手の話を聞くこと、認めること、行動すること、行動しないことの意味を議論する（知識）
5.4　学習目標（5 〜 8 歳）メディアにはさまざまな形態があり、それは正しい情報を提供するものも、間違った情報を提供するものもある 5.5　友だち、家族、宗教の指導者、コミュニティのメンバーはお互いに助け合うことができるし、そうすべきである	メディアを通じて提供される正しい情報と誤った情報の例について議論する（知識） 信頼できるおとなとはどんな存在かを説明する（知識）／信頼できるおとなを見つけ、助けを求めるさまざまな方法を実際にやってみる（スキル）
6.2　学習目標（9 〜 12 歳）妊娠が始まるには、精子が卵子と結合し、子宮に着床するという条件が不可欠である	ペニスが膣内で射精する性交の結果で妊娠が起こることを再認識する（知識）
7.2　学習目標（12 〜 15 歳）取引的な性的行為、金銭や物品と性的行為の交換は、自分の健康やウェルビーイング（幸福）を危険に晒す可能性がある	金銭や物品との取引を伴う性的関係は、脆弱性を高めうる不平等な力関係を増加させ、セーファーセックスを交渉する力を制限することを認識する（態度）
8.1　学習目標（15 〜 18 歳以上）意図しない妊娠というのは起こるもので、すべての若者は健康やウェルビーイング（幸福）に必要なサービスや保護にアクセス可能であるべきである	在学中に妊娠した思春期の女子を排除したり除籍したりすることは、その女子に対する人権侵害であると認識する（態度）
6.1　CSE へのコミットメントの強化、6.2　CSE プログラムの計画作成と実施へのサポート	
7.1　はじめに、7.2　効果的なカリキュラム開発の特徴、7.3　CSE プログラムの設計と実践、7.4　CSE プログラムのモニタリングと評価、7.5　包括的セクシュアリティ教育を拡大する	

子宮に着床するという条件が必要不可欠である」ことを踏まえて、学習者ができるようになることとして「ペニスが膣内で射精する性交の結果で妊娠が起こることを再認識する（知識）」ことが明記されています。学習目標（5〜8歳）においても「生殖」のプロセスを説明することができることが学習者に求められています。幼児の年長から小学校低学年および高学年の学習課題として受精・妊娠、出生のしくみを科学的に学ぶことが課題なのです。"セックスのハウツーを教える"などという教育実践ではありえないフェイクをバッシング派の研究者・議員などが繰り返し言ってきたのですが、あまりにも稚拙で低劣な攻撃であると言わざるをえません。

　キーコンセプト7「セクシュアリティと性的行動」の「7.2　性的行動と性的反応」の学習目標（9〜12歳）のキーアイデアで「セックス（性行動）を遅らせるだけではなく、性的に活発になることを含め、性的行動について情報に基づいた決定ができることは重要である」としています。

　「7.2　性的行動、性的反応」の学習目標（12〜15歳）では、キーアイデア「取引的な性的行為、金銭や物品と性行為の交換は、自分の健康やウェルビーイング（幸福）を危険に晒す可能性がある」と明記しています。そのうえで学習者ができるようになることとして「金銭や物品との取引を伴う性的関係は、脆弱性を高めやすく不平等な力関係を増加させ、セーファーセックスを交渉する力を制限することを認識する（態度）」という課題が提起されています。初版では「取り引きとしての性的行為とは、性的なサービスをお金や物や保護と交換することである」（p.164）と、定義が記述されていただけでしたが、改訂版では実践的に踏み込んだ記述がされています。

　キーコンセプト8「性と生殖に関する健康」の学習目標（9〜12歳）では避妊・中絶に関して、「コンドームやその他避妊法の利用の決定には、性的パートナーの両方に責任があることを認識する（態度）」と明記しています。

　中絶についても、同じ対象年齢で「若年での意図しない妊娠は、健康面や社会面でネガティブな結果となる可能性があることを認識する（態度）」と、中絶を含む「ネガティブな結果」を迎える可能性に論及しています。さらに学習目標（15〜18歳以上）では「危険な中絶は女

性にも女子にも深刻な健康リスクを引き起こすことを理解する（知識）」という課題が示されています。「ガイダンス」には「人工妊娠中絶」に関する記述がほとんどないのですが、これは各国における中絶に関する政治的政策的スタンスに大きなちがいがあることを考慮してのことと理解しています。

3 包括的セクシュアリティ教育の当面する実践的課題を考える

　性教育のトレンド（時代の潮流）をあげておきます。これらのトレンドはすべて「ガイダンス」で明示された内容です。

　第1は、「同意教育」です。人間関係や性的行動において、相手との関係で問われることはお互いが意思表示をして同意が成立する関係性をいかに形成するのかが問われています。とくに性的同意に関して、2018年に、スウェーデンでは端的にいえば「Yes」という明確な同意がないまま性行為をした場合、レイプ罪に問われる刑法改正が行われました。「No！は、No！という意味なんだ」という拒否の意思表示が尊重されなければならないという主張をさらにすすめて、「YES」がなければ、同意は成立していないという考え方を明確にしています。"No Means No"（被害者の同意のない性行為はすべて性暴力）という状況判断から、"Yes Means Yes"（イエスがイエス）で自発的参加があってはじめて同意があると捉える立場に立つことが求められているのです。

　同意には、暗黙の了解などは存在しません。自らの意思・要望・希望を伝えて、それに対して「いいよ」「私もそう思っているよ」「そうしよう」という意思表示を確認・共有することが同意の核心です。

　第2に「からだの権利」「バウンダリー（境界）」「パーソナルスペース」（プライバシー）「リスペクト（尊敬）」の四位一体の捉え方と実践のあり方をあげておきます。「からだの権利」は、「キーコンセプト4 暴力と安全確保」の「4.2　同意、プライバシー、からだの保全」のところで、学習目標（5～8歳）のキーアイデア「誰もが、自らのからだに誰が、どのようにふれることができるのかを決める権利をもっている」としています。そのうえで学習者ができるようになることとして「『からだの権利』の意味について説明する（知識）」「誰もが『から

だの権利』をもつことを認識する（態度）」という課題が示されています。

　「からだの権利」の具体的内容は、①からだの器官やパーツの名称や機能について学ぶこと、②誰もが、自分のからだのどこを、どのようにふれるのかを決めることができること、③親・おとな・子どもからも含めて、虐待や搾取、性的虐待や性的搾取から守られること、④からだは清潔に保たれ、けがや病気になったときは医療的ケアを受けることができること、⑤こころとからだに不安があるときには相談しサポートを受けることができること、⑥は①〜⑤のことができていないときは、「やってください」と主張することができることなどです。これらは自己肯定感・観の形成に連動するポジティブなからだ観をはぐくむ課題でもあります。抽象的に「いのち」を語るのではなく、「からだ」のリアリティを通して「からだの権利教育」を対置したいと考えています。

　第3として、人権尊重とジェンダー平等をすすめるためには包括的性教育の推進が不可欠であるという認識の広がりがあります。そのことは同時に「ジェンダーの理解」が包括的性教育を発展させるうえでも不可欠の課題となっており、「ジェンダー」の認識の発展によって、社会構造と人間関係におけるジェンダー平等の具体化がすすむという関係にあります。

　第4に、LGBTQ+に加えて近年注目をされているのはSOGIE（Sexual Orientation & Gender Identity & Gender Expression：性的指向と性自認と性表現）という性の自己認識の視点です。LGBTQ+よりもSOGIE（ソジ、ソギ）のほうが広い捉え方といえます。SOGI（SO＝どんな性〔別〕の人を好きになるか、GI＝自分自身の性をどのように認識しているか）は一人ひとりがそれぞれの性を生きていることを理解するための視点です。セクシュアルマイノリティの差別や偏見の実際を捉え直す認識のあり方とともに、自らが当事者としてそれぞれのちがいを認め合う共生の視点に立った認識方法です。LGBTQ+とSOGIの複合的な捉え方によって、一人ひとりの性のあり方を尊重した社会づくりをすすめる視点ということができます。

3 若者の健康と
ウェルビーイング（幸福）

あっきー

自己紹介

　こんにちは、あっきーです！　フリーランスの講師です。自らの性別違和に関する葛藤、その解消を踏まえて必死に歩を進める中で、ふと思いました。「みんなは性について学んだり考えたりする機会はあったのだろうか？」当時の私は建築土木の設計分野でお仕事をしていました。「性についてもっと学んだり考えたり共有したりする場をつくりたい。特に、自分には十分だと思えなかった子ども時代の教育において」。調べてみると、中途で目指すなら養護教諭がよさそうとなりました。働きながら通信制の大学へ通います。教員養成カリキュラムの中で性教育がほぼ登場せずモヤっとした私は、ネット検索で性教育関連講座を調べまくり、全国へ飛んでいって学びまくりました。人権教育や、いじめ防止教育にも触れ、インプットを重ねていたら、いつの間にかアウトプットも求められるようになりました。気づいたら大勢の前で講演したり、ファシリテートしたりするように。養護教諭の養成課程を卒業、養護教諭免許を取得。そして教員採用試験。残念な結果に。しかし、多くの先輩方のサポートに支えられながら、既に外部講師として、多くの子どもたちや子どもにかかわるおとなたちへ「性や多様性や人権について学んだり考えたり共有したりする場づくり」をできる立場にいることに気づきました。建築や設計、ロボット開発、ダンス教育のアシスタント、いじめ防止のファシリテーターなど、複数のお仕事に触れながら、ただただ夢中で走ってきて今に至ります。気づいたら、フリーランスの講師です。

若者の健康とウェルビーイング（幸福）

【Ａ】　【Ｂ】　　　　　【Ｃ】

【Ａ】　「若者」とは何か？
【Ｂ】　「健康」とは何か？
【Ｃ】　「ウェルビーイング（幸福）」とは何か？

図 3-1

1　書かれていることのまとめと考察

　章題、構成、内容の順路で、私なりの考察をしたいと思います。

1）章題をみてみよう

　第3章のタイトルは「若者の健康とウェルビーイング（幸福）」です。「若者」「健康」「ウェルビーイング（幸福）」という3単語で構成されています（図3-1）。それぞれ何を表しているのでしょうか？

　まず、それぞれの意味を調べてみました。goo辞書には次のようにあります。

　　「若者」：年の若い者。わこうど。青年。
　　「健康」：①異状があるかないかという面からみた、からだの状態。②からだに悪いところがなく、丈夫なこと。また、そのさま。③精神の働きやものの考え方が正常なこと。また、そのさま。健全。
　　「ウェルビーイング」「well-being」：①幸福。安寧。②身体的・精神的・社会的に良好な状態。特に、社会福祉が充実し、満足できる生活状態にあることをいう。
　　ちなみに「幸福」：満ち足りていること。不平や不満がなく、たのしいこと。また、そのさま。しあわせ。

　辞書の定義をヒントに、あなたなら、どう定義しますか？ Thinking TIME スタート。

「若者」とは？
「健康」とは？
「ウェルビーイング（幸福）」とは？

ちっ

ちっ

ちっ

ぽーん！

さあ、どうでしょう？
　すぐに定義できましたか？
　迷ったのであれば、何に迷いましたか？　どんなハテナが生じましたか？

- 年が若いって何歳？
- 子どもも入る？
- 生まれてからの年数で線引きでいいの？
- 異常や正常ってどういう状態？
- 身体と精神の状態だけのはなし？
- 感情、食欲、体温など日々変化するものもあるよね？
- お酒飲んで酔っ払っているときは正常な判断できないから不健康？
- そもそもお酒飲めるのは健康だからなのでは？
- 恋人にフラれて落ち込んでいる状態は不健康？
- オリンピック金メダルとってめちゃくちゃ喜んでハイになっているのは不健康？
- 障がいを抱えて生きていることは不健康とはいわないよね？
- 事故などで障がいを負ったとき健康だとは感じられないよね？

●新型コロナウイルスの検査で陽性であっても発症していない人は健康？

●濃厚接触者は健康？　健康なのに行動制限されるの？

●ウェルビーイングは直訳ではなくあえて（幸福）って書いてあるのはなぜ？

●不平や不満がなかったことなんてないんだけど？

●不平や不満があっても幸せだな〜って感じたことはあるよ？

　定義を考えてみると、細かい問いが様々に浮かびませんか？「若者」「健康」「ウェルビーイング（幸福）」、どれも抽象的かつ広い概念を表した言葉だからです。そして、どの言葉も誰もが自分事として考え得る普遍性、各自が自分の経験や価値観に照らして考え得る個別性、その両面を併せ持つ言葉だからです。そんな単語のみで構成されているこのタイトル、ほんっとやさしくない！　でも、めっちゃ広げ甲斐がある！

　私は、第3章の最大のポイントは「若者」「健康」「ウェルビーイング（幸福）」とは何か？を探求することだと考えました。よって、あっきープレゼンツの第3章考察は

「若者」「健康」「ウェルビーイング（幸福）」とは何か？

という問いに絞って書きたいと思います。

　包括的セクシュアリティ教育における「若者」「健康」「ウェルビーイング（幸福）」とは何なのでしょうか。この問いにせめてヒントとなる明かりを、第3章は授けてくれるのでしょうか。ガイダンス、ガイドしてくれ（＞人＜）。そんな思いで、第3章の構成を見てみましょう。

2)　構成を見てみよう

　第3章は、3つの項から成っています（図3-2）。

　いやいやいや、またもや抽象的かつ広い概念的な言葉ばかり。曖昧でイメージしづらいので、もう少し細かい情報も加えて見てみましょう（図3-3）。

　おっ！　やっと具体的な単語の数々が登場。いかがでしょうか？性教育にかかわっていそうなキーワード、こういう内容かな〜ってイメージしやすいキーワードが並んでいるぞ。

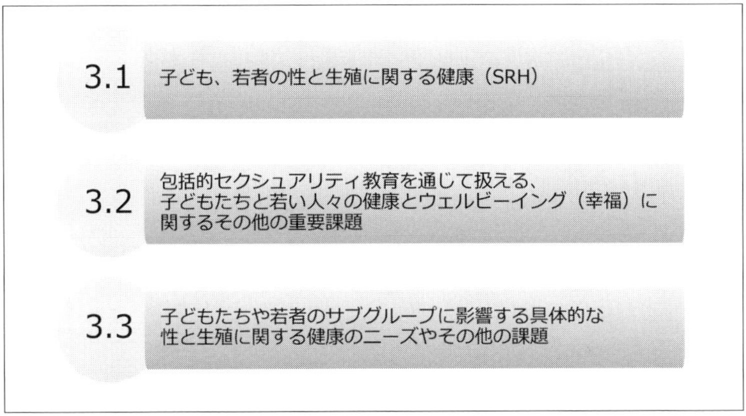

図 3-2

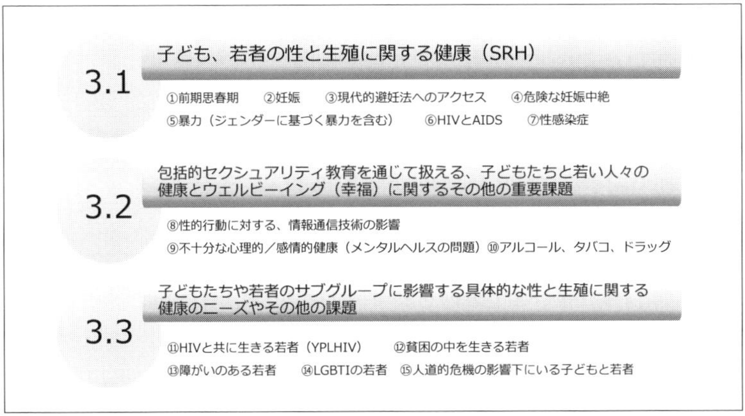

図 3-3

　図3-3で、各項のタイトルと①～⑮のキーワードを改めて俯瞰してみましょう。そのグループ分けの意図が少し感じられるのでは？　あなたは各項がどんな意図でグループ分けされていると思いますか？図3-3を見ながら、Thinking TIME スタート。

3.1 はどんなグループ？
3.2 はどんなグループ？
3.3 はどんなグループ？

ちっ

ちっ

ちっ

ぽーん！

　私は各グループを次のように考察しました。

　3.1 グループの①～⑦は、まさに性と生殖に関してストレートな単語が並んでいます。学校の性教育といわれて一般的にイメージしやすいものという印象です。

　3.2 グループの⑧～⑩は、いかにも若い人たちの健康に影響を与えそうな単語が並んでいます。性と生殖以外の予防教育で扱われているイメージです。

　3.3 グループの⑪～⑮は、各キーワードの語尾に「○○の若者」とあるように、特定の属性や環境下の若者集団をさす単語が並んでいます。私は、「マイノリティ」という言葉を想起しました。

　では、なぜこのようにグルーピングされているのか。私は、ここにガイダンスの"包括性"を強調したメッセージを感じました。過去の性教育を刷新した"包括的"性教育なんだというメッセージを、特に次の2つの視点から感じたのです（図3-4）。

　1つ目は、コンテンツの拡大。過去に性教育の範疇とされてきたのは、まさに3.1グループの①～⑦。一般的に、性教育といえば①～⑦をイメージして、是非を問うたり、授業の方法を模索したり、教育においてどう扱うかの議論を重ねてきたのではないでしょうか。しかし、性を人生レベルで大きく捉えると、3.2グループの⑧～⑩も人間の人生や性にかかわる重要な要素だよねと広がります。性教育で扱うコンテンツのゾーンが広がり、包括性がアップした感じがしませんか？

　2つ目は、教育を受ける対象者への認識の拡大。特定の属性や環境下においては、特有の課題があります。『ガイダンス』は、特定のコミュニティでは注意が必要な問題や話し合いが難しい問題などを含む、若者の生活におけるセクシュアリティの現実と影響を取り扱うことの

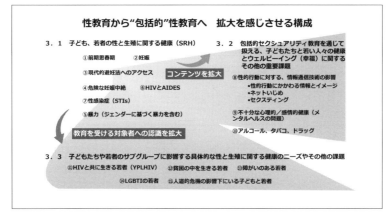

図 3-4

重要性を強調する」（p.34）とあります。特定の属性や環境下でグルーピングされ得る集団もコミュニティの一形態です。例えば、一斉授業においては安全で教育効果が高い方法や内容であっても、ある特定のコミュニティ（またはその属性を持つ個人）においては同様の方法や内容が効果的ではなかったり、危険になったりすることもあります。同じテーマを扱うにしても、その属性や環境下特有の課題や背景も考慮して、効果的かつ安全な方法や内容をと示唆しています。教育を受ける対象者への認識もゾーンが広がり、包括性がアップしたように感じませんか？

3) 内容を見てみよう

いよいよ内容を見ていきましょう。ただし、ここで注目するのは 42 ページの 5 行目〜 12 行目のみです。

「えっ！ 第 3 章の 9 割は前述した①〜⑮のキーワードに関する記述でしょ!?」

そうつぶやいたあなたへ。そう思いますよね。ごめんなさい。裏切ります。あっきープレゼンツの第 3 章考察は「若者」「健康」「ウェルビーイング（幸福）」とは何か？という問いに絞っているので。

42 ページの 5 行目〜 12 行目に書かれている内容は次のとおりです。

性と生殖に関する健康はセクシュアリティに関連する身体的、

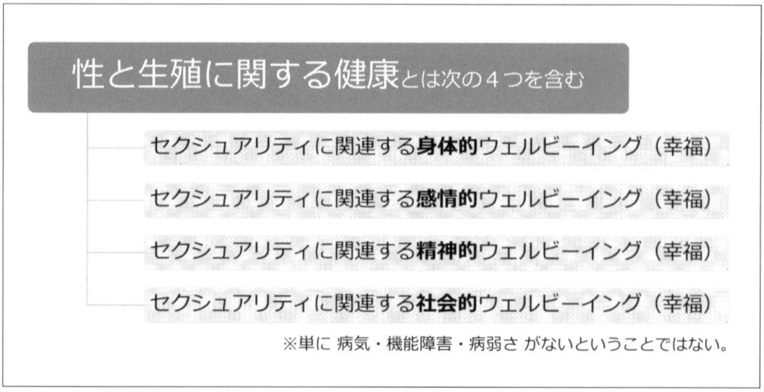

性と生殖に関する健康とは次の４つを含む

セクシュアリティに関連する**身体的**ウェルビーイング（幸福）

セクシュアリティに関連する**感情的**ウェルビーイング（幸福）

セクシュアリティに関連する**精神的**ウェルビーイング（幸福）

セクシュアリティに関連する**社会的**ウェルビーイング（幸福）

※単に 病気・機能障害・病弱さ がないということではない。

図 3-5

感情的、精神的、社会的ウェルビーイング（幸福）を含む。つまり、性と生殖に関する健康とは単に病気や機能障害、または病弱さがないことではない（WHO 2006a）。健康習慣や健康維持への理解は幼児期から始まる。また思春期は、身体的、感情的、社会的にも変化する時期を迎え、多くの若者が自身のセクシュアリティを育み、他者との関係性を築きはじめていくという意味でも、性と生殖に関する健康にかかわる健康的な習慣やライフスタイルを形成するのには最適な時期といえる。

本文を整理してみました（図 3-5）。

　で、結局「性と生殖に関して健康である」とは、どういう状態なの？　これがなかなか難解。自主ゼミでも議論の中心でした。自主ゼミで出されたコメントをご紹介します。あなたも自主ゼミ生のひとりになったつもりで、相槌を打ったり、ツッコミを入れたり、意見をつぶやいたりしながら読んでみてください。

自主ゼミコメント集

● 「健康をどうみるかだよね。低いレベルではない包括的な意思決定が必要なことだと思ったよ。」

● 「ウェルビーイングをどう捉えるか難しかったよ。ウェルビーイングの教育って何だ？　ウェルフェアも含まれるのかな。福

社の定義まで考えないと。」

●「ウェルフェアについて考えたよ。戦後の子どもたちは孤児といわれるように貧困という課題があった。現代は戦後のような貧困ではなくなってきたよね。この変化ってウェルビーイングっていえる？　保育の観点から見ると、昭和後期まで、保育所に入る条件は"保育に欠ける子どもたち"って保育指針にあった。現代は変わったよ。これもウェルビーイングっていえる？」

●「看護師や助産師の領域では、健康と不健康は線引きされまくってるなと改めて思った。ウェルネス型の看護診断って知ってる？　ウェルビーイングっていうのはウェルネスに近いイメージを持ったよ。より健康に、病気になっていかないようにっていうこと。」

●「私も看護師的な立場から、ウェルビーイングって健康であり続けるっていうことかなって捉えたよ。ウェルビーイングって幸福という言葉では語られてきていない気がするけど。」

●「がんの患者さんにふれあう中で、キャンサーズギフトっていう言葉に出会ったよ。病気になったからだも含めて自分なんだと確信できるような。これがウェルビーイングなのかなって。」

●「健康とかウェルビーイングとか尊厳について考えたよ。自分のこころとからだが自分の感覚としてわかるっていうのが前提として重要かも。自分っていいな、自分ってすごいなってわかっていって、自分だけじゃなく他者の気持ちにも気づいたりして。存在しているだけですごいんだよね。」

●「身体的ウェルビーイングと感情的ウェルビーイングって、分けて論じられることもあるけど、これって本当に分けられるのかって思ったよ。現代は社会的ウェルビーイングの課題も大きいよね。ちゃんと人間関係が結べているのかとか、ちゃんと就職できているかとか常に問われる感じ。」

●「最近、メンタルヘルスが叫ばれているけど、メンタルばっかりやっていていいのって心配。例えば、精神的に健康な人が必ずしも生活習慣がよいとは限らない。バランスも大事じゃないかな。4つの視点からウェルビーイングが提示されているけど、

分け方は結構難しいかも。」

- 「自分自身だけじゃなく、誰かがそばにいて支えてくれることも、健康やウェルビーイングを論じる際には重要だと思うよ。」

- 「存在意義や尊重されている感覚。私も重要だと思うよ。犯罪を行った子どもたちと接していて、存在意義を感じていて一人ではないという感覚を持てている子どもはレジリエンスが高い。つながっている強みってあると思うな。」

- 「社会参加権が保障されているか、"トータル"で健康観をどう捉えるか、イメージをどれくらい膨らませられるか……。"子ども自身が十分に社会の中で個人としての生活を送れるようにすべき"と子どもの権利条約にあるよ。社会権の保障だね。そのためにも健康観の包括的な理解ができるように、子どもたちに提供する教育は重要。そして、健康とウェルビーイングにかかわるスキルと突き合わせて考える必要があるよね。」

　続いて「若者」を考察したいと思います。「若者」とは何者でしょうか？

　性と生殖にかかわる健康的な習慣やライフスタイルの形成に最適な時期は、若者の時期だとガイダンスは記しています（図3-6）。

　「若者」は、広義と狭義の意味合いで用いられているように感じます。本文を読む限り、幼児期や思春期を含め、もう少し先の時期（青年期のイメージ）までを含めて大きな範囲で「若者」といっています。しかし、3.1のタイトルは「子ども、若者」とあり、子どもと若者を分けて表記しているのです。こちらは子どもとは区別した狭義の「若者」。子ども期の後の時期を「若者」と称していると思われますが、いつからいつなのかという明確な区分はここではわかりません。広義の若者＝子ども＋狭義の若者と考えられるので、第3章では、広義の若者の範囲をイメージしておけばよさそうです。

　広義の若者期は、性と生殖にかかわる健康的な習慣やライフスタイルの形成に最適な時期。だからこの時期の"教育"がとても重要ということです。

　ここまで、第3章を

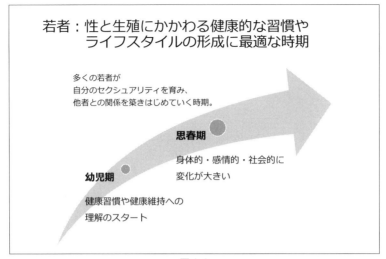

図 3-6

　　　　「若者」「健康」「ウェルビーイング（幸福）」とは何か？

という問いを持って考察してきました。

　あなたのリアクションは？　あなたの考察は？　Thinking TIME

スタート。

　　　「若者」「健康」「ウェルビーイング（幸福）」とは何か？

　　　　　　　　　　　　　　ちっ

　　　　　　　　　　　　　　ちっ

　　　　　　　　　　　　　　ちっ

　　　　　　　　　　　　　　ぽーん！

4）15 のキーワード　深めるアイデア

　私が考察した対象は第 3 章の 1 割です。9 割は、若者に影響を及ぼ

す性と生殖に関する健康の重要な論点として、①〜⑮の 15 のキー

ワード（図 3-3）を挙げ、各々について現状、統計、ニーズ、課題など

が書かれています。

「第3章の9割を占める15のキーワードの記述には本当に触れないの⁉」

そうつぶやいたあなたへ。そう思いますよね。ごめんなさい。本当に触れません。ぜひガイダンス本書を開いてみてください。

裏切って申し訳ないです。お詫びに、各キーワードをより深めるためのアイデアを列挙してみたいと思います（ガイダンス本書を深めるためのおとなの学びを想定しています）。

- 日本の統計データを探してみる：ガイダンスでは世界全体、または日本以外の国の統計データや事例が記載されています。同じ調査でも、日本の文化圏に絞った場合には、結果が違うかもしれません。
- 他国の統計データを探してみる：ガイダンスで提示されているのは、数ある調査の一部です。国際基準といえど、先進国や経済大国など比較的調査しやすい国に偏ったデータの集積かもしれません。
- 各キーワードに関連したニュースや記事を探してみる：現在のニュースはもちろんのこと、過去や歴史も踏まえて、課題やニーズの変遷を見るのもよいかもしれません。
- 各キーワードに関連した身近な課題や疑問を話し合ってみる：身近な具体例に触れることで、各キーワードを自分事として意識しやすくなります。ただし、カミングアウトを伴う発言や琴線に触れる発言が飛び出すこともあるので、グランドルールの徹底や必要に応じてメンタルケアを行うなど、注意しながら進める必要があります。話し合いにリスクがある場合は、各個人で考えてみるだけでもよいかもしれません。

あなたはどんな方法がお好きですか？
集中して学びやすいですか？
あなたが特に関心の強い項目はどれでしょう？
反対にこれまであまり深めてこなかった項目はどれでしょう？

Thinking TIME スタート。

ちっ

ちっ

ちっ

ぽーん！

5) 15のキーワード　課題解決のヒントを探す手がかり

　ガイダンス本書を見て、15のキーワードについて、ニーズや課題を把握すると、「では、どうしたらいいんだろう？」と気になりませんか？　課題解決のためには、様々な方面から継続した取り組みが必要になります。どの課題も一朝一夕でどうこうなるものではありません。ガイダンスは包括的性教育について書かれています。包括的性教育という点で、課題解決のヒントになりそうなのが、第5章「キーコンセプト、トピック、学習目標」(p.72〜p.159)。

　ところで、ガイダンスの第5章、私は集中して読むのがちょっと大変でした。なぜなら箇条書きでまとめられていて、ストーリーがないから。わかりやすいのですが、分量が多くて（87ページ分）すべてを理解しながら読むのは、なかなか大変だと感じました。

　そこで、15のキーワードについて、あなたが特に強い関心を抱くものがあれば、より直結した箇所から読んでみることを提案します。もちろん、どのキーコンセプト、トピック、学習目標も、それぞれが独立した内容というわけではなく、すべてが複雑に相互に影響し合っています。よって、15の各キーワードと各キーコンセプトの関連性もすべてが複雑に相互に総合的にかかわっています。ここでは、各キーワードにとりわけ強く関係していると思われるキーコンセプトとトピックを提示してみました（図3-7）。あなたの関心が高いキーワードに、強く関係するトピックから、課題解決のヒントを探しに行きましょう。

3.1 子ども、若者の性と生殖に関する健康（SRH）

①	前期思春期	キーコンセプト6 人間のからだと発達	6.3	前期思春期
②	妊娠	キーコンセプト8 性と生殖に関する健康	8.1	妊娠、避妊
③	現代的避妊法へのアクセス			
④	危険な妊娠中絶			
⑤	暴力（ジェンダーに基づく暴力含む）	キーコンセプト3 ジェンダーの理解	3.3	ジェンダーに基づく暴力
		キーコンセプト4 暴力と安全確保	4.1	暴力
⑥	HIVとAIDS	キーコンセプト8 性と生殖に関する健康	8.2	HIVとAIDSのスティグマ、治療、ケア、サポート
⑦	性感染症	キーコンセプト8 性と生殖に関する健康	8.3	HIVを含む性感染症リスクの理解、認識、低減

3.2 包括的セクシュアリティ教育を通じて扱える、子どもたちと若い人々の健康とウェルビーイング（幸福）に関するその他の重要課題

⑧	性的行動に対する、情報通信技術の影響	キーコンセプト4 暴力と安全確保	4.3	情報通信技術（ICTs）の安全な使い方	
⑨	不十分な心理的／感情的健康（メンタルヘルスの問題）	キーコンセプト4 暴力と安全確保	4.1	暴力	4.1には、暴力の認識やサポートを求めることの重要性などが書かれている。メンタルヘルスの問題も、通じるところがあるかなと想像した。どう？
⑩	アルコール、タバコ、ドラッグ	キーコンセプト5 健康とウェルビーイング（幸福）のためのスキル	5.2	意思決定	どれも現在のみならず将来的な健康にも負の影響を与えうるもの。学びを経て、自分の人生への関わりをコントロール。だからどう？

3.3 子どもたちや若者のサブグループに影響する具体的な性と生殖に関する健康のニーズやその他の課題

⑪	HIVと共に生きる若者（YPLHIV）	キーコンセプト8 性と生殖に関する健康	8.2	HIVとAIDSのスティグマ、治療、ケア、サポート	
⑫	貧困の中を生きる若者	キーコンセプト5 健康とウェルビーイング（幸福）のためのスキル	5.5	援助と支援を見つける	支援が様々にあることを見つけて求めることは、貧困の中を生きる若者を助けるスキルだと思った。どう？
⑬	障がいのある若者	キーコンセプト6 人間のからだと発達	6.1	性と生殖の解剖学と生理学	「障がいのある人を含む誰もが、尊重に値するそれぞれにすばらしいからだをもっている」(p.128)
⑭	LGBTIの若者	キーコンセプト1 人間関係	1.1	家族	性的指向は、特定の他者との関係性であり、最重要は、キーコンセプトのはじめの一歩だと思った。どう？
		キーコンセプト3 ジェンダーの理解	3.1	ジェンダーとジェンダー規範の社会的構築性	子どもの性別違和のしんどさの一因は、ジェンダーバイアスによるものだと思った。どう？
⑮	人道的危機の影響下にいる子どもと若者	キーコンセプト4 暴力と安全確保	4.1	暴力	

図 3-7

2　おわりに

　第3章　若者の健康とウェルビーイング（幸福）について見てきました。いかがでしたか？

　想像した内容じゃなかった？　――　どんな内容を想像していました？

　よくわからなかった？　――　私も未だによくわかっていません。

　記憶に残ったのは、ちっちっちっぽーん！だけ？　――　十分です。

　まあまあ。多様な見方や考察があるということで。ちなみに私は、何度ガイダンスを読み返しても、新たな気づきに出会います。新たな問いが生まれます。自分がこれだなと考えた定義も、時を経て、自分自身に覆されたりもします。「若者」「健康」「ウェルビーイング（幸福）」の理解も、きっと……。終わりのない混沌の世界です。グルグルと同じ環をまわっている……と思いきや！　その環はらせん状。ぐるっと回って、同じところに戻ったように見えて、ちゃんと深まっています。進んでいます。

　ガイダンスは簡単ではありませんね。ガイダンスの理解は終わりなき旅ですが、共に螺旋階段を下りて深く沼っていきましょう！

「ちっちっちっぽーん！」の裏話

編集さん「これってあっきーのオリジナルアイデア？」

あっきー「実は違うんですよ〜。ちっちっちっぽーん！はこちらにインスパイアされて…」

仲山進也著『あの会社はなぜ「違い」を
生み出し続けられるのか』（宣伝会議）

編集さん「ええーーー！　引用元があったんだ！」

4 科学的根拠に基づいた 包括的セクシュアリティ教育

村末勇介

はじめに（自己紹介もかねて）

　29年間の小学校教員生活を経て、現在私は、琉球大学の教職大学院で働いています。「先生、セックスって何？」というニヤニヤ顔の子どもの質問からスタートした私の性教育（セクシュアリティ教育）実践は、途中、性教育・ジェンダーフリーバッシングの不当で不条理な「攻撃」に見舞われながらも、子どもたちの学びの姿と保護者との連携という支えによって、ここまで続いてきました。

　これまで私が大切にしてきた授業づくりの視点は、「子どもと共に創る」ということ。授業内容を単なる表面的な知識として一人歩きさせないよう、子どもたちの質問や表現の奥に存在する背景にまで届くよう意識してきました。その中で、からだ・性・食・文化・自然・死という6つの視点から、教科と教科外の実践を関連付け、総合的な実践として展開してきたつもりです。現在は、大学という場で生活指導や学級経営、特別活動等の授業を担当し、教員養成に軸足を移しながらも、「出前授業」という形で小・中・高の現場でも実践を続けています。

　さて、これから何か新しい実践にとり組もうとする時、過去に展開されたそれらの実践成果が、検証された科学的裏付けを十分に蓄えていれば、自信を持ってそのとり組みをスタートさせることができますね。『改訂版ガイダンス』第4章では、子どもと若者の健康上のニーズに対応した包括的セクシュアリティ教育の役割について、その科学的根拠が示されています。

　ここでは、まず、整理されている科学的根拠についてその概要を押さえた上で、ここで成果として示されているいくつかの

項目に関するわが国の統計データを参照し、現状を再確認してみたいと思います。そして、その現状を作り出す要因の1つである性教育の実態を、大学生たちによる「性教育履歴書」をもとに分析してみます。この作業を通して、包括的セクシュアリティ教育の必要性とその価値とを明確にできればと思います。

1　ここには何が書かれているか
──科学的根拠についての概要

　ここに述べられている内容は、UNESCOの委託によって実施された2008年と2016年のレビューに基づいています。「レビュー」とは、「批評、評論、書評」（広辞苑）であり、それまでに公にされている研究論文に関する評価作業のことです。2008年のレビューは世界中で実施された87の研究結果に、そして2016年のレビューは、22の厳正に体系化されたレビューと広範囲な77の国や状況で行われたランダム化比較試験の結果に基づいているとされています。「ランダム化比較試験」とは、「研究の対象となる人を、複数のグループにランダムに分ける研究の手法」で「各群の性質が均等になり、結果に及ぶ影響が少なくなる」（https://ogwmedia.com/medic/cat_clinic/3569、2022/08/02最終閲覧）とされ、主に医療分野で用いられる手法です。このように、対象となった研究自体がより厳密な手続きを経て遂行されたものであり、2つのレビューは学術的にも信頼度の非常に高い研究であると言えるでしょう。

　包括的セクシュアリティ教育がもたらす肯定的影響については、まず、2008年レビューに基づき、初版本で押さえられた（p.40〜p.50）以下の6点が改めて確認されています。このことは、このガイダンスが「AIDSが蔓延する世界」を前提とし、現実的な人々の行動変容と結びついたより効力のあるプログラムでなくてはならないという認識の表明でもあります。

●初交年齢の遅延
●性交の頻度の減少

- 性的パートナーの数の減少
- リスクの高い行為の減少
- コンドームの使用の増加
- 避妊具の使用の増加

　こうした結論に上書きする形で、2016年の科学的根拠のレビューに基づく主な結論については、10のまとめとして整理されています。

表4-1　科学的根拠のレビューの主な結論

観　点	結論の要約
性的教養への影響	●若者の知識・態度・行動の向上へのポジティブな効果、セクシュアリティ、妊娠またはHIVとその他の性感染症のリスクのさまざまな側面についての知識の増加
性的行動への影響	●性行為やリスクの高い性的行動を起こす率、性感染症やHIVの罹患率を増加させない
人間関係への影響	●性的な関係性における自分の権利に関する知識、性や関係性について親とコミュニケーションをとること、リスクの高い状況下に対応できる知識や態度にポジティブである短期的な効果、心理社会的およびいくつかの行動の結果にも長期的で著しいポジティブな効果
全体的プログラムに関して	●効果的なカリキュラムが意図したとおりに提供される場合、忠実に実施されたプログラムは、オリジナルのデザイン、内容または伝え方に忠実ではないプログラムより、若者の健康にとってポジティブな効果となる可能性は極めて高い ●ある状況から別の状況に移された効果的な教育的介入は、それが異なる状況で実施されても、知識、態度または行動にポジティブな効果あり） ●セクシュアリティ教育プログラムは、リスクの高い性的行動（無防備なセックスのような）を避けるための知識やスキル、意識を向上させ、医療サービスを使う意識も向上させる。しかし、社会的規範やジェンダー規範、暴力の経験、サービスへのアクセスに対する障壁など、その他の要因は、多くの若者がより安全な性的行動をとることを極めて困難にしている ●セクシュアリティ教育は、学校を基盤としたプログラムが、コンドームの配布、若者向け保健サービスの提供者へのトレーニング、親や教員の参画といったコミュニティ的な要素によって補完されているときに、最も強い影響がある。複合的プログラム、とりわけ学校を基盤としたセクシュアリティ教育と学外の若者向け保健サービスを結びつけたプログラムは、特に学校に通わない者を含む、周縁化された若者にとって重要
焦点化されたプログラムに関して	●<u>禁欲のみを促進するプログラムは、初交年齢を遅らせたり、頻繁な性行為を減少させたり、パートナーの数を減少させるのには効果がない。性行為を遅らせることへの焦点化と、コンドームまたは避妊具の使用に関する内容を組み合わせたプログラムが効果的</u> ●<u>妊娠の予防と性感染症およびHIV予防の両方に対応しているプログラムは、どちらかのみに重きを置いたプログラムより効果的</u> ●<u>ジェンダーに焦点を当てたプログラムは、意図しない妊娠または性感染症罹患率の減少といった健康上の結果において、「ジェンダーをまったく無視した」プログラムより実質的効果あり</u>

（下線は筆者）

それらを、筆者なりに５つの観点から分類し、ポイントを抜き出してみると表 4-1 の様になります。

　ここでの表現を細かく見てみると、例えば「性感染症やHIVの罹患率」については「減少させる」ではなく、「増加させない」と記されているように、その結論についてはあくまでも、科学的立場で客観的に述べられています。また、「『ジェンダーをまったく無視した』プログラムより実質的効果あり」のように、絶対的評価ではなく相対的に記述されているところもありますね。こうした点について、私たちは意識的・自覚的に読み取り、課題化して引き取る必要がある様に思います。すなわち、それぞれがより効果的な実践の創造に向けて努力すべき自分の追究課題に位置づけるという意味においてです。

　その意味では、「4.3　科学的根拠のレビューの限界」において、それぞれのレビューの限界が明確に提示されていることも、非常に示唆に富む姿勢であると言えるでしょう。

　最後に、「4.4　今後、私たちに必要な科学的根拠は何か？」においては、「今後さらに注目されるべき分野」として、8つの研究内容・視点が示されています（p.62 ～ p.63）。ここでは、その研究の前提となる実践展開の視点として読み替え、4つの課題を設定しておきたいと思います。

- 性的行動変容の枠組みを超えた教育効果を志向した包括的セクシュアリティ教育プログラムの開発と実践（健康の改善、親密な関係性におけるジェンダーを基にした暴力の抑制・差別の解消・ジェンダーに公正な規範の拡大、若者を自らの権利を主張する力をもった地球市民としてエンパワーメント）
- 身体的認知的な障がいのある若者や、HIVと共に生きる若者、LGBTIの若者を含む、すでに社会で周縁に置かれているグループを対象とした、包括的セクシュアリティ教育カリキュラムの開発と実践
- 性と生殖に関する健康に対する包括的セクシュアリティ教育の長期的な有効性についての、長期に追跡した科学的根拠を得るための系統的なカリキュラムの開発と実践
- 学校以外の機関・専門家と連携した、包括的セクシュアリティ

2　わが国の若者の性の現状

　それでは、2008年レビューに基づき「ガイダンス」初版本で押さえられた6つの科学的根拠として示されている内容に関わって、わが国の現状を見ておきたいと思います。たとえ科学的根拠が示されたとしても、そもそもわが国ではいったいどうなっているのかを知らないことには話になりません。その6つは、いずれも「セックス」(性交)に関わる性行動の変容についての内容ですので、それに関連するデータに絞って、日本性教育協会の「第8回青少年の性行動全国調査報告」から取り上げてみましょう。

　図4-1は、1974〜2017年の約40年間の性交経験率の推移です。2005年から、高校生、大学生は低下傾向を示しており、これによって「草食化」の進行と捉える流れができあがりました。しかしながら、40年というスパンで捉えれば、経験者は確実に増加しているのです。中学生や高校生にも、確実に性交経験者が存在するという事実にこそ注目すべきだと言えるでしょう。また、経験人数としては、高校生・大学生ともにほぼ5割が1人と答えていますが、5人や6人以上も1割程度存在しており、一定程度性行動の活発な層が形成されていることが窺えます(図4-2)。この現実から目を背けない、性教育が今、求められているのです。

　学校段階毎の初交年齢については、図4-3〜4-5に校種毎に示しました。大学生のデータを見ることで、青年期に到る全体の初交年齢のおおよそは把握できますが、全員が大学に進学するわけではありませんので、やはり各校種毎に把握しておく必要があるでしょう。すなわち、中学生では男女ともに13歳、高校生では男女ともに16歳、大学生では男子が18歳、女子が19歳と、初交を経験する割合が最も高いということです。ただし、その前の学校種段階においての初交経験者が確実に存在していることをしっかり認識しておく必要があります。

　次に、性交経験者が初交の時に避妊を実行したかということについてですが、実行したという回答は、大学生男子87.7％、女子88.5％、

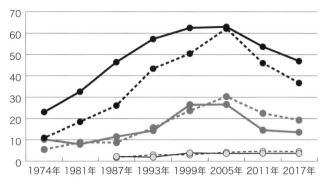

調査年度	1974	1981	1987	1993	1999	2005	2011	2017
●── 大学男子	23.1	32.6	46.5	57.3	62.5	63.0	53.7	47.0
●┈┈ 大学女子	11.0	18.5	26.1	43.4	50.5	62.2	46.0	36.7
●── 高校男子	10.2	7.9	11.5	14.4	26.5	26.6	14.6	13.6
●┈┈ 高校女子	5.5	8.8	8.7	15.7	23.7	30.3	22.5	19.3
○── 中学男子			2.2	1.9	3.9	3.6	3.7	3.7
○┈┈ 中学女子			1.8	3.0	3.0	4.2	4.7	4.5

図4-1　性交経験率の推移（％）

出典：第8回青少年の性行動全国調査報告（図4-11まで）

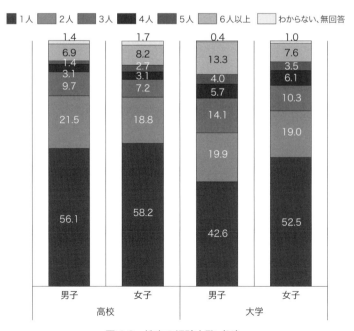

図4-2　性交の経験人数（％）

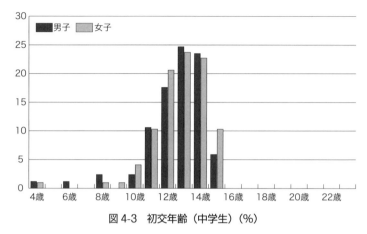

図 4-3　初交年齢（中学生）（%）

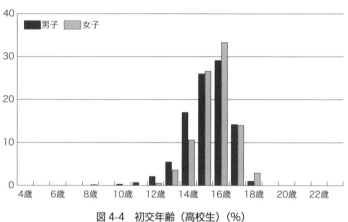

図 4-4　初交年齢（高校生）（%）

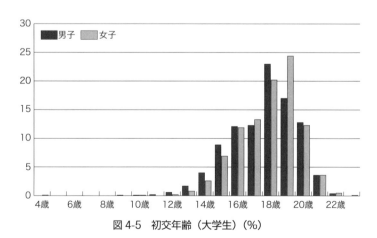

図 4-5　初交年齢（大学生）（%）

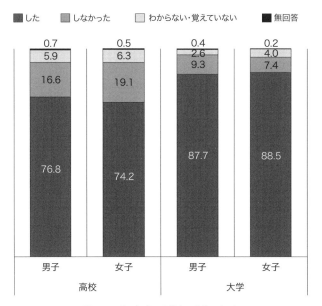

■ した　■ しなかった　□ わからない・覚えていない　■ 無回答

図 4-6　初交時の避妊の実行（%）

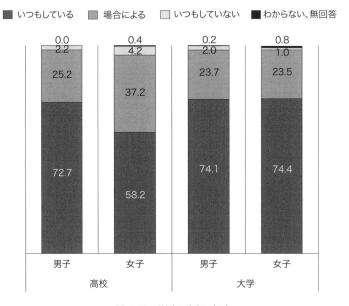

■ いつもしている　■ 場合による　□ いつもしていない　■ わからない，無回答

図 4-7　避妊の実行（%）

4　科学的根拠に基づいた包括的セクシュアリティ教育

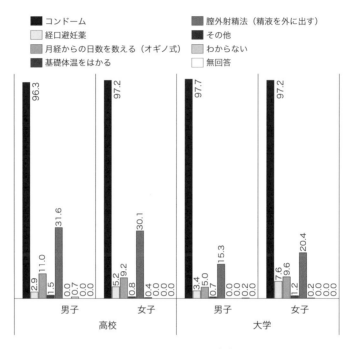

図 4-8　避妊の方法（%）

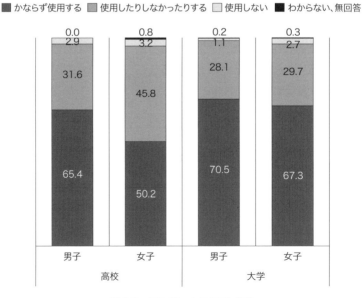

図 4-9　コンドームの使用（%）

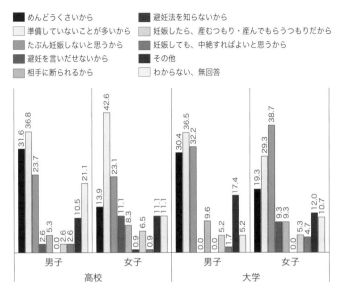

凡例:
- めんどうくさいから
- 準備していないことが多いから
- たぶん妊娠しないと思うから
- 避妊を言いだせないから
- 相手に断られるから
- 避妊法を知らないから
- 妊娠したら、産むつもり・産んでもらうつもりだから
- 妊娠しても、中絶すればよいと思うから
- その他
- わからない、無回答

図 4-10　避妊しない理由（%）

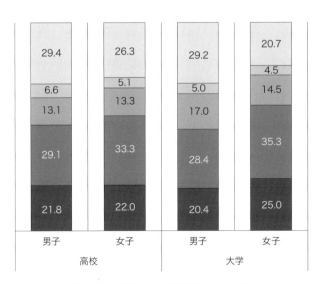

凡例: よくする／ときどきする／あまりしない／したことがない／わからない、無回答

図 4-11　避妊についての話し合い（%）

高校生男子 76.8％、女子 74.2％となっており、若い世代の避妊実行率が低いことが見て取れ、このことから中学生はさらに低いことが予想できます（図 4-6）。性行動に限らず、最初の体験が後々の行動の質に影響を及ぼすことはよくあることです。その意味で、初交時の避妊体験が「わからない・覚えていない」出来事として刻まれてしまうことは、やはりどうしても避けたい現実と言えるでしょう。

　図 4-7 は、性交時の避妊の実行について調べた結果ですが、すべての階層で「いつもしている」が、初交時の際の結果よりも下回っています。特に、高校女子の落ち込みが大きく、性交においての男性主導の実態が垣間見える結果です。

　さて、図 4-8 からわかるように、避妊方法のほとんどがコンドームとなっています。そして、残念ながら避妊方法とは言えない膣外射精が 2 番目です。その上、避妊方法のほとんどを占めるコンドームでさえ、確実に用いているのは、高校生で 6 割、大学生で 7 割ということなのです（図 4-9）。では、なぜ確実に避妊が実行されないのか。図 4-10・4-11 の結果から見えてくることは、妊娠をはじめとする性交の結果に関するあやふやな認識とそれに基づく無責任な態度、「言いだせない」「話し合えない」人間関係など、性をめぐってのさまざまな課題であり、そこから導かれる包括的なセクシュアリティ教育の必要性です。

3　今、性教育はどうなっているのか
──大学生の「性教育履歴」を読む

　さて、以上見てきたような若者の現実は、あくまでも統計データによって把握され、浮かび上がってきた世界です。では、この世界はいったいどうやって作られたのでしょうか。それを問い、分析して、そこにアプローチすることなしに、表層世界を変えることは不可能です。人間は、それぞれが置かれた環境との関係性に規定されたやりとり（学習）の中で育ちます。当然のことながら、「若者の性」は制度化された教育でのみ育まれるわけではなく、「裏文化」としての商業主義的性情報や友達関係の中でやりとりされる不確かな情報、親子関係を軸とした家庭における性への態度の質など、多様な条件に作用され

た結果として形成されるわけです。けれども、唯一意図的・計画的に実施される可能性を持つものが公的教育としての学校性教育（幼稚園教育・保育を含む）であり、それとつながる家庭性教育と言えるのではないでしょうか。

そこで、ここでは、私が教育学部の教職科目「特別活動論」において書いてもらっている大学生の「性教育履歴」の中から、代表的な記述を紹介し、若者たちがいったいどのような性教育を受けて育ってきたのかについて見ていきたいと思います。元になったデータは、2019年後期と2020年度前・後期の3つの講義の受講生98名による「性教育履歴」です。そのうち、小学校時代の記述が67名、中学校時代が72名、高校時代が53名、家庭での性教育については17名が記述しています。特定の時代に限定せず、全体的に記述しているのは、21名でした。

1）性教育の現状を批判的に捉える学生たち

大学生の「性教育履歴書」を書くとり組みは、学生たちに自分自身の性の認識の歪みを自覚させるとともに、現在の「性教育」の現状を批判的に捉えさせ、その充実が急務だと気づかせてくれます。自らが、「性」を肯定的に捉えられないで育ってきた過去、性感染症などに関する理解が「教科書的知識」の範囲に留まっていること、さらに、人との関係性の中で「性」の理解が身についていないために生きていく上での現在と未来への不安を綴ります。それらは、次のような記述に代表されます。

> ●私が性について関心を持ったのは小学校5年生の頃に読んだ図書室の本で、「勃起」という単語を知ってからだ。その時から路上に落ちていた成人向け雑誌や、ネット上にあるアダルトビデオを見始めた。小学校5年生の頃からの性知識は講義の中でもあったが、かなり「歪んだ」ものであったし、正しいとも勘違いしていた。（中略）総じて、現在の性知識はアダルトビデオや成人向け雑誌などから得たものが多く、得るのは一瞬であったが、曖昧な性教育のために、その誤った知識を修正させるのには時間がかかった。自分自身の性教育履歴書を書いてみて、

改めて性教育の必要性と、間違った知識のままおとなになることへの危険性を感じた。

- 学校では、性教育については触れるものの、具体的に学ばず、生理はいつ頃からくるとか、男の人には射精があるとか、着床したら赤ちゃんができるといった結果だけを学んでいくという印象だ。学校で性について丁寧に教えないのに、おとなになったらさも当たり前のように避妊だ、生理がある女の人を理解しろと言われるが、正直正しい知識や具体的な方法を学ぶ機会が少ないのだから、わからなかったり誤解したりしていてもおかしくないと感じる。

　もちろん、こうした不十分な性教育の結果、子どもたちはただ黙って育つわけではありません。当然ながら、情報を求めて、学びの旅を始める子どもたちもいるのです。

- 私が性について学んだのは、学校による性教育より独自の興味からの自己学習の方が大きかったと思う。私はジェンダー的な悩みが昔からあったので自分の体について、男女の体の違いについて、またどうして男女の体が違うのかについて、自分で本を読んだりネットで調べたりしてきた。また、所謂「下ネタ」をよく言う友達（良い捉え方をすると、性を恥ずかしがらない友達）とたくさん知識を共有したりした。

2）性の学力保障──学校ガチャ・教師ガチャ

　それでも、傾向としてみれば、小・中・高と進むに連れて、性教育の内容は充実していくことは事実です。ただし、必ずしもみんながそういうわけではありません。教師の関心や学校体制の違いから、成立する学びには確実に差が生じ、それによって子どもたちの人生の質に差が生まれてしまっています。もっと言えば、「学校ガチャ」「教師ガチャ」といった「運」によってたった一度の「人生」の質が決められかねない現状があるのです。

　次に紹介する4人の履歴書からは、教師による授業の大きな差が浮かび上がってきますし、それは「子どもは教師を選べない」現実を如

実に示すことでもあります。

- 覚えている授業は6年生の時のただ1回の授業だ。男女一緒に行った授業で、30分間先生が授業して、後は個々人が想い想いの感想を書くものだった。性的なことに多少の知識が出て、興味が出てくる時の授業だったため、みんなの前で発表したり、話し合ったりすることが恥ずかしくて、ふざけるということをわかっていたのだろう。個々が紙に書くことで結果的に想い想いのことを書けた。匿名で発表していいかのアンケート欄が最後にあった。次の授業で匿名で先生が発表してくれることで、恥ずかしがることなくみんなの意見に触れることができた。また、書き終わった人のプライベートの質問に対して我々が笑いながら聞いてもすべてに真面目に返してくれた対応が忘れられず、それが後々意味がわかり、心に効いた。

- 高校2年の時に"性"について保健体育の授業で学習したのですが、1年の時の保健体育の先生が「2年でやる内容は教える側も恥ずかしいから、1年で担当を持ててよかった」と言っていたのを覚えています。やはり、"性"に関する内容は教える側の先生も恥ずかしいという意識があるのかなと思いました。

- 性教育を受ける中で、教員の先生方は真面目にとり組まれていました。中でも印象的なことは、中学校の保健の授業で性行為について学習した際、教室の雰囲気が少し恥ずかしいような、どのような反応で授業に臨めばよいのか戸惑っている空気でした。そんな時先生が、「恥ずかしいと感じる気持ちの方が自然、恥ずかしくない方が不自然。いろんなことを感じながら授業を受けてほしい。先生も真剣に授業しているよ」とおっしゃいました。私たちはその言葉を聞いて、雰囲気が良い方向にやわらぎ、性教育独特の緊張感から解放され、普段の授業の一部と何ら変わりない学ぶべき内容だという風に捉えることができました。

- 私たちは性教育が恥ずかしいものと考え体育の先生を変態だと罵り、性教育の分野のテストの点が高いと変態だと馬鹿にしていました（今考えるとその方が恥ずかしいです）。さらに先生も少し

面白がって授業をしていたように見受けられました。またこの傾向は私たちの学年だけでなくどの学年も変わらない雰囲気で性教育が行われており、私の出身校自体が性教育に対して真剣にとり組めていなかったと考えられます。（中略）さらに私には中絶をした友人がいます。身近で妊娠そして中絶を決断する友人の姿を見た時に性教育を甘く見ていてはいけないと強く感じました。

　いかがでしょうか。最後の学生が綴っている、貧困な性教育の結果としての「中絶の決断」。教育に携わるものの責任として、この現実を「性の学力保障」という視点から捉え返す必要があります。

3）性教育との出合い方

　ところで、子どもたちはどのように性教育と出合っているのでしょうか。以下の「履歴書」は、「一番初めの性教育」との出合い方が非常に重要であり、その後の「性」の学びに大きな影響を及ぼしていることを教えてくれています。

● 小学校の保健室の先生がとても熱心な先生で、性に関する授業でも、他の分野（例：歯、タバコ、熱中症など）の授業と同じ熱量で授業を受けたように思う。そのため、当時は性への恥じらいはなかった。中でも一番記憶に残っているのは、中学生で妊娠した女子生徒のビデオを保健室で観たことだ。どうして私は恥じらいを感じずに性に関する勉強ができていたのかを今振り返ってみると、自分たちの憧れであり年齢が近く身近な存在でもある"中学生"を具体的に例に出すことで、他人事とは感じられなく、私たちも真剣に授業を受けられたからだと思う。この経験とは反して、中学校・高等学校では性に関する部分だけサラッと流して授業が進められた。特にひどいのは高等学校で、この分野だけ自主学習とされ、テキストの空欄に教科書の赤文字の単語を埋めるだけの時間であった。

● 私は小学校の保健で性について学ぶ前に、生理がきました。当時、生理があることも知らなかったので、母に「死んでしまう

かもしれない」と泣きつきましたが、母は優しく「おめでとう」と言いました。その後、月経について教えてくれました。これが私の初めての性教育です。血が出る意味がわかった時、すごく安心したのを覚えています。(中略) 私の学校は性に関して興味を持っている子が多かったので、5、6年生になると男女別で集められて、保健室の先生が話をしてくれました (主に体の成長と月経について)。また、「男子にはこういう風に伝えたよ」と情報共有もしてくれました。なので、中学に上がった時には、生理について理解してくれる男子も多く、おなかが痛い時にはカイロを渡してくれる人もいました。

●小学生の時に女子だけ集められて生理について (ナプキンの使い方など) の授業をしたのが初めての性教育だったと思います。それとは別の機会にですが、受精に関しての授業で、既に女性の体内に精子が存在している前提で話が進んでおり、それを疑問に思い「何で精子があるんですか？　どこから来たんですか？」と質問したところ、先生に怖い顔で「今はその話じゃないから」というように言われました。あの時の空気が忘れられず、そういうことを話してはいけないんだなと思った記憶があります。

　子どもたちは、さまざまな性教育と出合い、それぞれにふさわしい形で性の見方を獲得 (インプット) しています。どの段階で性を学び始めたかということにも関わりますが、学生たちの記述によれば、教師がごまかすことなくしっかりと「性」と向き合い、誠実に授業づくりを行っている場合、たとえその時はしっかりと受け止められなかったとしても、客観的にふり返り捉えられるようになった時点でその意味を相対化し、肯定的に捉えられるようになっています。逆に、そのふり返りによって、当時の性教育や教師への批判的考察が始まることも少なくありません。

　また、彼らの「性教育履歴」のほとんどが、小学校段階からスタートしており、幼児段階の性教育については、まったく意識の外に置かれていますが、これまで幼児期の性教育が、ほとんどなされていない結果であると言えるでしょう。

4）家庭性教育

　当然と言えば当然ですが、家庭での性教育の差もはっきり見えてきました。「性教育は、家庭で行うべきだ」という意見は、珍しいものではありません。しかし子どもの育つ環境の違いをしっかりと自覚して子どもたちに関わる必要があるとともに、保護者自身への性に関する子育ての知恵の獲得に向けた「手立て」が必要です。

　また、学生の記述において登場するのはほとんどが母親であり、圧倒的多数が初経をめぐるドラマとしての記述です。けれども、母親だからと言って誰でもが「初経」についてしっかり語れるわけではありません。

> ●実際に生理が始まった時に怖くてどうしていいかわからず、母に相談しました。そうしたら急なことに母もびっくりしていて、ナプキンのつけ方を教えてもらっただけで、生理の知識を教えてもらうこともなく、その後の車の中では沈黙が続きました。きっと母も恥じらいがあったんだと思います。確かに、親から子に話すのはやはり厳しいところがあると思うので、学校で教育する機会を設けることが必要なはずです。私は周りの友達がほとんど生理が始まった頃にやっと自分も始まってると言うことができました。

　「履歴書」の中に父親が登場することは極めて珍しく、その場合は次のように特殊な事例として展開されます。このことは、つまり家庭性教育にも前提となる知識が必要であり、単に「性教育は家庭で」と主張することの無責任さを明示していると言えるでしょう。

> ●学校ではこのぐらいだが、家で性教育を受けた。私の父が中学の体育の先生のため、ある日庭に呼び出され、三大欲求の中には性欲も存在するということから話し始めた。もちろん親のプライベートまで踏み込んだ話はしないが、思春期の私にとって、考えないといけないことや注意しないといけないことを話してくれ、1回だけではなく定期的に軽い感じで話す機会があった。

次の「履歴書」は、年齢段階に合わせて展開されたユニークな家庭性教育を含めた内容を紹介してくれています。しかしながら、やはり、「性行為」については家庭でも、学校でも一切触れられていないテーマになってしまっていたのです。

●記憶に残っている性教育　5歳：体の洗い方を母親に習った（一人でお風呂に入れるようになるため）／11歳：学校で生理についての授業があった（男女別）修学旅行で初めて生理がきた子がいると話を聞いて不安になった／11歳：母親に生理用品の使い方など基礎的なことを習う／15歳：講師を招いて性についての講演会を受けた／18歳：彼氏ができたことで避妊についての家族会議が開催（兄弟を含め、今妊娠した際のデメリットや親の意向を確認）。体の仕組みなどは保健の授業で習いましたが、性行為についてはどの講演会・授業でも習わなかったです。今になって、生理用品にさまざまな種類があることや避妊の方法を知り、もっと早めに知りたかったと感じています。

5）包括的セクシュアリティ教育の必要性

　やはり、学びの履歴の内容として綴られるのは、体の成長・発達や性と生殖に関する内容、性の多様性といった内容に限定されています。「ガイダンス」に示された8つのキーコンセプトを枠組みとすれば、とても狭い範囲に留まっていると言わざるを得ません。

　学生たちは、自分自身の「性教育履歴」のふり返りを通して、性を包括的に学ぶ必要性に気づくとともに、自分自身が将来の教師として「性教育」に主体的にとり組んでいくことを自覚化してくれます。これまで何度も確認してきたことではありますが、学びは、変わるきっかけを与えてくれるのであり、人は学びによってしか変わらないのです。

●この授業から大きくガラッと自分の中で考えや思いが変わった気がした。性は素晴らしいものだという考えや、未来を幸せに生きるためには前向きに捉えて真剣に向き合っていく必要があること、何も恥ずかしいことでないという他にもたくさん素敵

な考え方で捉えることができ、自分自身を尊重できるような姿勢で今後も性に向き合っていきたいと思った。まだまだ無知な部分はあるし、正直大学2年生という時期にこのような素敵な考えを持てるようになったことが悔しくもっと早くから知れていたかもしれないという思いもあるが、それは自分が教師になった際に子どもたちに教えていけたらいいなと思う。

● 大学に入学し、特別活動や専修の授業を受けるにつれ自然と知識は増え価値観も養っていったが、大学に入るまでの20年間でさまざまな人に会ってきている中で、偏った少ない知識で過ごしてきたのが、今思えばもったいなかったと思うし、もしかしたら知らず知らずのうちに誰かを傷つけてきたのかもしれないと考えるととても恐ろしいことだと思った。性について学ぶことは自分の身体、精神の安全を守るだけではなく、他人とのコミュニケーションを図り、他人をよく知る機会を得ることにもつながると思うため、これからも積極的に学んでいきたいと思った。

4　まとめ

　以上、本章では、『改定版ガイダンス』第4章について、「包括的セクシュアリティ教育」に関する科学的根拠に関しての、私なりの引き取り方についてまとめてみました。まず、その概要を整理した上で、レビューの結論に関わるわが国の統計データを取り出して、現状を再確認しました。その上で、それを作り出している性教育の実態を、大学生たちによる「性教育履歴書」をもとに分析しました。

　こうした状況を作り出しているのは、やはり、元を正せば文部科学省の「はどめ規定」に端的に示される性教育への消極的・否定的態度であることは間違いありません。そのもとで、子どもたちの「性」の学びの権利は、剥奪され続けているのです。けれども、もちろん当てにならない学校ばかりではないことも事実です。学生たちの「性教育履歴」で見たとおり、意識的な教師や学校、自治体によって積極的に展開されている学校性教育は、多くはないが確実に存在しています。課題は、それを点ではなく、線として面として拡げていくことです。

性教育は、子どもたちの「生」に迫る教育です。それは、将来への備えであると同時に、今を生き抜く力を育みます。だからこそ、子どもの傍らで生きる教師が、彼らに寄り添い自らの働きかけとしての実践を積極的に作り出すことが大切なのではないでしょうか。今こそ、「寝た子を起こす論」や「性教育ビジネス」を乗り超え、子どもたちと創るオーダーメイドの「包括的セクシュアリティ教育」にとり組む時です。子どもたちは性を学べる存在であり、学びによって確実に変わる存在なのです。そのことは、「包括的セクシュアリティ教育」の科学的根拠によって裏付けられています。今、一歩、踏み出す時なのです。

第Ⅱ部
8つのキーコンセプト

5 キーコンセプト、トピック、学習目標

　第5章ではキーコンセプト、トピック、学習内容について、さまざまな要素を関連づけて、5歳から18歳を少し超えた年齢の子ども・若者を対象にまとめられており、地域にあった形で包括的セクシュアリティ教育を実行するためのガイドとなることがめざされています。

　改訂版では、初版の「ガイダンス」（UNESCO編、2010年公刊）を踏まえて、行動や習慣を変えるためのカリキュラムに基づいて実践して得た科学的根拠をベースに、専門家の視点や国レベル・地域レベルでできるセクシュアリティ教育の枠組みなども取り入れています。

　改訂版ガイダンスは、基本的に年齢に即して性的な発達課題をいかに見出し、性教育実践として具体化するのかが問われています。それはガイダンスで明示されている年齢別課題別のキーコンセプト、トピック、学習内容を機械的に実践に落とし込んでいくのではなく、それぞれの現場と子ども・若者集団が持つ課題に即して活かしていくことが政策立案者、学校運営者、何よりも子どもたちと直接関わる教員・実践者に問われているということです。そのための参考資料であり、性教育実践の目的を明示した内容が、「5.2　キーコンセプト、トピック、学習目標の全体像」で、8つのキーコンセプトの柱で整理され、具体的な課題が提起をされています。

　8つのキーコンセプトごとに、自主ゼミでの報告を踏まえて、基本的に次のような構成の柱（①執筆者の自己紹介、②キーコンセプトの全般的内容の紹介、とくにキーコンセプトと関わって、焦点を当てて説明をする（「3.3を中心に」など）、③トピックで取りあげている問題意識、④キーアイデアの説明、⑤学習者ができるようになることの具体的な課題を取り上げて論究、⑥特に補足しておきたいこと）で説明をしています。執筆者それぞれの専門性や問題関心を踏まえて、「ガイダンス」（実践指針）が展開されています。

　「ガイダンス」とは、個人の幸福および社会的に意味のある活動を

めざして、個人が自らの努力によって、可能性を発見し発達させることができるように努力するプロセスであると定義されます。すなわち、ガイダンスは、社会のよりよい改革と個人の発達をめざす内容が提起されている指導書、説明書であるのです。

　5章を通して共通に理解しておく基本用語の解説をしておきます。

　「キーコンセプト」とは、直訳的には「重要（主要）な考え（方）」となります。全体を通して関わっている事項に取り組むにあたって貫かれている基本方針のことをいいます。

　「トピック」とは、論題（議論の題目）のことです。どのようなことを主に議論するのかを示しています。それは現在、話題となっているできごとという意味も含んでいるのです。

　「学習内容」とは、主には学校において、学習目標にそって系統的計画的に、知識・態度・価値観・スキル・行動などの能力を獲得するプロセスといえます。「ガイダンス」においては科学と人権を基盤にした性的発達能力の形成をめざした包括的な内容が準備されています。

　「地域にあった形で包括的セクシュアリティ教育を実行するためのガイドとなることを目指している」（p.66）という文章の「地域にあった形で」という内容もたいへん重要な意味を含んでいます。それは地域には歴史的につくられた文化があり、また学校文化もさまざまな状況にあるのが現実です。そうした現実を踏まえながら、カリキュラムを構想し、実践化していくことで、「地域レベルでできるセクシュアリティ教育の枠組み」を創っていくことができるのかが問われています。むしろ「ノンフォーマル［非公式］でコミュニティを基盤とした環境によって異なる可能性がある」（p.39）ことを前提に、効果的なプログラムとなるように考えることが実践現場に求められているのです。その意味で「ガイダンス」は課題主義とともに現実主義に立脚した柔軟な構成のし方が求められているのです。その内容を工夫していくためにも課題別、年齢別のキーコンセプト、トピック、学習内容を最大限に活かしていくための参考にしていくことが求められています。

　「科学的根拠をベースに」とは、「改訂版ガイダンス」のサブタイトルが「科学的根拠に基づいたアプローチ」となっており、ガイダンスの基本的スタンスといえます。英語原文では、"An evidence-informed approach"であり、「科学的根拠に基づいたアプローチ」と訳してい

ます。この意味は科学的な研究や調査研究によって得た根拠だけでなく、「授業内外での子どもたちや若者の反応や振る舞い、さらには、教員と生徒との相互作用など、学校内外での諸経験の短期的／長期的な観察とその分析によって見出された子どもたちの変容、つまり経験科学によって明らかにされたもの」(p.5) も含むということです。経験科学とは、経験で得た事実や現象の理解を対象としており、体験に基づいた方法で研究する学問のことをいいます。いわば私たちが日常の体験によって得ている経験知という要素が大きな位置を占めているのです。こうした経験科学を「ガイダンス」では大切にしており、そうした統計的科学的な数値や客観的な材料だけでなく、人間の体験や関係性から学んだことを実践的に活かすことをだいじにしているのです。その意味で性教育実践や体験を通して学ぶという研究のあり方や科学的根拠を蓄積していくことも視野に置いて考えたいものです。

5.1　目標、年齢グループ、構成

浅井春夫

1　到達目標

　ここでは「本章で提供されるガイダンスは、包摂、尊敬、平等、共感、責任、相互性などの価値を、普遍的な人権と密接に関連するものとして強調する権利ベースのアプローチを採用している。また、ジェンダー平等を推進することは若者の性の健康とウェルビーイング（幸福）にとって重要である、という理解に基づいている。最後に、指導の焦点を生徒に置くことで、『ガイダンス』は教育における学習者中心のアプローチを推進している」(p.66)と記述されています。「権利ベースのアプローチを採用している」という基本スタンスも一貫した「ガイダンス」の姿勢となっています。「包摂、尊敬、平等、共感、責任、相互性などの価値」を普遍的な人権との関係で問い直すことも重要です。

　包摂、尊敬、責任について補足的に説明をしてみたいと思います。

　包摂（ほうせつ：inclusion）とは、ある事柄を一定の範囲内に包み込むことです。反対語は排除です。社会的包摂という用語をよく目にします。社会的包摂とは、社会的に弱い立場にある人々をも含めて、誰ひとり排除やあつれき、社会的孤立で放置されるのではなく、市民社会、地域社会、団体・集団の一員として包み込み、支えあう考え方と説明されます。包括的性教育は、社会的包摂を骨格にした社会的変革をめざしています。LGBTQの人たちを排除することのない多様性が尊重された社会をめざしているのです。

　尊敬（respect）は、対等や共感、さらに性的同意の形成をはぐくむうえで、重要な課題となっています。本物の性的同意を形成するためには、日常生活における対等な人間関係とそれを土台にした自由で対等なコミュニケーション関係が人間関係の基本にあることが必要な条

件となります。あらためて子どもたちのなかに、自己および他者への尊敬の念をどのようにはぐくんでいくことができるのかについて考えてみたいものです。

　責任（responsibility）は、語源的にはresponse：応答することが基本にあります。何かあったときに、そのことに応答する、対応するといった態度ということができます。よくある言葉として、おとなたちは「あなたは責任をとれるのか?!」などと非難しますが、本当の責任の担い方を学ぶことも性教育実践では問われているのではないでしょうか。

　このようなキーワードを捉え直しながら「キーコンセプト、トピック、学習目標には、子どもや若者が、知識や態度、スキルをもつことで、かれらが、自らの健康やウェルビーイング（幸福）、自尊心について認識すること、自らの選択が他者のウェルビーイング（幸福）に与える影響について考えること、自身の権利を理解しそれに基づいて行動すること、他者の権利を尊重することといった到達目標がある。そしてそれらは以下のようなことによって実現される」（p.66～p.67）とされています。

> ●セクシュアリティの認識的、感情的、身体的、社会的側面について、（中略）さまざまな情報を提供すること。
> ●性的および社会的関係に影響を与える価値観、態度、社会的および文化的規範、権利を探求する機会を若者に提供すること。
> ●ライフスキルの習得を促進すること。（p.67）

　知識・態度・スキルの柱に即した内容が具体的に示されています。

2　年齢グループ

　第5章は、表5-1-1に示しているように、8つのキーコンセプトで構成されています。それらは初等教育、中等教育レベルの学習者を想定して4つの年齢グループ（①5～8歳、②9～12歳、③12～15歳、④15～18歳以上）に分けられています。

　「学習目標は、論理的に段階づけられており、より若年の生徒のた

表 5-1-1　国際セクシュアリティ教育ガイダンス初版（2010 年）と改訂版との
構成の比較

国際セクシュアリティ教育ガイダンス（初版）、2010 年		国際セクシュアリティ教育ガイダンス（改訂版）、2018 年	
第 I 部	セクシュアリティ教育の論理的根拠	第 1 章	はじめに（イントロダクション）
	1. 序論、2. 背景、3. CSE（包括的性教育）実践のための支援の構築と計画の立案、4. CSE のための実証的基盤、5. 効果的な CSE プログラムの特徴、6. 教育機関におけるすぐれた実践、付録	第 2 章	包括的セクシュアリティ教育の理解
		第 3 章	若者の健康とウェルビーイング（幸福）
		第 4 章	科学的根拠に基づいた包括的セクシュアリティ教育
		第 5 章	キーコンセプト、トピック、学習目標
			キーコンセプト 1：人間関係
第 II 部	内容項目と学習目標		キーコンセプト 2：価値観、人権、文化、セクシュアリティ
	1. 序論、2. 年齢の範囲、3. 学習の構成、4. 独立したプログラムか関連付けたプログラムか、5. 構成、6. 基本構想と内容項目の概要		キーコンセプト 3：ジェンダーの理解
			キーコンセプト 4：暴力と安全確保
			キーコンセプト 5：健康とウェルビーイング（幸福）のためのスキル
	7. 学習目標		キーコンセプト 6：人間のからだと発達
	基本的構想 1：人間関係		キーコンセプト 7：セクシュアリティと性的行動
	基本的構想 2：価値観、態度、スキル		キーコンセプト 8：性と生殖に関する健康
	基本的構想 3：文化、社会、人権	第 6 章	サポート体制の構築と包括的セクシュアリティ教育プログラム実践のための計画
	基本的構想 4：人間の発達	第 7 章	効果的な包括的セクシュアリティ教育プログラムの実施
	基本的構想 5：性的行動	第 8 章	参考資料
	基本的構想 6：性と生殖に関する健康	第 9 章	用語集
	付録	第 10 章	付録

めには、特に基本的な情報を含み、高度な認知能力を必要とする課題
や複雑なアクティビティ（活動）は少ない」（p.67）内容となるように
配慮されています。

　さらに②、③の年齢グループでは、同じクラスにさまざまな発達状
況の学習者がいることを考えて、「部分的に重なる内容を意図的に設

定」(p.67) されています。発達段階を接続して効果的な性教育をすすめていくためには、復習的な学習も含めて授業計画を立てることを意識しておくことも重要です。

また、④の学習目標（15〜18歳以上）では、さまざまな年齢と発達状況にあるかもしれない学習者がおり、さらに高等教育を受ける成熟した学習者にとっても活用できるようになっています。とくに①〜③の年齢段階の内容をほとんど学んでいないままにいる子ども・若者が少なくないことを踏まえて、高等教育の学習者には活用可能な構想となっています。

加えて、学校教育のなかで包括的セクシュアリティ教育を学んでいない、あるいは学校に通っていない子どもや若者においても活用できるようになっています。この課題に関しては、国連人口基金編 *International Technical and Programmatic Guidance on Out-of-School Comprehensive Sexuality Education*（*CSE*）（2020 年）として報告書がまとめられています。その解説と紹介が出版されることが待たれています。

こうした内容を踏まえて、ガイダンスは徹底した「課題主義」の立場（子ども・学校・地域・社会などの現実の「課題」を重視した性教育実践と運営を追究するスタンス）を採っています。それに対して日本における性教育は長らく「テーマ主義」（性教育の「テーマ」を学年・年齢ごとに配分したカリキュラムをもとにして、それに即して授業計画を立て、授業を構想することを基本とするスタンス）を基本にしてきました。したがって、テーマ主義に固執することで、いわゆる "はどめ規定" といった、この学年ではこれ以上は教えてはいけないなどの行政指導の根拠とされてきたといえます。

ガイダンスでは「学習目標は、子どもや若者とセクシュアリティについて議論することにおける個人的な不快感や感覚的な抵抗ではなく、学習者の現実に即したもので、利用可能なデータや科学的根拠に基づいたものであるべきである」(p.68) と明言しています。日本の教育行政が、こうした国際的なスタンダードの視点に立って、性教育政策を立案していくことが求められているのです。

性教育やセクシュアリティに関わる議論は「センシティブな課題」ですが、ガイダンスのスタンスは明確です。「セクシュアリティは、

他の教科と異なり、強い感情を引き起こしやすい。しかし、子どもは幼い頃から、自らのからだ、心情、関係性について話し、理解するための言葉や能力を獲得することが不可欠なのである」(p.68) と明確に述べています。「性教育は寝た子を起こす」などという事実を歪めた、科学と人権に立脚した性教育から目を背けるための論理ではなく、子どもの現実と課題にしっかり焦点を合わせた包括的セクシュアリティ教育をすすめていきたいものです。

3　構成

　表5-1-1 のように、第5章には8つのキーコンセプトがあります。「これらは、同等に重要で、相互に補強し合い、それぞれのコンセプトは他のコンセプトと一緒に教えられるよう意図されている」(p.68) のです。

　「キーコンセプト」は、2〜5つの「トピック」に整理され、それぞれの年齢グループごとの「学習目標 (年齢区分)」のもとにキーアイデアと学習者ができるようになることで構成されています。

　トピックは「スパイラル型カリキュラムアプローチ」(p.68) が使われており、生徒が一般的な内容から専門的な内容へと知識・態度・スキルを深められるよう学習をすすめます。学習したことを忘れないうちに継続的な学習によって接続していくことが大切になります。そのために平易でシンプルな概念から入り、学習内容がすすむことでより難しく深い理解が必要になっていくようにできています。こうした組み立てが可能なのは、学習内容が子どもたちの発達状況と諸課題に合わせて構成されているためです。さらにこれにより、全員または多数の子どもたちがより内容を理解したうえで前にすすむことができます。

　学習目標は、知識、態度、スキルのレベルで構成されています。これらは「特徴的な学習の3領域」(p.67) とガイダンスは位置づけています。

　知識とは、辞典によれば、「ある事柄について知っていること」です。学習者にとって知識は重要な基礎です。重要な基礎という意味は、その人が価値判断をしたり、どのような行動を選択するのかの基本的な情報となります。どのような知識・情報を大切な内容と考えるかに

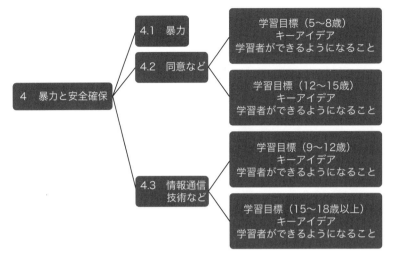

図5-1-1　キーコンセプト、トピック、キーアイデア、学習者ができるようになること

よって行動の選択能力に大きな影響を与えることになります。態度やスキルを獲得するうえでも知識は重要な基礎となります。

　ガイダンスを勉強し議論するなかで、「態度」の理解と位置づけはさまざまな見解があります。みなさんもどのように捉えることができるのかを考えていただければと思います。

　態度は、英語で「attitude」です。さまざまな状況や局面、人間関係のなかで、自らの感情や意思・意志を他者に表明した構え方であるといえます。またそうした行動傾向を示した用語です。どのような態度をとるのかは、建前だけではなく、その人の知識・考え・思想などが即座に表現されることがよくあります。その点でいえば、態度は、知識とスキルを結ぶだいじな連結機能を持っているといえないでしょうか。

　スキルは、「コミュニケーションすること、聞くこと、拒否すること、意思決定すること、交渉することといったスキルは、学習者が行動を起こすことを可能にする。具体的には、対人関係、批判的思考、自意識の形成、共感する力の発達、信頼できる情報あるいはサービスへのアクセス、スティグマや差別への挑戦、権利のための主張である」と記述されています。どう行動ができるのかは、スキル（技能）のレベルで獲得するという視点から考えてみなければならないのです。

教えたことで、判断ができる、コミュニケーションがとれる、同意や拒否を明確にできるかどうかは、実際の行動のなかで、知識は深まり、態度を形成していくことになるという関係にあります。

その点で「学習目的の中に示されている、知識、態度、スキルの構築という、特徴的な学習の3領域は、必ずしも段階的なものではなく、むしろ、相互的で互いに補強し合うプロセスであり、キーアイデアについて学び、繰り返し強化するための多様な学びの機会を学習者に提供することを表している。この章で提示している学習目標は、トピックにおいても学習の領域全体においても、規範的、網羅的なものではなく、事例の形で慎重に提示されている。学習の3領域すべての連結は、若者をエンパワーメントすることや効果的な包括的セクシュアリティ教育にとって重要である。このガイダンスは、明示されたすべてのトピックにおける学習目標のそれぞれの類型を整然と示しているわけではない。したがって、カリキュラム開発者には、3領域すべての学習目標のバランスを維持することが求められている」(p.69)と述べられている。

「ガイダンスは、自主的なもので強制されるものではなく、国際的な科学的根拠や実践に基づいており、セクシュアリティ教育が実施されているそれぞれの国の状況の多様性を認めている。その結果、ある国においては受け入れられ、他の国では受け入れられない課題や内容がある。各国は人権や包摂、非差別といった考え方を尊重しながら、適切に判断する権限をもつ」というスタンスが、実践者、学校の運営管理者、教育行政に求められているのです。

5.2　キーコンセプト1
人間関係

星野恵

自己紹介

　38年間小学校教員として働き、退職して6年が経ちます。性教協には設立直後から関わってきましたが、最初の10年近くは満足のいく実践はできず、セミナーや講座に参加しながら学びを蓄積していた気がします。前半20年間は普通学級、後半18年間は特別支援学級の担任をする中で、試行錯誤を繰り返しながら、授業実践に取り組んできました。バックラッシュ（"過激な性教育"という不当な攻撃）の中、使われることがなくなってしまった副読本「ひとりで　ふたりでみんなと」（東京書籍）の作成にも関わらせていただき、学年全員の子どもたちに持たせ学習したことは懐かしくも、今となっては悔しい思い出でもあります。また性教協の30周年企画として、「あっ！そうなんだ！性と生」の絵本作りにも参加させていただき、現職のうちにその絵本を使って授業もできました。退職直後から、性教協の組織に関わるさまざまな仕事をやっていますが、この自主ゼミに参加することで、社会的に認知されるようになった「ガイダンス」をより丁寧に深く学び、包括的性教育を広げていくための新たな力をつけていきたいと思いました。

1　ここで書かれていることのまとめ

【トピック】

1.1　家族

1.2　友情、愛情、恋愛関係

1.3　寛容、包摂、尊重

1.4　長期の関係性と親になるということ

　このキーコンセプトは、人間が生きていく中で年齢とともに広がっていく人間関係を、まず家族、次に友情、愛情、恋愛関係という切り口から考え、次に寛容、包摂、尊重で人間関係を作るうえで、何を大切にすべきかを探り、最後に長期の関係性と親になるという中で、未来を展望し、自ら何を学び、選択する力をどうつけていくかを示していると思います。

2　みなさんと考えたいこと（問題意識）

1）なぜ性教育で人間関係を学ぶのか？

　人は人との関係の中で生きています。ひとりの人間が生まれてから死ぬまで、その人のまわりには、何らかの形で人間関係は存在し続けます。でも性教育に関係あるの？と疑問に思う人は少なからずいると思います。性教育の中で人間関係を学ぶことの意味はどこにあるのでしょう。

2）日本の学校教育の中で人間関係を学ぶことができるのか？

　性教育という枠がそもそもない中で、人間関係についてどんな場で学べる可能性があるのでしょうか。人によって経験は違います。そこから得た教訓めいたものだけを頼りに人間関係を築いていくことは、リスクも大きいはずです。誰もがいろんな人間関係を築きつつ、幸せになるためにはどこで、どう学ぶことが可能なのでしょう。

3）人間関係の学びを作るうえで、どんな工夫、配慮が必要なのか？

　人間関係の学びは、学校における授業、それ以外の場の学びをふくめ、子どもと関わるおとながどんな視点を持ち、どんな配慮や工夫をすることが求められているのでしょう。

3 キーアイデアの説明

1）トピック 1.1　家族　のキーアイデア

①家族をどう理解するか

　多くの人が生まれて最初に出会う人間関係が家族であるということは誰もが認めることです。それぞれの年代のトップにあるキーアイデアは以下です。

5〜8歳　世界にはさまざまな家族の形がある

9〜12歳　親／保護者、他の家族のメンバーは子どもが価値観を
　　獲得するのを助け、子どもの決定を導きサポートする

12〜15歳　成長とは、自分と他者に対する責任をとれるように
　　なることを意味する

15〜18歳以上　性的関係や健康問題は家族関係に影響しうる

　これらは、家族を理解するうえでのポイントを端的に示しているように感じます。このトピックのキーアイデアや学習者ができるようになることの中に、役割、責任、価値観、尊重という言葉が複数出てきます。しかし「ガイダンス」ではこれらは定義されていません。それぞれはどんなことを意味するのかを具体的に考え、他の人と議論することも大切だと思います。

　家族の中で生きる子ども自身が、家族の異なるニーズ、役割を知る、家族の価値観が自らの価値観に影響する等々を知識として身につけ、現実を見つめ、自分の思いを表出できるようになることが示されているとわたしは読み取りました。保護者であるおとな自身も自分の価値観が子どもの価値観に影響を与えるということを自覚することも必要であり、衣・食・住を保障しているからといっても、子どもは保護者の所有物ではなく、子どもの声に耳を傾けることに始まり、どんなに幼い子であっても、一人の人間として尊重して暮らすことが保護者に求められていると思います。また15〜18歳以上では、「援助を必要とする若者自身や家族をサポートするコミュニティ資源にアクセスする」というスキルが書かれています。最近やっと注目を浴びるようになったヤングケアラーのことなどを考えても、さまざまな角度からの

家族についての学びは、今後ますます必要になってくると思います。家族のことは、家族の中だけで解決するべきだという自己責任ではなく、助けが必要な場合にきちんと助けを求めることができるという学びこそ、今まさに必要とされているのだと思います。

②ジェンダー平等と家族

　ジェンダー平等という視点に絞ってみていくと、以下のキーアイデアがあります。

5～8歳　ジェンダー不平等は家族メンバーの役割や責任に影響することがある

9～12歳　家族は自分の役割や責任を通じてジェンダー平等を促進できる

12～15歳　愛情、協力、ジェンダー平等、相互ケア、互いに尊重することは、健康的な家族の機能や人間関係において重要である

　ジェンダーに対する刷り込みが家族との日常生活の中からスタートしていることが多い日本の現状を考えても、このキーアイデアは注目すべきものです。

2）トピック1.2　恋愛、愛情、恋愛関係　のキーアイデア

　関連するキーアイデアが年代区分ごとにどう変化していくか、2つの視点から考えます。

①友情とは？

5～8歳　友情にはさまざまな形がある

9～12歳　友情や愛情は自分自身をポジティブに捉える助けになる

12～15歳　友達は他者にポジティブにもネガティブにも影響を与えうる

15～18歳以上（友情に関するキーアイデアはない）

---

②健康的な人間関係とは？

> 5〜8歳　健康的な、および健康的でない人間関係がある
> 9〜12歳　人間関係における不平等は個人的な人間関係にネガティブな影響を与える
> 12〜15歳　恋愛関係は力の不平等や差異（ジェンダー、年齢、経済的立場、社会的地位、健康状態など）に強く影響されやすい
> 15〜18歳以上　健康的な性的関係と健康的でない性的関係がある

　誰でも、成長とともに人間関係は広がっていきます。集団生活が始まれば、同年代や年代の近い友だちもできます。子どもたちが、成長過程で悩むことが多いのは友情や恋愛についてです。だからこそ、友情とは何か・友情は何によって構成されるのか・人間関係における愛情表現とは・健康的な人間関係、健康的でない人間関係の特徴とは・恋愛関係、性的関係がどんなものに影響されやすいか等々、キーアイデアごと年代を追って、知識・態度・スキルがアップデートされるよう提示されています。1つの年代区分を見ていくと同時に、関連することが次の年代で、どのように示されているのかを見ていくことも大切です。

3）トピック1.3　寛容・包摂・尊重　のキーアイデア

　ここには人との関係を作るうえで、何よりも大切にすべきことは相手への尊厳であるということが示されています。各年代のキーアイデアの数は1つ、9〜12歳だけ2つとなっています。このトピックに掲げられた内容は、5〜8歳のキーアイデア「すべての人間は個々に異なりそれぞれにすばらしく、社会に貢献できる存在であり、尊重される権利がある」に象徴されています。人間関係の中でさまざまな差異を理由に起こるハラスメントやいじめは、日々あらゆる場で繰り返されています。戦争は最も極端な事例だと思います。人の尊厳を否定しウェルビーイング（幸福）に有害な人権侵害について学ぶこと、あらゆる人権侵害に対して異議を唱え、行動することの大切さが示されています。「ガイダンス」で貫かれている、包括的であること・人権

アプローチに基づいていること・ジェンダー平等を基盤にしていることがこのトピック内のキーアイデアにもしっかり示されていることがわかります。

4）トピック 1.4　長期の関係性で親になるということ
　のキーアイデア

　キーアイデアは5〜8歳は1つ、残りの年代区分では3つずつとなっています。

　ここでは、家族や結婚は、社会、宗教、文化や法律によって形作られている事実を知り、全ての人が、いつ、誰と、結婚するのか、しないのかを決定できるべきであることを認識し、結婚や長期の関係性によって発生する多くの責任、親になることの責任、強制婚や意図せず親になることの有害性、子どもを持つか持たないか、いつ子どもを持つのかの決定に影響するさまざまな要因がある、等々の知識、態度、スキルが示されています。

　世界に残る強制婚の実態、日本の中で起きている望まぬ妊娠出産に関わるさまざまな事象、どれもこのトピックに示された学びの必要性を感じます。

4　学習者ができるようになること

　トピック1.1を中心に学習者ができるようになることをもとに考えていきます。

1）家族の形を知る

1.1　家族

学習目標（5〜8歳）

キーアイデア　世界にはさまざまな家族の形がある
学習者ができるようになること
・家族のさまざまな形（例：ふたり親の家族、ひとり親の家族、世帯主が子どもの家族、世帯主が後見人の家族、拡大家族、核家族、非伝統的家族）を説明する（知識）

> ・家族のさまざまな形に対する尊重を表現する（態度）
> ・家族のさまざまな形に対する尊重を表現する方法を実際にやってみる
> 　（スキル）

　人間関係のスタートは、家族であり、人は自ら生まれた直後から、家族と共に生きていきます。もちろん途中でその形は変わっていくこともあります。さまざまな事情があり施設で暮らしている子どももいます。特別養子縁組で家族に迎えられる子どももいます。どんな形であれ、その関係性の中で起きることは、その子の人間形成にさまざまな影響を及ぼします。

　この年代の子どもが実体験ではなく、家族のさまざまな形を知識としえて納得するのはそう簡単なことではありません。自分とは違う家族の形に対する尊重を表現し。表現する方法を実際にやってみるとも書かれてあります。具体的に考えてみます。

家庭の中

　親子であるクイズをしているときに、お子さんが「2人しかいないのは家族ではない」という答えを選んでガッカリし、「普段からいろんなことを話してきたつもりだけど、教えこむだけではダメですね」とお話しされている方がいました。確かに、そのお子さんにとっては今一緒に暮らしている家族が全てであり、単純にうちは3人家族だから、2人しかいないのは家族ではないと思ったのでしょう。その方は、日頃から絵本などを通して、「いろんな家族があるね」と話されていたのだと思います。しかし、実際に体験しているものと違うものがあることを理解することは、年齢が低ければ簡単ではないというのがこの話からもよくわかります。絵本を読んでもらい、そのときに語られたことを理解するのは、「あっ　ホントにいろんな家族の形がある」と自ら実感できる瞬間が来たときなのかもしれません。

就学前の集団生活の中で

　集団生活の場で、友だちもでき、その友だちの家族を知り、交流することで自分の家族とは違う家族もあることを知る。そういう機会を積み重ね、保護者が「うちとは違うけど、みんな楽しく暮らしている

ね。いろんな家族があるね」と言葉を添えていくことから、さまざまな家族があることへの理解、尊重が自然と始まるのだと思います。また保育士や幼稚園教員はいろんな家族の形で暮らしているという子どもの生活実態を知っていることが大前提です。子どもに関わるおとなが、遊びや、読み聞かせ、子ども同士の会話などあらゆる機会に、さりげなく学ぶチャンスをキャッチし、言葉を添えることで、「そうか！　いろんな家族があるよね」と子どもたちが実感できるようにすることも大切だと思います。

学校生活の中で

　日常生活の中で、家族の話はいろいろと出てくることが想定されます。家族の形の変化もその１つで、親との死別、離別、再婚で名字が変わる、公にもなるし、おとなの話から子どもの耳に届く場合もあります。子ども自身が話すこともあります。学校においては、授業で扱うこともできるので、「いろんな家族の形がある」という課題に迫るための、教材を選び、いろんな角度で迫っていくことができます。授業以外でも、家族のことが話題になることはいろいろと想定されます。ここで問題なのは、配慮ということです。配慮は大切なことです。でもまわりが変化を知っているのに、触れるチャンスがあってもその話題を避けるのは配慮ではないと思います。過度に配慮することがかえって、当事者を傷つけることになる場合もあります。子どもは子どもなりに、自分の家族に起きた変化を、受け止めながら生活をしています。関わるおとなが本人に対しても、まわりの子どもたちにも、どういう言葉をかけるかが問われるのだと思います。まさにそこに他者への尊重が大切になってくるのです。

2) 思春期における自分と家族の関係を知る

学習目標（12〜15歳）

キーアイデア　親／保護者と子どもの間で衝突や誤解があることは、特に思春期では当然で、たいていそれらは解決可能である

学習者ができるようになること
・親／保護者と子どもの間でよく起こる衝突や誤解を列挙する（知識）

・親／保護者との衝突や誤解を解決する方法を説明する（知識）
・親／保護者との衝突や誤解があることは、特に思春期では当然で、たいていそれらは解決できるということを認識する（態度）
・親／保護者との衝突や誤解を解決するための手段を使う（スキル）

　思春期に起こるイライラ、そのたびに親／保護者にあたってしまう。「あんなに可愛かったのに、どうしてこんなひどい態度ばかりとるのだろう」という親／保護者の声を聞くこともたくさんあります。思春期ならそれも当然のことと頭ではわかっていても、お互い感情的になってしまい、いつの間にか会話さえしなくなる関係に陥ることがたくさんあります。しかし、ここに示されていることにきちんと取り組む時間が学校教育の中で確保されるならば、イライラしたとしても、自分の今の状況を客観的に見つめ、「そうだ、今はこういう時期なんだ」と気持ちを落ち着かせることができるかもしれません。またまわりの仲間も同じようなことで悩んでいたり、家族との関係がうまくいっていなかったり、それらを共有することでも、自分だけではないと安心できるはずです。しかし、ここに掲げられた内容は、親／保護者の側も学ぶ必要があるはずです。なぜなら、自分たちもその時代をくぐりぬけたとはいえ、何も学んでいないからです。包括的性教育の学びは子どもたちだけではなく、子育て真っただ中の親／保護者、教員に限らず、子どもと接する仕事をする全てのおとなにとって必要だと思います。

3) 家族の役割とジェンダー平等について知る

学習目標（9〜12歳）

キーアイデア 親／保護者、他の家族メンバーは子どもが価値観を獲得するのを助け、子どもの決定を導きサポートする

学習者ができるようになること
・親／保護者、他の家族メンバーが子どもの意思決定をサポートする方法について説明する（知識）
・親／保護者、他の家族メンバーが自分の意思決定に影響を及ぼしていることを認識する（態度）

> ・家族の価値観が自分の決定をどのように導いているかを省察する（スキル）

　この年代の子どもたちにとって家族や学校が社会です。子どもの年代が低いと、性別によって役割分担や責任が違うことがあるのかないのか判別することは難しいかもしれません。でも年代にかかわらず、自らの生活を見直す視点を与える中で、性別によって、できることを狭めていないかを考えさせることはとても重要なことです。日本においてはジェンダー不平等の意識は家庭の中からスタートしている点は否めません。言動や考え方に「あれ？」という気づきを与えるためには、意図的な仕掛けが必要になると思います。親／保護者からかけられた言葉への違和感、兄弟姉妹の扱いの中で感じた不平等、「男だから、女だから……」ということへの反発等々、子どもたちが立ち止まって「ちょっと変」「おかしくない？」という声を挙げ、家族と話し合い、変化を起こしていく、そんなことが日常生活の中に根付けばいいなと思います。

　しかし現状はそう甘くはないと思います。ジェンダー平等の声は大きくなっていても、社会の実態は、ジェンダーギャップ指数に端的に示されているように情けない状況です。でも未来を担う子どもたちに、今当たり前のことも変化していくこと、その変化を起こす担い手になるような働きかけをまず家庭の中で起こしていく、そのためには学校の中での学びが保障されていくことが必要だと思います。単に知識だけでなく、疑問を声に出す、変化を起こすためのスキルを身につける、それが現実を変える力を生み出す一歩だと思います。おとなであるわたしたちにとって大切なことは、どんな場であっても子どもの声を聞き取り、受け止めることだと思います。

4）成長とはどんなことかを知る

学習目標（12〜15歳）

キーアイデア　成長とは、自分と他者に対する責任をとれるようになることを意味する

> **学習者ができるようになること**
> ・成長する中で生じる、自分と他者に対する新たな責任を明らかにしたり調べたりする（知識）
> ・成長するにつれ自分の世界や感情は家族の枠を超えて広がり、友人や仲間が非常に重要になることを認識する（態度）
> ・新たな責任や人間関係を見極め、受け止める（スキル）

　今回改めてここを読み、これも包括的性教育の内容なのだと再認識しました。成長を単に知識を得る、できることが増えるという捉え方ではなく、「自分と他者に対する責任をとれるようになることを意味する」という言葉の意味を深く感じ取りました。自分の行動や、言動に責任を持つことこそ、おとなになることへの大切な切符だと思います。また、自分にとって、一番身近な存在であったはずの家族、その枠を超え、友人や、仲間との関係がとても重要になってくるという、思春期ならではの人間関係の変化をきちんと認識することも成長するうえでの大きなポイントだと感じます。家族との関係を軽く見るということではなく、親／保護者に守られた環境から抜け出し、自分で新たな人間関係を作っていくためには欠かせない学びの1つだと思いました。

5）若者や家族が頼ることができるサポートシステムを知る

> **学習目標（15〜18歳以上）**
>
> **キーアイデア**　性的関係や健康問題は家族関係に影響しうる
> **学習者ができるようになること**
> ・家族のメンバーが、何かセンシティブなこと（HIV陽性ステータス、妊娠、結婚、お見合いの拒否、性的虐待経験、幸せな性的関係にあることなど）を明らかにした際、家族一人ひとりの役割や関係性がどのように変化するのかを見極める（知識）
> ・性的関係や健康に関する情報を明らかにしたり共有したりする際に、自分たちの役割や関係性がどのように変化するのかを省察する（スキル）

　家族や、親／保護者の新たなパートナーからの性的虐待を受けている、SNSを通し性的トラブルに巻き込まれている子ども、若者たちを

支援する組織は増えてきたとはいえ、そこにつながらない子ども、若者がたくさん存在しています。困難に出合ったら助けを求めていいという学びこそ、全ての年代で必要なことは明確です。もちろん、学びが実現されていない実態であったとしても、関わるおとながアンテナを高くすることで、つながることは可能です。最近やっと耳にするようになった、ヤングケアラーという名のもとに、家族のさまざまなケアを担わされている子どもたち、その実態把握はまだ不十分です。あらゆるネットワークを通し、子どもたちとその家族が抱えている困難に目を向け、SOSを出せるサポート資源につなげていくことが今まさに求められていると思います。コロナ禍で生活困窮者は増加し続け、食品の無料配給に並ぶ人の数は増え続けています。憲法25条に掲げられた生存権が脅かされているのです。学びの場から離れざるを得ない子どもや若者に、助けを出していいという知識、サポート資源へのアクセスのスキルなどの学びをいかに届けるかということは、すぐにでも取り組むべき大きな課題だと思います。

5　具体的な実践の提案

1.1　家族

学習目標（5～8歳）

キーアイデア　世界にはさまざまな家族の形がある

学習者ができるようになること

・家族のさまざまな形（例：ふたり親の家族、ひとり親の家族、世帯主が子どもの家族、世帯主が後見人の家族、拡大家族、核家族、非伝統的家族）を説明する（知識）
・家族のさまざまな形に対する尊重を表現する（態度）
・家族のさまざまな形に対する尊重を表現する方法を実際にやってみる（スキル）

※実際は小2、小3をイメージしながら考えました。

1）この実践例を提示する理由

　いろんな形の家族が存在することを知り、どんな形の家族も尊重すべきであるとはどういうことかを感じ取ってほしいからです。この学

びを通して「○○さんの家族は、なんだかいつも楽しそうだね」「○○さんの家族とわたしの家族は似ているところがたくさんあるね」「○○さんのお父さんの作る料理、おいしそうだね。こんど食べてみたいな」「わたしは、おばあちゃんと2人暮らしだけど。おばあちゃんの作るおはぎ、おいしいよ、こんど遊びに来て」こんな会話が自然に飛び交う教室になってほしいです。確かに家族の話は、プライバシーに触れる部分もあります。でもお互いを知り、関係性を作るうえで、友だちの家族を知ることは、自分を理解してくれるおとなを増やすことにもつながり、大切なことだと思います。

2）教材：絵本「かぞくって　なあに？」　そのほかの絵本

①　　　　　　　②　　　　　　　③　　　　　　　④

①フェリシティ・ブルックス　文／石津ちひろ　訳『かぞくって　なあに？』
②レイチェル・グリーナー　文／クレア・オーウェン　絵／艮香織・浦野匡子　訳・解説『ようこそ！ あかちゃん──せかいじゅうの家族のはじまりのおはなし』
③メアリ・ホフマン　文／ロス・アスクィス　絵／すぎもと　えみ　訳『いろいろ　いろんな　かぞくのほん』
④エミール・シャズラン／ガエル・スパール　作／中山亜弓　訳『ふたりのパパとヴィオレット』

なぜ絵本を使うのか

　絵本は、子どもたちにとって親しみがあります。文字だけではなく、そこに描かれているさまざまな絵は、読み手にいろいろな気づきを与え、文字だけでは感じ取れない理解を深める助けとなります。時空を超え、見たことも、体験したこともない世界に読み手を連れ出し、いろんなことを知り、理解する大きな助けとなるのが絵本だと考えています。だからこそ、わたしは過去のさまざまな場面で絵本を大いに活用してきました。

今回も、絵本を柱に考えてみました。

3）展開の仕方

　①目標：絵本『かぞくって　なあに？』の読み聞かせを通して、世界にはさまざまな家族の形があることを知る（知識）

　　※読み方はいろいろだと思います。一度に全てを読む、関係するページをピックアップするなど、目の前にいる子どもたちの実態やそのときの反応に合わせていくことが大切だと思います。

　②読み進めながら自由に感じたことを発言していく（発言しなくてもちろんOK）

　自分の家族が全てと思っていて当然の年代です。でも家庭や集団生活を経験する中で、関わるおとなの価値観が知らないうちに影響を及ぼしているはずです。だからこそ実践者の配慮が必要になるのです。

　<u>実践者が配慮すべきこと</u>

- ●目の前にいる子どもたちがどんな家族関係の中で暮らしているか、できるだけ把握しておく。
- ●プライバシーへの配慮をしつつも、あまり過敏にならないようにする。
- ●実践の中で、子どもたちから発信される反応、言葉には敏感に反応する。おとなの影響を受けて得た言葉や明らかに間違った認識があったら、すぐ否定するのではなく、「なんでそう思うの？」と聞き返し、やりとりをする中でその子自身が「あれ違うかな？　そうじゃないのか……」と気づけるようにしていく。
- ●絵本だけでなく、いろんな家族の形態で暮らす同年代の子どものことを紹介できるようにする（クラスの子どものことを直接示すのではなく、似ているような事例を用意する）。
  - ・世界にも目を向けられる事例
  - ・養子縁組の子どもを迎えている家族
  - ・「ふたりパパと息子」という動画など

　③絵本の中に出てくるいろんな家族の中で、例えば、『ふたりのパパとヴィオレット』のように、1つの家族のことを掘り下げた絵本や、

実践者が準備した事例などから、自分の家族構成と似ている、ここは違う、でもそれぞれの暮らし方がいろいろあっていいと思えるように、子ども同士のやりとり、子どもと教師のやりとりを大切にしていく。

　④自分の家族の形と異なる家族とで暮らしている人に、どんなことを聞いてみたいかを考える。

　　　●家族とどんなことをしていると楽しいのか
　　　●困ったなと思うこと、辛いなと思うことはどんなことか

　家族の形態に関係なく、共通なことが多いことも、違うこともあることがわかるはずです。そのことを何らかの形で表現する（文章で表現、話す）ことが、いろんな家族への尊重の表現につながります。

　この実践は、キーアイデア「世界には、さまざまな家族の形がある」という根本的なことを学ぶ機会を作り、他者の家族への理解を深め、尊重するという目的があります。

　ですから、「1.3 寛容、包摂、尊重」にも深く関わっています。

6　まとめ──人間関係の学びを実現するために

1）人間関係について学んだ経験はありますか？

　正直わたしにはありません。ではどこで身につけたのでしょう。多分、自分が他者との関わりで体験したことや、まわりの人と他者の関わりを見聞きしたことが、自らの人間関係を形作るベースになっている気がします。もちろん小説や書物から影響を受けたこともあるとは思います。

2）日本の教育現場の現状

　日本の学校教育の中で、人間関係を学べる可能性がある教科は、小学校においては生活科、道徳、国語、社会、家庭科、特別活動、テーマによっては総合的学習でしょうか。

　人間関係に関係しそうな現行学習指導要領の特別な教科「道徳」の内容の一部を紹介します。

　「B　主として人との関わりに関すること」の5、6年をピックアッ

プしてみます。

　　　［親切、思いやり］
　　　〔第5学年及び第6学年〕誰に対しても思いやりの心をもち、相
　　　　　手の立場に立って親切にすること。
　　　［感謝］
　　　〔第5学年及び第6学年〕日々の生活が家族や過去からの多くの
　　　　　人々の支え合いや助け合いで成り立っていることに感謝し、そ
　　　　　れに応えること。
　　　［友情、信頼］
　　　〔第5学年及び第6学年〕友達と互いに信頼し、学び合って友情
　　　　　を深め、異性についても理解しながら、人間関係を築いていく
　　　　　こと。
　　　［家族愛、家庭生活の充実］
　　　〔第5学年及び第6学年〕父母、祖父母を敬愛し、家族の幸せを
　　　　　求めて、進んで役に立つことをすること。
　　　［よりよい学校生活、集団生活の充実］
　　　〔第5学年及び第6学年〕先生や学校の人々を敬愛し、みんなで
　　　　　協力し合ってよりよい学級や学校をつくるとともに、様々な集
　　　　　団の中での自分の役割を自覚して集団生活の充実に努めること。

　普段目にすることのないものだから、その記述に驚かれる人もいる
ことでしょう。これらは一度読めば、一定の価値観を教えこむ内容に
なっているのは明らかです。少し極端なことかもしれませんが、人間
として敬愛できない保護者のもとで生活している子ども、友だちと仲
良くしたくても理不尽ないじめにあっている子ども、担任との相性が
合わずぶつかることが多い子ども等々いろんな人間関係で悩み、苦し
んでいる子どもがたくさんいるはずです。その子たちのことをあまり
視野にいれずに、検定教科書、それに基づく副読本やワークをそのま
ま使用し授業が組み立てられ実践されています。また道徳の授業を地
域の人に公開するよう強いる教育委員会もあります。地域に公開され
る授業では、子どもたちは教師が望んでいそうなことを発言したり、
感想にまとめたりします。これが現実に行われているリアルな道徳の

授業なのです。

3）学びを実現するために

①前に進むためには柔軟に！

　今も昔も人間関係の多くは、生活の全ての場での経験を通して学んでいるのかもしれません。しかしそれは学びというより、経験をして得た個人的な教訓に過ぎないと思います。経験は人によっても、立場によっても違ってきます。クラスの中で、友だちと関わることで気持ちが満たされ、幸せを感じ、生きていくうえでの活力を得られる場合もあれば、真逆の場合もあります。ですから、誰もがその時々の人間関係で起こりうることや、自分への影響をプラス、マイナス両面から学び、考え、どんな行動をとるべきか、まさに、「ガイダンス」に示されている、知識・態度・スキルを身につけることが必要なのだと思います。経験は一人ひとり違っても学びの内容は本来共通であるべきです。

　包括的性教育という形で、こんなに豊かな学びの内容が示されているのに、現状ではどこから手を付けられるかと、苦悩している人も多いと思います。でも、「ガイダンス」に示されたことに沿って、人間関係の学びを作り上げることは不可能ではないと感じています。例えば、生活科や家庭科で「1.1　家族」について、保健体育、思春期の変化の中で「1.2　友情・愛情・恋愛関係」を、道徳や特別活動で、人権教育の一環として「1.3　寛容・包摂・尊重」を取り上げる。また教科にとらわれずに展開していく方法もとれるはずです。

②おとなに求められること

　今、おとなに求められていることは「ガイダンス」に書かれていることをしっかり読み取ることから始まると思います。近道はないと思います。その中で、人間関係を学ぶ意味をしっかりつかみとり、性教育という看板がなくても、ここに書かれている大切なエッセンスを日々の実践や子どもと関わるいろんな場面の中に取り入れていくことができればいいのだと思います。とはいってもそれは簡単ではないでしょう。今回の自主ゼミの中で人間関係を担当したときは、正直しっかり読み込み、自ら咀嚼できていたわけではないです。執筆するにあ

たり、何度も読み返し、自分に問う中でやっと４つのトピックのつながりも見えてきました。キーコンセプト人間関係の中には、科学的な知識と分類されるものはありません。しかしこの内容を学ぶことで、一人ひとりの子どもたちが生きやすくなり、エンパワメントされるだろうなと感じてきました。生きていくうえで人間関係を断つことは、よほどのことがない限りないと思います。いろんな人間関係に助けられたり、支えあったり、もちろん悩むことだってあるはずです。だからこそ幼いときから、人間関係についての学びを深め、人と関わりながら生き続けていく力をつける必要があり、そのためにおとなも学び続け、学びを広げることが大切なのだという当たり前の結論に達しました。

5.3 キーコンセプト 2 価値観、人権、文化、セクシュアリティ

小泉玲雄

自己紹介

中学生だった私は東野圭吾の『片想い』を読み、そこで初めてジェンダーの概念を知りました。その後、大学で保育・教育を学ぶ中でジェンダーや性について学ぶ重要性を知り、卒論をきっかけに保育とジェンダーというテーマで研究を始めました。現在は保育士をしながら研究団体で活動し大学院でも学んでいます。私が普段関わる子どもの生活年齢のほとんどはセクシュアリティガイダンスの対象になっていません。ただ保育園での実践もセクシュアリティガイダンスと多く共通する部分があるのではないかと思っています。それゆえ、乳幼児に関する話が多くなりますが、キーコンセプト 2 を私なりに読んでいきたいと思います。

1 ここで書かれていることのまとめ

【トピック】
2.1 価値観、セクシュアリティ
2.2 人権、セクシュアリティ
2.3 文化、社会、セクシュアリティ

このキーコンセプト 2 は子どもたちが「セクシュアリティ」に関する理解や行動がどのように決まっていくかを構造的に理解するセクションだと考えます。セクシュアリティと「価値観」「人権」「文化・社会」の関係を理解しようとする中で、セクシュアリティは何から影

響を受け、私たちはどのような行動選択をしているのか。セクシュアリティが形成・変化していく流れの最初から最後までを説明しようとしています。それを子どもたちが理解していく中で、自身のセクシュアリティを客観的に観察し向き合い、最善の行動を選択していけることがこのキーコンセプト2の目的だと私は思います。

2　みなさんと考えたいこと（問題意識）

1）価値観と人権の意味を明確にする

　このキーコンセプトでは、学習者ができるようになることの1番最初に、人権と価値観の意味を明らかにすることが明記されています。みなさんは価値観や人権の意味を明確に説明できますか？　私は一言で説明するのはかなり難しいことだと思います。そのためここでは、子どもの価値観や人権について明らかにし、私が保育をしてきた中で価値観や人権と関係のある事例をあげ、価値観や人権を子どもと一緒に考えていけるきっかけを探していきたいと思います。

2）セクシュアリティに関する事項を構造的に理解しようとする

　先にも述べたように、このキーコンセプトではセクシュアリティを構造的に理解しようとすることが目的だと考えています。このキーコンセプトには各所にセクシュアリティに関する行動やセクシュアリティの理解が「価値観」「人権」「文化・社会」に影響されていることを説明しようとしています。その中のいくつかを取り上げみなさんと一緒にセクシュアリティに関する事項を構造的に理解していきたいです。そして、自身のセクシュアリティとも向き合っていく、そのような章にしたいと思っています。

3　キーアイデアの説明

　ここでは私が、専門とする幼児の年齢に近い年齢、もしくは保育園での実践と大きく関連がある部分を中心に5〜12歳のキーアイデアを抜粋していきます。他のキーコンセプトと違い、年齢が低いほど抽象的な内容である傾向があるため、子どもとおとなが一緒に深く考え

る余地が多く残されている印象です。

1）価値観とは

2.1　価値観、セクシュアリティ

学習目標（5～8歳）

キーアイデア 価値観は、個人、家族、コミュニティの中でつくられる
大切なことへの強力な信条である

　価値観も人権も簡単な定義が書いてあり、5～8歳は、セクシュア
リティとの関連の前にまず価値観と人権そのものの意味を理解するこ
とが求められるようです。

　価値観のキーアイデアでは個人、家族、コミュニティの中で作られ
るということが書かれています。家族は子どもにとって近く、最初の
コミュニティになる存在です。そこから伝えられる価値観は子どもに
とって大きな影響力を持つでしょう。そこから保育園や学校での友だ
ちや仲間といった集団や個人にもそれぞれ違った価値観があるという
ことを認識していく段階であり、自身の価値観との違いや共通点を言
語化できるようなことがここでは求められているのではないでしょう
か。体験的に価値観を他者と共有する機会とそれを言語化できるよう
な機会の保障が園や学校現場では必要だと考えます。

2）人権とは

2.2　人権、セクシュアリティ

学習目標（5～8歳）

キーアイデア 誰にでも人権がある

学習目標（9～12歳）

キーアイデア 自身の権利を知り、また国内法にも国際協定にも人権が
表記されていることを知るのは重要である

　さて、次に人権についてです。人権のキーアイデアは12歳までセ
クシュアリティについて直接言及する部分がありません。それほど、
長い時間をかけてまずは人権が根本にあることを子どもと共有する必

要があることを表しているのではないでしょうか。まず5～8歳の<mark>キーアイデア</mark>の「誰にでも人権がある」ということは、例えば日本国憲法の第11条にも明記されています。「国民はすべての基本的人権の享有を妨げられない。この憲法が国民に保障する基本的人権は、侵すことのできない永久の権利として、現在及び将来の国民に与へられる」とあるように、現在だけでなく未来の国民にも与えられることが書かれてあります。また児童の権利に関する条約の第1条にも、「この条約の適応上、児童とは18歳未満のすべての者をいう」と明記されており国民としての権利や児童としての権利が憲法や条約で保障されていることがわかります。ただ、このような国内法や国際協定については9歳から学ぶことになっているので、8歳までは、より体験的に「誰にでも人権がある」ということを理解する必要があります。わかりやすい権利で言えば意見表明権（児童の権利に関する条約第12条）などがあげられます。5～8歳の児童が、抑圧されることなく意見を表明する場が保障される環境で育つこと、またそれを権利として認識することが、他者の意見を聞き、尊重する態度にもつながっていきます。そのような体験的に権利を認識していくアプローチが8歳以下には特に重要になります。

3）おとなの存在と文化、宗教、社会

2.3 文化、社会、セクシュアリティ

学習目標（5～8歳）

<mark>キーアイデア</mark> 自分自身、自分たちの感情、自分たちのからだについて学ぶのを助ける多くの情報源がある

学習目標（9～12歳）

<mark>キーアイデア</mark> 文化、宗教、社会は私たちのセクシュアリティの理解に影響している

最後にトピック2.3で、私が特に気になったのは、5～8歳で自分たちの感情について学ぶという部分です。これはまさに5歳未満、保育園や幼稚園に通う幼児で重要視される、「気持ちの代弁」と重なってくるように思いました。私たち保育者の大きな役割の1つには、乳

幼児の気持ちや意見を代弁し自己決定を手助けするというものがあります。そうした経験の中で、子どもは「今、悲しいんだ」と自分の感情を言語化することができるようになっていきます。それに加えもちろん、からだの不調や快感に共感したり、名前や出生について語りあったりと、キーアイデアにあるからだや自分自身について共有する機会も多くあります。5歳からはその共有だけでなく、保育者が数多くある情報源の1つであるということに気がついていく必要があるということですね。9～12歳のキーアイデアでは文化、宗教、社会という言葉が書かれています。2022年に安倍元首相が銃撃されたことをきっかけに宗教と政治の癒着がニュースで取り上げられました。これにより、宗教の政治介入が問題となり、加えて性教育に対して介入があったことが示唆されています。性教育を学んでいく上で、このような宗教や政治からの影響はきめ細やかに見ていかなければ、どの情報が本当に正しいのかを判断することは非常に困難になるでしょう。まさに9～12歳の学習者ができるようになることに書いてあるセクシュアリティの理解にどのように影響しているのかを明らかにするための教材として、このような事例は非常に有用であるでしょう。

4　学習者ができるようになること

　キーコンセプト2の内容は非常に抽象的な内容が多いので、ここでは事例を紹介することで具体化を図っていきます。どの学習者ができるようになることも、キーアイデアの考え方が根本にありますので、キーアイデアを省かず一緒に記述します。

1）価値観の尊重と共有

2.1　価値観、セクシュアリティ

学習目標（5～8歳）

キーアイデア　価値観は、個人、家族、コミュニティの中でつくられる大切なことへの強力な信条である

・価値観の意味を明らかにする（知識）
・平等、尊重、受容、寛容などの重要な個人的価値観を明らかにする（知識）
・他者がもっている価値観を共有する（スキル）

価値観と人権のトピックどちらも、まずは意味を明らかにすることから始まります。「いや無理でしょ……」と私は思いましたがいかがでしょうか。ただ、キーアイデアの解説の途中で述べたように５〜８歳の子どもには体験的に学んでいくことが重要であると考えています。このことを踏まえ、価値観と人権について関連する保育での事例をあげます。発達年齢は５歳以下ですが、非常にリンクする部分があると思っています。まずは価値観についての事例を取り上げていきます。

事例１　ゆまちゃんの好きな色とママの好きな色

キーアイデアの説明で、大切なものがなぜ大切なのかという信条が価値観であるようだと書きました。子どもが大切なものを大切にしようとする行動は年齢に関係なくあります。例えば、私が担任をした３歳児のゆまちゃん（仮名）は、いつも塗り絵を妹や保護者の好きな色で塗り、プレゼントするために描いていました。その時はよく「ゆまは薄ピンクが好きだけど、ママは水色が好きだから」と言いながら描いていました。３歳児と言えば好きなように描いてそれを自信満々にプレゼントすることがよく見られますが、ゆまちゃんはママの好きな色を塗り絵に反映させていました。自分の好きな色とママの好きな色が違うことを理解し３歳ながらにその価値観を共有していたのでしょう。私はこのクラスでの製作活動はほとんどの場合好きな色を選んでもらい、作ってもらっていました。このことから自分の好きな色や普段選んでいる色がピンクであるとわかっているし、他者が選ぶ色が違うこともわかってくれたのかもしれません。自分の作ったダンゴムシが他の子と違う色。そのまた他の子のダンゴムシもまた違う色ということを大切にする保育を私の信条（価値観）にしていました。このような場面から子どもと一緒に尊重という重要な価値観を明らかにできるのではないかと考えました。

事例2　私はこう思う。あなたはどう思う？

　また、アメリカの幼稚園ではこんな例もありました。私がカリフォルニア・サンタクルーズにあるカブリロ大学チルドレンセンターを見学させてもらった時の話です。お迎えの時間が迫っていた頃、4歳児の子どもが他児を叩いたのを見て、先生が叩いた子と話をしていました。その時、タイミングよくその子の保護者がお迎えに来ました。それを見つけた先生は保護者を保育室の中に呼び入れ、その場で事実を説明し、どう考えるか、保護者に聞いていました。保護者は驚いた顔を子どもに見せつつも、落ち着いた様子で子どもが叩いた理由を本人から聞いた後「自分は叩くのは何があっても良くないことだと思う」とその子と先生に言っていました。また、その保護者は近くで遊んでいた別の子や私にも声をかけどう思うか尋ねていました。その場が瞬く間に意見交換会のようになっていました。最後は外の落ち着いた場所で保護者と保育者とその子の3人で本人の気持ちを聞いた後（その後私と記念写真を笑顔で撮るくらい和やかな雰囲気になり）、その子と保護者は帰っていきました。幼稚園が終わった後の職員会議で、その先生になぜそうしたのかと尋ねたら、「子どもに私だけでなく他の人の考えも聞いて考えて欲しかったし、保護者も一緒に考えてもらいたかった」と言っていました。その考えが保護者と一致しているからこそ、保護者も私や他の子どもにも意見を聞いたのだと思います。価値観を他者に強制するのではなく共有する姿勢が、この先生や保護者からは見られました。

　このページのスキルの項目では、「他者が持っている価値観を共有する」と明記されていますが、そのためには、サンタクルーズの事例にあったようなおとなも子どもと一緒に価値観を共有し合う機会が必須だと思います。その後の発達年齢において、この価値観がセクシュアリティにどう影響しているのかということを子どもたちは理解していかなければなりません。まさにその土台である価値観の共有は幼児教育は絶好の場であると確信できる事例でした。

　価値観と関連しそうな2つの事例をご紹介いたしました。これはあくまで5歳以下の事例ですし直接はセクシュアリティとは関係のないように思われる事例ですが、土台として欠かせません。その証拠とし

てトピック2.1の5～8歳の学習目標には、セクシュアリティに関するワードは出てきていません。まずは、人との関わりの中で価値観（互いの大切なことへの強力な信条）を共有する多くの機会が必要だと思います。

2)「誰にでも」は、私にも

2.2 人権、セクシュアリティ

学習目標（5～8歳）

キーアイデア 誰にでも人権がある
学習者ができるようになること
・人権の意味を明らかにする（知識）
・誰にでも人権があり、それは尊敬されるべきことを認識する（態度）

　さて、次に人権に関する事例をあげていきます。人権に関しては国内法や国際協定での人権や子どもの権利の定義を9歳から学ぶことになっています。それを5歳の子どもに伝えていくことも子どもの関心に応じて必要になると思います。ただその前にまずは人権や権利という言葉が身近にあり、子ども自身も言葉として使う必要があるのではないでしょうか？　その生活の中で子どもたちは人権や権利という言葉がどういう場面で使われるのかがはっきりとわかってくると思うからです。では権利や人権について保育園で子どもたちに伝える機会というのはあるでしょうか。もちろん帰りの会や絵本の読み聞かせなどで、取り上げて伝えることもできます。人権という言葉を知り、人権という言葉を使い保育者や友だちとやりとりしていくことで、子どもが自分の人権に気づくようにするのも保育者の役割であるような気がします。でも、人権の意味を伝える絶好のチャンスは子どもの方から作ってくれることが多々あります。ここでご紹介する事例はそれを拾いそびれた失敗例です。

事例3　玲雄先生でいいですか？
　排泄介助で子どもの個室トイレの中に入る前、必ず私は「玲雄先生でいいですか？」と聞くようにしています。すると、その質問に聞き慣れていない、4歳児の子が「そんなこと聞かなくていいよ。なんで

聞くの？」と質問してくれました。この質問は私にとっては信頼して
もらえて嬉しいという反面、この子にとっておとなが勝手にトイレに
入ってくることが当然であるという認識であることに悲しくなった場
面でもありました。その時は、「勝手に他の人が入ってきたら嫌で
しょう？　だからいいよって言うのを確かめているんだよ」と可もな
く不可もない答えを返してしまいましたが、その時に人権や権利とい
う言葉を使って「誰におしりを拭いてもらうか、それを選ぶことはあ
なたの権利だと思う。それを尊重したくて聞いたんだよ」のように説
明できていれば、さらに広がったかもしれません。このような事例を
人権とつながるということに保育者や教育者が気がつければ、それを
きっかけにして、人権やセクシュアリティについての保育・教育につ
なげていくことは非常に容易いような気がします。その後の発達年齢
では様々な性と生殖に関する健康に影響する権利について法令なども
含めて理解していかなければなりません。それまでの段階で、権利が
保障されているという機会を、子どもたちが言語化できるレベルで認
識していることが重要だと思います。「あの時、トイレで先生が言っ
ていた権利ってからだの権利のことだったんだな」というように。

　私はこの事例から、人権や権利という言葉を保育園で使うようにし
ています。それのせいかどうかはわかりませんが中には、「これは僕
の権利だ」と発言する子どももいます。それに保護者が気がつき、保
育園での取り組みに話題が広がることもありました。このように権利
や人権という言葉を使うことだけでも、生活のあらゆるものが人権と
結びついていくのではないかと考えます。そして、子どもが自らの権
利について知り、それを説明でき人々の権利を尊重できるようになる
ことがこの発達年齢で求められています。そのためには特に児童の権
利に関する条約などに書かれていることを説明する機会を生活の中で
如何に作っていくかが保育者や教育者の手腕にかかっているのではな
いでしょうか。私も子どもの権利というものがあること自体、保育士
になるための勉強を始めてから知りました。自分の権利を権利として
主張したことがないのに、保育士として子どもの権利を守れと言われ
ても、具体的に何をすればいいのか戸惑ったことを今でも覚えていま
す。権利が十分に確保されている中で、子どもがその権利を権利とし

て認識できるような環境が必要であり、その結果、他者の権利も尊重できるようになるのではないでしょうか。

3）近いおとなの存在

5〜8歳はより身近な情報源について記述がされています。家族やコミュニティは子どもが1番最初に所属することとなる社会と言ってもいいでしょう（家族が社会などに対抗する集団であるという考え方もあります）。そこから受け取る価値観や信条は子どもの感情やからだの理解に大きく影響するということが書かれていますが、まさにこのことを痛感した出来事が保育園でありました。

事例4　別にいいじゃん

　私が保育士を始めたその年のことでした。性教育や多様性について全く議論がなかった当時の現場に、思い切って『たまごちゃん、たびにでる』という絵本を幼児に読みたいとお願いして、読ませてもらった時のことでした。この本は、たまごちゃんというまだ生まれていないたまごちゃんが、父母子の家族や、ゲイカップル・レズビアンの家族、父子家庭や多国籍家族と会い、自分はどのような家族のもとに生まれるのか期待を膨らませているところに卵にヒビが入って終わるという物語です。卵の中身が気になるという子どもとの話が広がりそうな素敵な絵本です。この絵本は家族の多様性をテーマにしています。

この絵本を３〜５歳の幼児に読み、終わった後子どもたちと意見交換した時のことです。最初は「卵の中身は人間なんじゃない？」とこれまた出生について取り上げる機会にもなりそうな発言をしてくれた子もいた中で、４歳のゆうすけくんは「お父さんだけだったら家族じゃないよ」と話してくれました。その子の家庭は父母子のいわゆる“典型的”な家庭で育ち、そう考えるのはごく当たり前で、むしろ、家族＝母がいて父がいて子どもがいる、という条件を環境から学び取ることができている子です。そして、次の年、私は５歳になったゆうすけくんの担任となりました。保育環境には『タンタンタンゴはパパ２人』や『くまのトーマスはおんなのこ』など性の多様性をテーマにした絵本を置き１年間性の多様性について計画し保育しました。そんなある日、私が保育園にとても可愛らしいクマのキャラクターが描かれたエプロンを保育園に着て行った時のことです。クラスの子どもがそのエプロンを「女の人みたい」と笑っている中で、ゆうすけくんは、「別にいいじゃん、キモくないよ」と言ったのです。その時、誰もきもいとは言ってなかったのですが（笑）、ゆうすけくんが固定観念を１つ取り払った瞬間として、２年経った今でも思い出すと嬉しくて泣きそうになります。

　ゆうすけくんのようにこの年齢の子は、周りの環境から概念を形成していく段階であり、そのため特に固定観念が強くなることが多いと指摘されています。その後の年齢で少しずつ緩和されていくのですが、このように子どもの価値観というのはより近いものに大きく影響されていきます。だからこそ、逆に言えば、近くに知識を持ったおとながいて適切に関われば、意外と簡単にその固定観念を自ら破ってくれるのだと私は考えています。そして、その固定観念がどこからきているのか、正しい情報や自分の身を守る資源はどこにあるのかを５歳からは学んでいけるようにしていくことで、これから出ていく先の社会や文化の固定観念など偏った情報に気がつき、困った時は対処ができるのではないでしょうか。

5 補足しておきたいこと
──社会的・文化的規範とは何か

> ### 2.3　文化、社会、セクシュアリティ
>
> #### 学習目標（12〜15歳）
>
> **キーアイデア**　社会的、文化的、宗教的要因は、その社会の中でどのような性的行動が受け入れられ、受け入れられないかに影響を与え、それらの要因は時とともに変化している
>
> #### 学習者ができるようになること
> ・社会の中で性的行動に影響している社会的、文化的規範に問題意識をもつ（スキル）
>
> #### 学習目標（15〜18歳以上）
>
> **キーアイデア**　自身のものの見方を発達させていく中で、社会的、文化的規範が性的行動にどのように影響するかに気づくことが重要である
>
> #### 学習者ができるようになること
> ・性的行動や性の健康にポジティブまたはネガティブに影響する社会的・文化的規範を比較対照する（知識）
> ・自分が大切に感じる社会的、文化的規範と、それらがセクシュアリティや性的行動に関する個人的信条や感情にどのように影響しているかを省察する（スキル）

　5〜8歳の内容ばかりがメインになってしまいましたので、補足程度になりますが、トピック2.3の12歳以降について記述します。ガイダンスの文章では、社会的・文化的規範が何なのかについての記載は私が読む限り見当たりません。前の発達段階でも前述の通り文化・社会・宗教という言葉で書かれていますが、特に社会に関しては抽象的でわかりづらいと感じましたのでここでは具体的な例示をしてより明確にしていきたいと思います。

　辞書では"規範"というのはルールや行動の基準、法や習慣であると言われています。それでは、性的行動に影響を及ぼす規範とは具体的に何があげられるでしょうか。学習目標（15〜18歳以上）の欄にはポジティブまたはネガティブに影響するものを比較対照すると書いてあります。そういったことで言えば、性的同意年齢・性交同意年齢に関

する法令は規範とも言えます。

> 刑法　第176条　強制わいせつ
> 　13歳以上の者に対し、暴行、または脅迫を用いてわいせつな
> 行為をした者は、6か月以上10年以下の懲役に処する。13歳
> 未満の者に対し、わいせつな行為をした者も、同様とする。
>
> 刑法　第177条　強制性交等
> 　13歳以上の者に対し、暴行、または脅迫を用いて性交、肛門
> 性交、または口腔性交をした者は、強制性交等の罪とし、5年
> 以上の有期懲役に処する。13歳未満の者に対し、性交等をし
> た者も同様とする。

　性的同意年齢・性交同意年齢は日本ではこのように13歳に設定されています。これは13歳未満の者にわいせつや性交を行ったものは刑罰が下されるが、13歳以上は脅迫や暴行の証拠がない限りは同意がなかったとしても、罪に問えないということです。ここで一旦、ガイダンスに戻ります。ガイダンスでは12歳から規範という言葉が使われていますが、まさに日本の性的同意年齢と大体同じ時期であることがわかります。つまりこのガイダンス通りに学ぶことができたとしても、学び始めた頃にはもう既に日本では性的同意年齢を迎えているため、手遅れであるということです。例えてみれば、保育士資格の勉強をし始めると同時に保育園で担任をさせられているようなものです（保育士にとっては恐ろしいことです）。このことには疑問を持たなければなりません。性的同意年齢はアメリカやオランダ、ベルギーは16歳、オーストリアやドイツなどは14歳、最近隣国の韓国でも16歳に引き

表5-3-1　各国の性的同意年齢

16〜18歳	アメリカ
16歳	イギリス、カナダ、ロシア、韓国
15歳	フランス、スウェーデン
14歳	ドイツ、イタリア、中国、台湾
13歳	日本

『性交同意年齢とは？なぜ13歳？世界では…』より筆者作成

上げられ、日本の性的同意年齢が比較的低いことがわかります。

　ただ、日本では都道府県の条例、青少年健全育成条例で18歳未満の青少年の性交についての条文があります。

> 第十八条の六　何人も、青少年とみだらな性交又は性交類似行為を行つてはならない。

　こちらは東京都青少年の健全な育成に関する条例からの抜粋です。これによって単に性欲を満たす目的での18歳未満との性行為は禁止されていることになります。近年、影響力のあるYouTuberがこのことを曲解し、14〜17歳との性行為は直ちに犯罪になるわけではないと発言し炎上しました。その後、誤りがあったことを認め謝罪をしていましたが、このことからも勘違いを招きやすい法整備であることは指摘できる点であり、また、これらについておとなも含めて十分な知識が定着していないことも課題でしょう。子どもたちには、社会的規範、ここでは法律を取り上げましたが、日本では性的行動がどのように影響を受けているのか、またそこに対する問題意識を持てるような機会を作る必要があります。

6　まとめ

　最初に、このキーコンセプト2が根幹であるということを書きました。人権や価値観、社会や文化がセクシュアリティの理解や認識にどう影響を与えているか、また性に関する意思決定や行動選択に関わっているのかその最初から最後までを理解し、今度は社会に影響を与えようとする主体者になるための鍵になるからです。この鍵が、より具体的な暴力やからだ、ウェルビーイングなどへの理解や行動の手助けになると考えます。どのトピックも抽象的ではありますが、だからこそ網羅的でどの場面にも関連するキーコンセプトです。そのため同時に子どもへの伝えづらさはありますが、紹介した事例のように子どもの力は非常に大きく、驚かされることばかりです。子どもにとってより身近なところ、関心どころは何かという出発点から、おとなが価値観、人権、社会や文化と関連づけて子どもの自己決定を手助けしてい

けば、子どもは多くを学んでくれると確信しています。子どもと一緒に価値観や人権について知り、周りの社会や文化を見渡して、他者の人権、価値観を尊重していく中で、セクシュアリティを構造で理解していく。最後に自分自身と向き合い自身のセクシュアリティも深く理解していく。私自身も目の前の子どもがセクシュアリティと向き合う手助けを続けていきたいです。

自己紹介

　私は、東京都にある私立幼稚園に勤務している幼稚園教諭です。性教育を学び始めてまだ7〜8年ですが、『改訂版　国際セクシュアリティ教育ガイダンス』（ガイダンス）をきっかけに、性教育初心者である私も自信を持って性教育を実践できることに気がつきました。それまで私のイメージしていた性教育は、主に生殖に関する内容でしたが、それは包括的性教育の一部でしかないと知ったからです。包括的性教育が、誰もが人として幸せに生きる社会の担い手として生涯かけて学び続けることのできる、平和と権利の学習だと気づいたとき、私の中に自信と勇気が湧き上がったのです。「これなら、知ってる、これなら、目指してきたものじゃん!!　もっと知りたいかも!!」という気持ちです。

　私は生まれてから今までさまざまな暴力に晒されてきましたが、無自覚に受けていた暴力も、対抗する方法がわからずに泣き寝入りした暴力も、そして私自身が振るう側だと認識せずにいた暴力もたくさんあったと少しずつ気がつきました。「なんか、モヤモヤする」「これって変だよね」という自分自身の中にある感覚を大事にできたことで出会った気づきです。私自身を含めた誰もが幸せに生きる権利が当たり前に尊重される、暴力のない平和な社会をつくる一人でいたい……そんな思いが出発点。保育現場で働きながら、暴力を受けた女性と子どもへの支援を学び、性教育に出会い、包括的性教育にたどり着きました。このワクワクした学びの正体を仲間と共に探り合っていく……深くておもしろい時間にハマっています。

1 ここで書かれていることのまとめ

```
【トピック】
3.1 ジェンダーとジェンダー規範の社会構築性
3.2 ジェンダー平等、ジェンダーステレオタイプ、ジェンダー
   バイアス
3.3 ジェンダーに基づく暴力
```

　初版本ガイダンスでは6項目だったキーコンセプトですが、改訂版では8項目に増えました。その1つがこの「キーコンセプト3　ジェンダーの理解」です。「ジェンダーの理解」があらたに項目に立てられたのはなぜでしょう。「ガイダンス」の序文には「持続可能な開発のための2030アジェンダは、質の高い教育、健康とウェルビーイング（幸福）、ジェンダー平等、人権が本質的に絡み合っていることを私たちに示しています」とあり、ガイダンスの「改訂版は、現在の科学的根拠における新しいレビューに基づいており、人権とジェンダー平等の枠組み内でのセクシュアリティ教育の位置づけを再確認しています」（「ガイダンス」p.7〜p.8）とあります。「ジェンダー平等」が、人権と並ぶ重要な柱の1つになっていると言えます。

　「キーコンセプト3　ジェンダーの理解」では、まず、5〜8歳で、生物学的セックス（生物学的性）とジェンダーの違いを知り、それを学ぶ情報源が子ども自身の身近なコミュニティにあることを知ります。さらに、ジェンダーにかかわらず、すべての人に平等の価値があること、ジェンダーの違いによる不公平や不平等が、差別や暴力につながること、ジェンダーによる暴力とは具体的に何かをイメージし、自分や身近な人がジェンダーに基づく暴力にあった場合に信頼できるおとなにアプローチする方法を獲得することも内容に含まれています。

　さらに、9〜12歳、12〜15歳、15〜18歳では、ジェンダーアイデンティティは尊重されるべきものという前提があり、ジェンダー役割や規範、ステレオタイプ、それを生み出す社会的、文化的背景によるネガティブな影響と同時に、それをポジティブな影響に変えることができることを学習します。ジェンダー平等の関係をどうつくるのかというスキルを学ぶと同時に、ジェンダー不平等の関係が性的な虐待

5.4　キーコンセプト3　ジェンダーの理解

や暴力につながり、人権侵害であることも学びます。

　特に、年齢があがった 12 〜 18 歳では、ジェンダーに基づく暴力が親密なパートナーや身近なコミュニティに起きることを押さえながら、それに対抗するためのスキルの獲得を目指します。誰もがジェンダー不平等による人権侵害に対して異を唱える責任を持っていることが学習内容に含まれています。

2　みなさんと考えたいこと（問題意識）

1）なぜ学校（幼稚園・保育園）で、包括的セクシュアリティ教育プログラムを提供するのか、学校（幼稚園・保育園）は、それを提供する場になり得るのか？

　下記のように、「ガイダンス」には、このプログラムは学校によって提供されるものだとはっきりと提起されています。

はじめに（イントロダクション）（p.21）

> 　包括的セクシュアリティ教育プログラムは、整えられた学校環境の中で、十分なトレーニングを受け支援された教員により提供されるべきである。というのも、そうする中で、組織的な学習環境が提供されると同時に、それらのプログラムは、子ども・若者が性的に活発になる前に、極めて多くの若者に、セクシュアリティ教育を届ける重要な契機を提供することになるからである。包括的セクシュアリティ教育はまた、多くの場合間違った情報や抑圧、搾取に対して最も弱い立場に置かれている、学校に通っていない子ども・若者たちに対してもアクセス可能なものでなければならない。

1.1　「国際セクシュアリティ教育ガイダンス」の目的と対象
　「国際セクシュアリティ教育ガイダンス」（「ガイダンス」）は、教育や健康などにかかわる政策立案者が、学校内外における包括的セクシュアリティ教育のプログラムや教材を開発し実践することを手助けするために作成されたものである。それは、教育大臣や

カリキュラム設計者、学校長、教員を含むスタッフにとって、直ちに関連するものである。非政府組織（NGO）や若者をサポートする人々、若者もまた、主張あるいは説明するツールとして、この文書を使うことができる。

（下線は筆者）

　これは保育園・幼稚園・学校で学ぶことに大きな意味があるということです。つまり、学校は、すべての子ども、若者が「教育を受ける権利と最高水準の健康とウェルビーイング（幸福）を獲得する」ための教育を用意し提供できる場所だということです。その上で学校に通っていない子ども、若者へも学習を提供する必要性も述べられています。

①なぜ、学校（幼稚園・保育園）なのか？

　子どもにとって"学校（幼稚園・保育園）"は、生活の場であり社会そのものです。子どもは今この瞬間を生きながら、将来、おとなになって社会に出て行き、社会をつくっていく存在でもあります。子ども同士が集団で生活する場である学校（幼稚園・保育園）は、子どもが他者と共に生きることを学ぶ場所として、家庭や学習塾では経験できない学びを提供することができます。そのためには、学校（幼稚園・保育園）が、一人ひとりの違いを尊重し、みんなが平等に生きる場として機能し、同調ではなく、共生する場として子どもたちに"学び"を用意できるのかが問われています。同時に、その国の学校のあり方を見ると、国の政策が子どもの「教育を受ける権利と最高水準の健康とウェルビーイング（幸福）を獲得する」ものとして機能しているのか、そういう学校を社会がつくろうと考えているのかが見えてくると言えます。「ガイダンス」が学校に求めている可能性は、その国の社会全体のあり方、子どもへの向き合い方そのものだと言い換えることができるかもしれません。

②日本の学校（幼稚園・保育園）は、それを提供する場になり得るのか？

　日本の学校（幼稚園・保育園）の現状は、残念ながら、子どもが「教育を受ける権利と最高水準の健康とウェルビーイング（幸福）を獲得する」ものとして機能しているとは言えません。この春（2023年）か

らはじまる「生命の安全教育」を眺め、GIGA スクール構想と聞くと、「ガイダンス」が掲げる教育を日本で実現するのは、壮大な夢物語に聞こえます。けれども、私はこの夢物語を実現可能な話にするには、大きくは 2 つの動きが必要だと考えています。

　1 つ目は、おとなと子どもが同時並行で「包括的セクシュアリティ教育プログラム」を学びはじめることです。

　私は日々の保育実践を包括的セクシュアリティ教育の視点で整理し、それをおとな（養育者）と共有しながら共に学ぶ時間を大事にしています。子どもたちは、2 〜 3 年で幼稚園を卒業していきますが、小・中・高校と成長していく子どもの近くにいるおとな（養育者）が、包括的セクシュアリティ教育の担い手になって子どもの側にいることほど、心強いことはないからです。

　2 つ目は法整備を行い、国の政策として、「包括的セクシュアリティ教育」が進められる条件を整えることです。

　これは簡単ではありませんが、法整備によって「包括的セクシュアリティ教育プログラム」を教員、保育士養成課程の中で学ぶ機会が保障されたら、幼稚園や学校のカリキュラムに人権やジェンダー平等、多様性という柱を据えた、さまざまな形の教育実践が生まれるかもしれません。そして学校教育が子どもの人権を尊重する場所として機能しはじめたら……「社会の義務を負う者が全世代に対する義務を果たすことができ」(p.8) る社会に近づくのではないか……と思うからです。今ある社会のために教育や子どもの生きる世界が規定されるのではなく、教育の現場から、子どもたちの要求や願いから、社会を問い直し、社会をつくりかえることができたら「教育を受ける権利と最高水準の健康とウェルビーイング（幸福）を獲得する」学校のあり方が見えてくるのではないでしょうか。

2)「ジェンダー理解」の学習をはじめるのは、いつから？　5 〜 8 歳がはじまりなのか？

　私は幼稚園教諭ですので、保育現場で働く実践者の視点で、「ガイダンス」5 章「キーコンセプト 3　ジェンダーの理解」を読み解いてみました。

　「ガイダンス」の用語集 (p.220) を見ると、ジェンダーは社会科の

プロセスを通して学習されるとあります。

> ジェンダー　男性および女性であることに関連する社会的属性と
> 　機会、ならびに女性と男性、女子と男子の関係性、女性間の関
> 　係性、男性間の関係性を指す。これらの属性、機会および関係
> 　性は社会的に構築されており、<u>社会化のプロセスを通して学習</u>
> <u>される。</u>
>
> 　　　　　　　　　　　　　　　　　　　　　　　　（下線は筆者）

　ガイダンスは、5〜8歳からを対象年齢としていますが、「ジェン
ダー平等」を人権と並ぶ重要な柱として位置づけるのであれば、私は
その対象を胎児〜乳幼児期（胎児期をいつからと捉えるかはさまざまな意見
があるが、少なくとも妊娠している人の環境も含め、胎児、0〜4歳を含む）にも、
「ジェンダー理解」の学習は必要不可欠だと考えています。

　日本の幼稚園は、3〜5歳児の子どもたちが過ごす文部科学省所管
の学校教育施設です。幼稚園は保育施設であり、学校教育施設でもあ
ります。日本では、乳児期の子どもの多くが家庭の中であるいは保育
施設で社会化のプロセスを通過しています。幼児期になると、さらに
多くの子どもが幼稚園や保育園、習い事など家庭以外に集団生活の場
が広がり、そこでも社会化のプロセスを通して、ジェンダーやセック
スの学習が進んでいくと言えます。

　私が幼稚園で出会う子どもたちは、2〜4歳ですでに性別の違いに
よって自分の属性や、機会、関係性に影響を受けていると感じます。
乳幼児期の子どもは何も知らない存在ではなく、生まれた瞬間から自
らが置かれた環境からさまざまな情報を受け取り学び取る力があり、
幼稚園や保育園などの保育施設で生活するよりも以前にジェンダーに
ついて、すでに学んでいるのです。

　つまり乳児期の子どもが日常的に体感するものの中に、ジェンダー
やセックスに関する正しい知識があるのか、ジェンダーに基づく無知、
偏見や不平等や暴力があるのかによって、乳幼児期の子どもたちの間
で学んできた内容の違いが生まれているのです。さまざまな刷り込み
によってジェンダーバイアスがつくられはじめている時期だと言えま
す。そして、「ガイダンス」の対象年齢である5〜8歳の子どもに関し
て言えば、すでにそのような状態からの学習のスタートとなるのです。

年齢が低ければ低いほど、社会化のプロセスの期間が短いので、ジェンダーに基づく偏見や不平等、暴力、ジェンダー規範、ステレオタイプに晒されている時間も短いという捉え方は、「ガイダンス」の学習内容の記述を見ても明らかです。例えば、5〜8歳と9〜18歳の学習内容の書き方に違いがある（後述で説明）ことも、ジェンダー理解が社会化のプロセスを通して学習されるものであり、年齢が低ければ低いほど影響を受けていないことを示しています。

　裏を返せば、「ジェンダー理解」やセクシュアリティ教育の土台は乳幼児期からつくられると言えますし、乳幼児期に科学的に正確な知識と人権や平和に根ざした学習内容を用意することが大切だと読み取れるのではないでしょうか。そして私が、胎児期、0〜4歳を加えたいのは、胎児の性別、障がいの有無、子宮の中で育つ環境……なども、「ジェンダー平等」「ジェンダー理解」の学びが欠かせない時期だと捉えているからです。そういう意味で私たちの社会や問題意識に合った私たちの「ガイダンス」をつくっていく視点も大切だと考えています。

3）ジェンダーの社会構築性と学校が目指すこと

　"みなさんと考えたいこと"の1）では、「ガイダンス」は学校で提供するものとしているが、学校（幼稚園・保育園）が包括的セクシュアリティ教育プログラムを提供する場になり得るのかということについて述べ、2）ではセクシュアリティ教育の土台は、乳幼児期からつくられていることを述べました。

　私は「ガイダンス」の「キーコンセプト3　ジェンダーの理解」を読み解くときの重要な視点は、「ジェンダーとは社会の中でつくられてきたもの」だという「ジェンダーの社会構築性」について押さえることだと考えています。そう考えると、子どもにとっての"社会"そのものである学校（幼稚園・保育園）のあり方が、子どものジェンダーの理解に直結しているのですから、「ジェンダーとは」「ジェンダー不平等とは」「ジェンダーに基づく暴力とは」を教えるよりも前に、まずは、学校（幼稚園・保育園）がジェンダー平等を体現している場でなければ実現できないと思うのです。

　子どもに「ジェンダーの理解」を教える一番の近道は、学校がジェンダー平等な場所であることです。

3 キーアイデアの説明

1）ジェンダーとジェンダー規範の社会構築性

3.1 ジェンダーとジェンダー規範の社会構築性

学習目標（5～8歳）

キーアイデア 生物学的セックス（生物学的性）とジェンダーの違いを
知ることは重要である

　これを保育の場面で考えるとどんな場面が考えられるでしょうか。
セックス（生物学的性）についての学習は、幼児期の子どもにとっては
わかりやすい内容だと言えます。幼児の生活の中で成長、発達の中心
とも言えるテーマが、排泄と食事です。これは子どもにとって、とて
もわかりやすいテーマです。自分のからだの感覚を自分で感じ取り、
時に他者に表現して要求したり、排泄や食事によって得られる心地よ
さ（または不快感）は、出生時から繰り返し体感してきている内容だか
らです。

　ジェンダーの違いについての学習では、さまざまな家庭があり、幼
児期の子どもそれぞれに多少の生活体験の違いが見られるでしょう。
しかし、日本の社会は、まだまだジェンダー役割や規範による影響が
大きいので、5歳くらいの子どもは一般的な価値観に触れてきている
年齢でもあり、学習内容としては十分に関心が持てる身近な内容だと
言えます。

学習目標（5～8歳）

キーアイデア 家族、個人、仲間、コミュニティはセックスとジェン
ダーについての情報源である

　これについては、特に説明はいらないと思いますが、子どもは自分
を取り巻く環境すべてからさまざまな情報を得て、処理し、吸収して
います。強いて言えば、子どもだからわからないだろう……とか理解
できないだろうという考えをしないことが重要です。子どもの発達段
階によっては、言語による理解は未熟かも知れませんが、子どもが環
境から学習する情報量は計り知れません。最近ではスマートフォンや

パソコンも子どもにとって身近な情報源となっています。子どもが受け取るまたは、晒される情報を制限したり、情報の内容を精査するのは、子どもに関わるおとなや社会の責任でもあります。

　例えば、おとなも刷り込まれているものとして、テレビで流れる車のCMを思い出してみるとわかりやすいでしょう。

　「家族でスーパーから出て来て、お父さんと思われる男性が荷物を持ち車に積む。お母さんと思われる女性が助手席に乗る。子どもは男女それぞれ1名ずつで、見た目からも性別が想像つく。一見、幸せそうな家族像……。」

　こんなCMを目にしたことはないでしょうか。この映像から子どもたちはどんなことを感じ、読み取っているのでしょうか。幼稚園の保護者から「うちの子、男の子なのにインドアなんです」という声も聞こえてきますし、知り合いの園では役職のある保育者が「あの子は男の子なのに気が小さい」と発言していると聞きました。子どもはおとなたちの発言やつくり出す価値観を情報としてそのまま吸収しています。

2) ジェンダー平等、ジェンダーステレオタイプ、ジェンダーバイアス

> **3.2　ジェンダー平等、ジェンダーステレオタイプ、ジェンダーバイアス**
>
> **学習目標（5〜8歳）**
>
> **キーアイデア** ジェンダーに関係なくすべての人に平等の価値がある

　5〜8歳では、ジェンダーを理由に人がどのように不公平、不平等に扱われているのか、自分を取り巻くコミュニティの中でジェンダーが異なる者同士で対等で公平な関係を築く方法を知ることなどが、知識として挙げられています。これは子ども自身が自分の周りを見渡すと見つけられる内容でもあります。5歳は、すでにジェンダーバイアス、ジェンダーステレオタイプを身につけて育ってきている年齢でもあり、子ども自身がバイアスに気づき、あらたな価値観に出会う学習だと言えるでしょう。日本の保育施設でよくあるのが、好みの色を性別によってピンク、水色などと勝手に分けられたり、制服の種類（スカート・ズボン）、帽子の色などが性別によって異なる状況が未だにあ

ります。伝統文化の伝承という意味でも、保育施設で行われる行事の
あり方も問われています。ひなまつり、七夕、端午の節句をジェン
ダーの視点で捉えるとしたら、バイアスとステレオタイプそのものを
伝える取り組みだと言えます。伝統文化を大切にしながらも、ジェン
ダーの視点を持って行事を捉え直すことが必要なのです。

　ジェンダーの捉え方は、周囲のおとなのあり方そのものであり、子
どもは柔軟にバイアスを崩しあらたな価値観を見つけ、すべての人に
平等の価値があることもからだで感じて、学んでいます。

3) ジェンダーに基づく暴力

3.3　ジェンダーに基づく暴力

学習目標（5〜8歳）

キーアイデア ジェンダーに基づく暴力とは何か、助けをどこに求める
べきかを知ることは重要である

　先ほども書きましたが、5〜8歳のキーアイデアと学習者ができる
ようになることを見ると、9〜12歳、12〜15歳、15〜18歳と明ら
かに異なる点があります。

　それは5〜8歳は、科学的な知識と情報、暴力とそれに対する助け
の求め方などが学習内容になっています。一方で9〜18歳の学習内容
の中心は、ジェンダー規範や役割によるネガティブな側面に対応する
スキルや態度、知識が学習内容の中心になります。偏見や不平等、暴
力や差別、人権侵害について、成長のプロセスの中で、すでに経験し
てきたり身の回りに存在していることを前提に気づきを得る学びの内
容になっているのです。

　共通点で言えば、5〜8歳でも「ジェンダーに基づく暴力」は含ま
れています。「キーコンセプト4」が「暴力と安全確保」の章になっ
ているのですが、5〜8歳でも暴力は、振るう側（加害者）にすべての
責任があり振るわれる側（被害者）には責任はないことや、暴力に対
して対抗するさまざまな権利と方法、安全な行動を選択することを学
びます。ガイダンスに加えるとすれば、暴力から逃げても声をあげら
れなくても、それは一般的によくある反応であると知ることも重要で、
「やられたらやり返せ」「やられる方にも原因がある」といった誤った

価値観やそれによる二次被害を防ぐことも大事な学習内容です。

4　学習者ができるようになること

　乳幼児と学習という言葉は結びつきにくいかもしれませんが、私は自らの力で新しい知識を得て、それを土台に自ら主体的、能動的に考え、世界を理解し、自分を取り巻く世界との関わりを通して、実際にやってみる者と捉えています。つまり、すべての人が、胎児期から、その生涯を終えるまで学習者と表現できるのです。

　子どもは学習者ですが、その子どもの"今"を捉えるおとなのあり方が大きく影響するのも乳幼児期の特徴です。学習者である子どもの学びを拾う視点と、教えるのではない学びのあり方を考えます。

3.1　ジェンダーとジェンダー規範の社会構築性

学習目標（5〜8歳）

キーアイデア　生物学的セックス（生物学的性）とジェンダーの違いを知ることは重要である

学習者ができるようになること
- ジェンダーとセックスの意味を明らかにし、それらがどのように異なるのかを説明する（知識）
- 自分のセックスとジェンダーについてどう感じるかを省察する（スキル）

キーアイデア　家族、個人、仲間、コミュニティはセックスとジェンダーについての情報源である

学習者ができるようになること
- セックスとジェンダーについての情報源を明らかにする（知識）
- セックスとジェンダーに関する視点は多くの異なる情報源に影響されていることを認識する（態度）

3.2　ジェンダー平等、ジェンダーステレオタイプ、ジェンダーバイアス

学習目標（5～8歳）

キーアイデア　ジェンダーに関係なくすべての人に平等の価値がある

学習者ができるようになること

・ジェンダーを理由に人がどのように不公平、不平等に扱われうるのかを明らかにする（知識）
・家や学校、コミュニティにおいて、ジェンダーの異なる者同士で、対等で公平な関係性を築くさまざまな方法を説明する（知識）
・ジェンダーの異なる人を不公平に、不平等に扱うことは間違っており、人権に反することだと認識する（態度）
・ジェンダーの違いに関係なく、他者の人権を尊重することは重要なことであると認識する（態度）

3.3　ジェンダーに基づく暴力

学習目標（5～8歳）

キーアイデア　ジェンダーに基づく暴力とは何か、助けをどこに求めるべきかを知ることは重要である

学習者ができるようになること

・ジェンダーに基づく暴力とは何かを明らかにし、さまざまな場（例えば、学校、家庭、あるいは公共の場）でそれが起こりうることを認識する（知識）

・私たちのジェンダーやジェンダーステレオタイプに対する考え方は、差別や暴力も含めて他者をどう扱うかに影響することを理解する（知識）

・あらゆる形のジェンダーに基づく暴力は不当な行為であることを認識する（態度）

・学校内やその周辺でのものも含め、自分たちや自分たちが知っている誰かが、ジェンダーに基づく暴力に直面した場合、それを話すことのできる信頼できるおとなにどのようにアプローチすべきかを明らかにし、説明する（スキル）

1）子どもの学びの種を見つける、拾う！

　幼稚園・保育園で日々展開される保育実践を「ガイダンス」の理論

とつなげて捉え直してみると、子どもとの生活は、学びのきっかけに溢れた宝の山!!だと思えてきます。

　例えば……こんな場面です。

- 入園したての3歳児の子どもが初めて出会った立ち便器に興味津々。そこで排尿したい女の子。自宅にはない立ち便器を使いたくない男の子。性器の違いに気がつき、あらたな発見や疑問が生まれてくる。
- 男の子と女の子の違いを認識していない子どももいる。「ぼくって男の子??」と保育者に尋ねる子どももいる。
- 保育者のショートヘアを眺めながら、「先生は、男なの?　女なの?」と尋ねる4歳児。背の高い女性保育者が「先生、男でしょ?」と言われる場面もある。
- 仲良しの友だちを独占したい思いから、女の子とあそぶ友だちに向かって「おんなとあそぶな」と命令口調で言う4歳児。
- 園行事をいわゆる年中行事(端午の節句、ひなまつり、七夕……)をベースにつくるのか?　伝統や文化をジェンダーの視点を持ってどう扱うのか。内容をどうつくり、意味をどう子どもに伝えるのか。鯉のぼりの色や大きさ、歌や絵本の選択をジェンダー平等の視点で行うとどうなるのか。
- 子どもの服をどう選ぶのか、用意するのか。男女で違う制服を着用する幼稚園もある。同時に性別によって色やマークなどを区別する場面。チョウチョ、サクランボマークは女の子、カブトムシ、ロケットマークは男の子はなぜ?
- ままごとでの事例は数えきれない(役柄、エプロン、スカート、マント、お医者さんごっこなど)戦いごっこ(戦隊もののテレビ番組やアニメの再現あそび)をどう見るのか。
- 子どもの呼び名……ちゃん付け、くん付け、呼び方、呼ばれ方、そもそも名付けの時点で性別が影響していることが多い。
- 家庭での親、家族の働き方、言葉使い、関係性が園でのあそびや会話、人との関わりに持ち込まれてくる。

　まだまだ挙げれば切りがないのですが、こんな場面は保育の日常に

溢れています。大事なことは、こういう場面に出会ったときに、ジェンダーの視点を持って、子どもの姿を受け止め、どんな言葉を返していくか……ということです。

　子どもの発達年齢、置かれた家庭環境、個別の特性によって、その時々の状況、前後の文脈によっても、保育者の選ぶ言葉や態度は違います。私が保育者（おとな）の役割として特に大事にしていることは、以下の５つです。

> ①子どもを未熟な人間扱いしない（何もわからない存在、教えなければわからない存在として一面的に捉えない）こと……子どもの人権を尊重する関わりができる専門職としての関わり
> ②自分で選ぶ、自分で決める、自分で変えるが尊重される幼児期の生活をつくる
> ③さまざまな価値観、多様性、文化、メディアリテラシー、科学的に正確な知識などに幼児期から当たり前に触れる
> ④はじめから、子どもはそのままを受け止め、感じ取り、学ぶ能力を持っているという子どもへの信頼
> ⑤０歳からはじまっているジェンダー不平等の刷り込みを崩す保育者の役割

2）学習者ができるようになるとは、どういうことか

　学習者＝子ども（乳幼児期）ができるようになるとはどういうことでしょうか。私は子どもが自分の興味関心を大事にされ、自分のタイミングで知りたいことを知る、困っていることを解決する言葉や方法を知る、体験する、そして、学びのタイミングも量も子どもが選ぶということが大切だと考えています。繰り返しになりますが、自らの力で新しい知識を得て、それを土台に自ら主体的、能動的に考え、世界を理解し、自分を取り巻く世界との関わりを通して、実際にやってみるという学びを繰り返しできる環境が、当たり前に保障されていることによって、子どもは学ぶおもしろさを知り、自分を取り巻く世界の認識を深め、価値観を育てていくのではないでしょうか。

事例：「おとこはだめ！おんなだけって書いて」

※生物学的性別で、あえて女の子をちゃん付け、男の子をくん付けで記述します。

　３歳児の１学期。４月〜５月に誕生日を迎え４歳になったＡちゃんとＢちゃんがままごとコーナーであそんでいます。２人は何やらおしゃべりしながら紙に文字のようなものを書いています。そのうち助手の保育者であるＯさんのところへ行き、「せんせ〜おとこはだめ！おんなだけって書いて」と言います。Ｏさんは「えっ？」と少し驚きつつ聞き返し、言われたとおりに書きました。２人は嬉しそうに持って行き、ままごとコーナーの入り口にテープで貼り付けるのでした。まだ文字を読めない子どもの方が多いのですが、２人は「看板できたね〜」と笑い合っていました。

　また別の日に、Ａちゃん、Ｂちゃんに加え、さらに３人の子ども（Ｃくん、Ｄちゃん、Ｅちゃん）がままごとコーナーであそんでいました。そこへＦくんがやってきて入ろうとします。Ａちゃんが「おとこはだめ！」と言うと続けてＤちゃんも「だめ！」と言います。他の３人はそれを見ています。Ｆくんは無理に入ろうとしますが入り口を通せんぼするＡちゃんに阻まれ、中には入れません。めげずに押し切ろうとするＦくん。押し返すＡちゃん。おもしろいなぁどうするのかな？と見ていると……Ａちゃん以外の子どもたちは様子をチラチラ見ながらままごとを再開します。Ａちゃんに押し切られたＦくんが私のところにやってきます。

　　　Ｆ「（ままごとコーナーを指さしながら）押した〜」
　　　保「押した？　誰が押したの？」
　　　Ｆ「Ａちゃん」
　　　保「そっか。Ｆくんは何がイヤだった？」
　　　Ｆ「……」
　　　保「押されたのがやだったの？」
　　　Ｆ「Ｆが入れてって……。だめって押した」
　　　保「Ｆくんは入りたかったの？」
　　　Ｆ「うん」
　　　保「Ａちゃんにだめって、押されちゃったってこと？」
　　　Ｆ「うん」
　　　保「Ｆくんは押されたのがやだったの？」

F「うん、入れてっていったのに入れてくれない」

保「入れてって言ったのに入れてくれないのもイヤだったんだね」

F「うん」

保「なんで入れてくれないの？って聞いてみた？」

F「ううん（首を横に振る）」

保「じゃあ、Ａちゃんに聞いてみたら？」

F「……。せんせ〜一緒」

保「先生と一緒に聞きたいの？」

F「うん」

というわけで、Ａちゃんに一緒に聞きにいくことにしました。この様子を2〜3メートル離れたままごとコーナーであそびながらチラチラ見ているＡちゃんの姿も見えていました。保育者の反応が気になる様子。そうだよね。「先生が何て言うかな？」って気になるよね。

保「Ａちゃん、Fくんが話したいんだけど、ちょっといい？」

Ａ「うん」

F「……。（保育者の顔を見上げる）」

保「Fは入れてほしかったんだよね。なんで、入れてくれないの？って自分で聞く？　先生が聞く？」

F「（Ａちゃんに向かって）なんで入れてくれないの？」

Ａ「だって、痛いことするから」

F「してない!!」

Ａ「するよ」

F「してない!!」

保「（Ａに）今、痛いことされたの？」

Ａ「今じゃない……」

保「前に痛いことしたからイヤだったの？」

Ａ「うん」

保「（Fに）前に痛いことしたから入れたくなかったんだって」

F「うん……。」

保「（心当たりがあったのかな？）でも、今はしてなかったんだね」

F「うん、してない」

Ａ「でも痛いことするからやなの。首、引っかいたから、前……」

保「そうだったんだね。じゃあ、痛いことしないなら入ってもいいってこと？」

A「うん」

保「(Fに) Aがやだったことはわかった？」

F「うん」

保「じゃあ、Fはどうしたいの？」

F「入りたい」

保「痛いことしないから入っていい？って聞いてみる？」

F「(Aに) 痛いことしないから、いい？」

A「いいよ」

(つづく)

　このエピソードを読んで、どんなことを感じるでしょうか。私はこの「おとこは入れない」というのがジェンダーに基づく暴力だと考えて、事例を載せたわけではありません。暴力という言葉を使うほどではないけれど、こういう小さな困り事やもめごとは、幼稚園・保育園の日常に溢れています。例えば「おとこはだめって書いて」と子どもに頼まれたらどうしますか？　自分ならどんな風に声をかけたり、対応するでしょうか。AちゃんとFくんの押し問答を見かけたときに、どんな態度で関わりますか。私はできるだけ気配を消して見守ることを選びました。Fくんが保育者を頼りに訴えにきましたが、そんなときにどんなプロセスを経て、どんな着地点を目指すのでしょうか。

　私は「おとこは入れない」という文字を保育者Oさんに書いてもらう様子を見ておもしろいなぁと思いました。

　2人が書いてもらった時点では誰も困っていないけれど、こういう出来事が子どもたちと学ぶ種になっていきます。例えばOさんが「そんなこと言ってはだめよ」と言って書かなかったら、子どもはOさんの価値観を知りますが、自ら問いを持って考える機会はなくなるでしょう。子どもたちの中から出てくる「どうしておとこはだめ？」という疑問が湧いてきたら、それが一緒に考えるタイミングなのだと思います。クラスで共有するほどの広がりを見せているわけではなかったので、私はもう少し機が熟すまで待ってみようと考えていました。Oさんとも、そんな話をしながら大事にしたいことを確認し、子

どもの様子や変化をワクワクしながら見守っています。子どもが学ぶタイミングを見極めて問題提起するのも保育者の専門性の１つなのです。

3.2 に戻りますが、キーアイデア「ジェンダーに関係なくすべての人に平等の価値がある」ということを幼児期の子どもにどう伝えたらいいのでしょうか。この事例で、私が大事にしていたことは、子ども自身が自分でどうするか決めることと、自分の気持ちを言葉で相手に伝えること、相手の気持ちや考えを尋ねることを、一緒にやってみるということです。「ガイダンス」では「ジェンダーの異なる人を不公平に、不平等に扱うことは間違っており、人権に反することだと認識する（態度）(p.97)」とありますが、私は、もっと簡単に考えています。「ジェンダーにかかわらず、誰もが平等に扱われ、人権を尊重される関わりをすることが心地よいと体感すること（態度）」と言い換えられると思うのです。そもそも、平等に扱われる心地よさをしっかりと体感していたら、不平等や不公平への違和感を覚えますし、ジェンダー平等で人権を尊重し合う関係を体感することが、その態度を学ぶことにつながると考えています。

5　補足しておきたいこと
──おとなの学びこそ重要である

　幼稚園・保育園（学校）は、子どもの学びの要求から出発し、そこに集うおとなが共につくるものですが、包括的セクシュアリティ教育を学習してきていないおとなには、多くの課題が突きつけられています。

1）保育に携わるおとなに必要な資質は性別なのか

- 保育という職業が、ジェンダー不平等を体現した現場だということ。圧倒的に女性が多い職場である。
- 男性保育者自体が少数だが、さらに子どもへの介助は同性か女性保育者という方針の園もある。

性別が重要なのではなく、性教育を学び、ジェンダー理解と人権感覚を持ったおとなかどうか……が資質を考える上では重要ではないでしょうか。

2)「ジェンダーの理解」に関する知識、態度、スキル、支援は、乳幼児期の子どもに関わるおとな（すべてのおとな）に不可欠な学び‼

ガイダンスの目的は、セクシュアリティ教育を個々の家庭任せにするのではなく、幼稚園や保育園（学校）がそういう場所になること。

キーコンセプト3「ジェンダーの理解」の内容も同様です。しかし、子どもに「ジェンダーの理解」を伝えるには、日本の場合、社会があまりにも未熟だと感じます。

ジェンダーの理解には、関係性を構造的に捉える視点が必要です。力と支配の関係を構造的に捉える視点を持つことで、生物学的な性の違いと、男であること、女であることによる違いが、性別役割や機会の関係性にネガティブな影響を及ぼさない社会のあり方をイメージできるのではないでしょうか。

おとなが社会に植え付けられた価値観の問題を捉え直し、個人の問題ではなく社会の問題だと捉える視点を持つためには、ジェンダーの視点を十分に学習する必要があります。おとな自身が暴力は選択された行動パターンであることを学び、その原因がジェンダーバイアスやステレオタイプにあると知ることは重要です。おとな自身が、自分の知識、態度、スキルに変革をもたらすことが、社会を変え、おとなも子どもも、性別にかかわらず、すべての人が生きやすい社会に変わっていくことにつながるのではないでしょうか。幼稚園では保育者と保護者が共に学び合うことを大事にしています。

3) 子どもに関わるおとなが十分なトレーニングを受け支援された教員であること

日本の場合は、子どもへの学習の機会とおとなへの学習、とりわけ保育士や教員への十分なトレーニングや支援は同時並行で進めていく課題だと言えます。

ジェンダーの理解の学習に留まらず、包括的セクシュアリティ教育を学習していくプロセスは、自分の価値観を揺るがし、自分自身の持

つ偏見や差別に気づいていくプロセスでもあります。それは時に、痛みを伴うことがあるでしょう。ですから、「ガイダンス（p.21）」にある"支援された教員"という言葉がとても重要だと言えます。支援する側や、学びを提供する側も、（自身をトレーニングするだけでなく）支援（ケア）されていることで、持続的で安定した学びの環境をつくることにつながるのです。

6 まとめ

「キーコンセプト3 ジェンダーの理解」を5〜8歳の年齢、とりわけ幼児期の子どもをイメージしながら考えてきました。子どもがさまざまな価値観や人に出会っていく中で、子どもが個々に大事にされること、子ども自身が自分のこころとからだを肯定的に捉える感覚や心地よさを感じ、大事にされる感覚を実感していくことは、乳幼児期の性教育の土台だと、私は考えています。そして、乳幼児期における「ジェンダーの理解」は、子どもが生物学的性別を知り、女の子と男の子のどこが同じでどこが違うかを知り、誰もが同じ人として幸せに生きる権利があり、性別に関係なく一人ひとりが大切な存在であるという感覚が育つように働きかけることが大切だと思います。

"一人ひとりの違いが排除ではなく、理解へつながること"

"同じであることが、同調ではなく共生につながること"

を、日常の生活の中で感覚的に知り、科学的な知識と合わせて、生きる知恵を獲得していく……そういうプロセスを保育（教育）の営みの中に用意することが私たちおとなの仕事だと感じます。

社会の要請に応じた教育を行うのではなく、子どもの要求、教育の現場の現実から、社会を問い直し、ジェンダー平等を柱の1つに据えた学校（小さな社会）が日本中に広がっていったら……と願います。

私は、今こそ、性別（セックス）の違いを、人間（ジェンダー）の不平等につなげない自分と社会をつくるときだと声を大にして叫びたいです。「ガイダンス」片手におとな同士が語り合う……それが平和と権利の学習のはじまりです。

5.5 キーコンセプト4
暴力と安全確保

土屋麻由美

自己紹介

　小学四年生の頃、お友だちのお母さんたちに「あかちゃんはどうしたらできるの」と聞いた記憶があります。その時、そのお母さんたちは顔を見合わせ、声をひそめて、「お母さんには聞いたの？」「そういうことは人には聞かないのよ」と言われ、教えてもらうことができませんでした。自分が生まれてくるということについて、なぜ、聞いてはいけないんだろう、なぜ教えてもらえなかったんだろうという思いだけが残りました。結局、母にも聞きづらくなってしまい、学校の図書館に行って調べましたが、その当時、受精や性交について書いてある本を見つけることはできず、性交について友だちから聞いたのが中学三年生の時でした。

　このような体験もあり、最初に性をポジティブに受け止められなかったことから、自分にこどもが生まれたら、小さな頃から性について話せるような関係を作っていきたいと考え、三人のこどもたちとはいろいろな話をしてきました。それがきっかけで、性教育に関わるようになり、現在は、妊娠葛藤相談の窓口や地域の若年の居場所においても、包括的な性教育に取り組んでいます。

1　ここで書かれていることのまとめ

【トピック】
4.1　暴力

　暴力*はいじめや虐待、性的な暴力も含まれる人権侵害であり、間違った行為です。被害者は守られるべき存在であり、暴力を減らすためには予防や信頼できるおとなへのアプローチの仕方について学んでおくことが大切です。また、人には誰もが自分のからだを守る「からだの権利」があり、自分のからだのことは自分で決めることができます。あわせて、自分以外の人のプライバシーやその人のからだの権利も侵害してはいけないことや、健康的な性的な関係のためには、同意に基づく行動が不可欠であり、相手への同意の伝え方や認識する能力も必要となります。

　そして、インターネットやソーシャルメディアがもたらす暴力や違法行為もあります。自分を守り、安全に使っていくためにはどうしたらよいかを考え、行動ができるようにするためにも、このトピックで性暴力や安全確保について学んでいきます。

2　みなさんと考えたいこと（問題意識）

　トピックの中では共通して、「いじめや暴力に対応ができる安全な行動を示す」「信頼できるおとなにどのように伝えるのかを明らかにし説明する」と助けを求めるさまざまな方法を実践し、具体的なスキルを身につけておくことが求められています。そこで考えたいのは

1) こどもたちが自分もいじめや暴力の当事者になる可能性もあると受け止め、自分事として考えておくことができるようにするためには、どうしたらよいのか？

2) こどもにとって、信頼できる人とはどのような人か？

3) こどもが相談をしてきた時に、おとなが大切にすることは何か？

---

*　暴力：身体的、性的、心理的危害をもたらす、もしくは引き起こす可能性のある、明示的もしくは表象的なすべての行為（ガイダンスp.223　用語集より）

3　キーアイデアの説明

1）暴力については怖がるから教えないのではなく、こどもが自分自身を守るためにも学びは大切

4.1　暴力

学習目標（5〜8歳）

キーアイデア いじめ、暴力を認識し、それらは間違った行為であると理解できることが重要である

キーアイデア 子ども虐待を認識でき、それが間違った行為であると理解することは重要である

キーアイデア 両親や恋愛関係にある人たちの間でも暴力は間違っていると理解することは重要である

学習目標（12〜15歳）

キーアイデア 性的虐待、性暴力、親密なパートナー間の暴力、いじめは人権侵害*である

　こどもは、身近な人への信頼、愛着形成、安心・安全が守られた中で、少しずつ、周りのものに関心を向けていき、自ら行動するようになり、親から少しずつ離れて、自立していきます。しかし、人権やプライバシー、セクシュアリティが大切にされなかったり、いじめや暴力や虐待などを受けると、からだや心が傷つけられ、人と関わることが難しくなったり、自分を守れなくなっていくことが起きてきます。

　そして、小さなこどもほど、嫌だなと思っても、自分がされていることが、本当はしてはいけないことであり、自分は守られなくてはいけない存在であるということがわからずにいる可能性があります。それは、こどもへの暴力は、家族や親戚関係の人、幼稚園や保育園や小学校、児童館や習い事での友だち関係や職員の人など、自分の身近な人から受けることが多く、暴力だと言いづらかったり、わからなかったり、自分もいけないところがあったと思いこまされてしまったりす

---

*　人権侵害：不当な差別、虐待その他の人権を侵害する行為をいう。人権擁護法案（平成14年法案第一章第二条）　https://www.moj.go.jp/content/000104841.pdf

ることで、周囲のおとなにも気が付かれずに、隠されて、暴力が長期化されてしまいます。特に家庭内で起きる虐待は、こどもが家庭で起きていることを隠そうとしたり、他の人に言うことを禁止されていることもあるため、暴力が日常化してしまい、いつものことだからと、相談する気持ちを失ってしまうこともあります。そして、その後、好きな人やその他の人から暴力（性的な暴力も含む）を振るわれても、暴力を認識しづらくなってしまうこともあります。

2）サポートを求めることができるように──相談することで守られる社会に

4.1 暴力

学習目標（9〜12歳）

> **キーアイデア** 性的虐待、セクシュアルハラスメント、いじめ（ネットいじめも含む）は人を傷つける行為であり、それらを体験した場合にはサポートを求めることが重要である

> **キーアイデア** 親密なパートナーからの暴力は間違った行為であり、それを目にした際にサポートを求めることは重要である

虐待やいじめ、暴力などがあった時、信頼できるおとなに支援を求めることは重要ですが、それと同時に、簡単ではない側面もあります。その行為を行った人や集団との自分の関係性によっては、伝えることで、孤立してしまうのではないかと思ったり、伝えたことで、もっと暴力がエスカレートするのではないかと考えると、伝えることを難しくしてしまうことがあります。また、相談したら、本当に守ってもらえるのか、何をしてもらえるのかということがわからなければ、相談するメリットがあるかどうかがわからないため、我慢できるところまでその暴力が繰り返される可能性も考えられます。また、虐待を受けていても、こどもは必ずしも親と引き離され保護されることを望んでいるわけではなく、暴力を振るったりしない親に変わってくれて、安心して親と家で暮らせることを期待しているところもあります。一時保護をされ、学校に行けなくなり、友だちと会えなくなれば、自分が悪いわけではないのに、何で、自分が我慢しなくてはいけなくなるのかと感じます。

また、相談したおとなに、自分の言うことを信じてもらえなかったり、親に相談したことが伝えられてしまって、もっと虐待がひどくなるようなことがあれば、二度と相談はできなくなります。

　この キーアイデア を通して、こどもたちが学ぶだけではなく、教師やおとなたちが共に学び、こどもたちへの対応やその後の支援についても考えておくことは、とても大切なことです。

3）性的同意を確認することが当たり前になるためにも、「からだの権利」を学んでおくことが必要

4.2　同意、プライバシー、からだの保全

学習目標（5〜8歳）

> キーアイデア　誰もが、自らのからだに誰が、どこに、どのようにふれることができるのかを決める権利をもっている

学習目標（9〜12歳）

> キーアイデア　望まない性的な扱われ方とは何かを知り、成長に伴うプライバシーの必要性を理解することは重要である

　幼少期から自分の身体に対する正しい知識を得る権利や、自分のからだは自分のもの、からだ全体が自分にとって大事なところであり、誰がどこを触れてもよいのか、触れてほしくないのかを決める権利を持っているということを学びます。これが「からだの権利」です。相手が、友だち、保護者や親戚の人、身近なおとなであったとしても、嫌だと思うことをしたり、しようとした時には「嫌だ」と言ってもよいし、「他の人には言ったらだめだよ」と約束させられても、自分を守るためには、守らなくてもよい約束があることを理解しておくことは大切なことです。

4.2　同意、プライバシー、からだの保全

学習目標（12〜15歳）

> キーアイデア　プライバシーと、からだの保全の権利を誰もがもっている

> **キーアイデア** 誰もが、性的な行為をするかしないかをコントロールする権利をもち、またパートナーに積極的に自分の意思を伝え、相手の同意を確認すべきである

学習目標（15〜18歳以上）

> **キーアイデア** 健康で、よろこびのある、パートナーとの合意したうえでの性的行動のために同意は不可欠である

　日本の教育では、性的行動については、学ぶ機会が少なく、safer sex の概念は教えられても、相手との大切なコミュニケーションを持つには、同意が必要であるということはあまり教えられてきませんでした。そのため、恋人関係の間柄において、相手が「自分のからだの権利を守る」ために気持ちや意志を伝えても、自分の性的な欲求を優先してしまって、避妊行動を取らなかったり、押し切って性行為を行ってしまうということが起きています。大切な人であっても、相手のプライベートゾーンに触れることの同意は大切で、嫌な時には嫌と言って受け入れてもらえなければ、その行為は、お互いにとって大切な喜びのある、幸せな行為とはならず、暴力となってしまいます。

4）安全にインターネットやソーシャルメディアを使う方法を学ぶ

4.3　情報通信技術（ICTs）の安全な使い方

学習目標（5〜8歳）

> **キーアイデア** インターネットやソーシャルメディアは情報収集や他者とつながる方法であり、安全に使うこともできる一方、子どもを含めて人々が傷つけられるリスクをもっている

学習目標（9〜12歳）

> **キーアイデア** 性的に露骨な表現やメディアはソーシャルメディアを通じて簡単に入り込んでくるが、それらは時に有害なジェンダーステレオタイプを促進する

　幼児期はリアルな世界とのつながりの方が多いですが、YouTubeなどのこども向け動画を見ることも一般化しています。人気キャラクターの動画を見ていると思っていたら、急に、こどもが驚いて泣き出

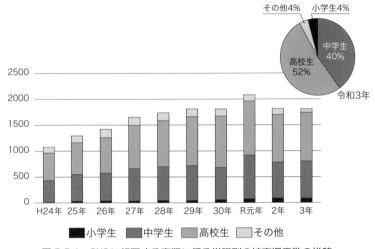

図 5-5-1　SNSに起因する事犯に係る学識別の被害児童数の推移

出所：SNSに起因する被害児童の現状と対策（警察庁）https://www.8.cao.go.jp/youth/kankyou/internet_torikumi/kentokai/40/pdf/s4.pdf をもとに筆者作成

してしまったりするような動画（エルサゲートElsagate*）も存在します。

　小学生もタブレットなどを日常的に利用していて、ゲームをしたり、写真や動画を撮ったりして楽しむことが増えてきていますが、それに合わせて、SNSに起因する犯罪被害件数も増加傾向にあります（図5-5-1）。

　一緒に暮らしていても、親はこどものことを全てわかっているわけではなく、実は、暴力にあっていることが言えずにいるかもしれません。もしも、嫌なことや困ったことがあったら、話してねと時々、声かけをすることも大切なことですし、こどもたちの周りで起きている性暴力被害に関心を向け、こどもと一緒に考えることも必要なことです。

---

* 　エルサゲート：人気ディズニー映画「アナと雪の女王」のエルサと、事件や不祥事を意味する「〜 gate（ゲート）」を組み合わせてできた造語。こどもに人気のキャラクターなどを使いながら、暴力的、性的、残虐性の高い動画などであることから、欧米では2017年から問題となっている。

4 学習者ができるようになること

1）いじめや暴力は幼児期からも起きうること

4.1 暴力

学習目標（5〜8歳）

> **キーアイデア** いじめ、暴力を認識し、それらは間違った行為であると理解できることが重要である

> **学習者ができるようになること**
> ・からかい、いじめ、暴力とは何かを明らかにする（知識）
> ・いじめ、暴力は間違った行為であること、そしてそれが家族や他のおとなからのものであっても、被害者は決して悪くないことを認識する（態度）
> ・仲間の中でのいじめや暴力に対応できる安全な行動をはっきりと示す（スキル）

　小さなこどもの周りでも、いじめや暴力は起きています。身近な問題だからこそ、小さな頃から考えておかないと、加害者にも被害者にもなる可能性があります。自分はふざけただけだと思っていても、相手が登園・登校ができなくなってしまったり、相手の親から「うちの子にこんなことをしたのは○○さんです」と、言われて、初めて自分がしたことの重大さに気が付かされることもあるでしょう。自分としては「ちょっとふざけただけで、こんなことになるとは思っていなかった」と言っても、状況によっては、それでは済まないこともあります。中には、いじめで命を絶ってしまうこどももいるからです。そう考えると、起きる前からこの問題に取り組んでおくことの大切さを感じます。

　では、自分が、相手に対して暴力を与えてしまった時に、どうしたらよいのか。親や先生などに、自分の気持ちや意見も聞いてもらいつつも、相手にしてしまったことに対しては、きちんと謝ることも、こどもの頃から身につけておきたいことです。間違えることはおとなでもあります。でもその時は、謝ることも大切で、それは勇気のいることでもあります。一方的に責めたり、気持ちも聞かないでジャッジするようなことはしないで、お互いの気持ちを話せる環境を用意して、

何がきっかけだったのかをふりかえることは、生きていくうえで大切な経験になると思います。そのためには、おとなも、先入観や思い込みを持たずに、一人ずつ、しっかりと状況や、自分の思いなどを受けとめ聞ききることが必要です。真実を見落とし、こどもをさらに傷つけてしまうことは避けなければいけないことです。

　暴力に対しては、されたら嫌だなという感覚、守ってもらいたいという気持ちを、幼児時期〜小学生の低学年迄の時期にしっかりと身につけていけるとよいと思います。

ワーク「されてうれしいこと」「されたら嫌なこと」を考えてみる

　暴力を考える前に、まずは「自分がされてうれしかったこと」について考えてみます。もしも、親も参加型の授業や講座であれば、親も一人ひとり考え、付箋に書いてみるのもよいでしょう。こどもたちからは、「ほめられたこと」「じぶんのはなしをきいてくれたこと」「ぎゅってしてもらったこと」「まもってくれたこと」「こまったときにたすけてくれたこと」などいろいろなことが挙ってきます。あわせて、「されたら嫌なこと」についても自由に意見を出し合ってみます。「いっしょにあそんでもらえないこと」「はなしをちゃんときいてもらえないこと」「たたかれること」「大きなこえをだされること」「くすぐられること」「やりたくないのにやらされること」など、こちらもいろいろと意見が出されます。

　うれしいことでは、他の人の意見を聞くことで、「そうか、そうだよね」「そんなふうに思うのか」など、友だちの気持ちを知ることになります。嫌なことでは、友だちはこんなことも嫌なんだなということや、自分がふざけてしていることが、相手にとってはとても嫌なことで、本当はしてほしくないことなんだということがわかったりします。こうして、自分がされたら嫌なことも他の人が知る機会にもなります。最後には、「一人ひとり、されて嫌だなと思うことは違うところもあるけれど、それを無理やりされたらどうかな？　それは嫌だね。やめてほしいね。してほしくないことをすることは、暴力といって、間違ったことなんだよ」ということを話して、その場にいるみんなで確認しあいます。

　おとなも書いたものを貼りだしてみたりしますが、その内容はこど

もとあまり変わらないことに気が付かされます。このようにして学ぶことで、こどもたちも、親がどんなことがうれしいのか嫌なのかを改めて考えるきっかけにもなります。

2）自分のからだのことは自分で決める（からだの権利）ために必要なこと

①プライベートな部分についてみんなで学ぶ

4.2 同意、プライバシー、からだの保全

学習目標（5〜8歳）

キーアイデア 誰もが、自らのからだに誰が、どこに、どのようにふれることができるのかを決める権利をもっている

学習者ができるようになること

- からだのどこがプライベートな部分かを明らかにする（知識）
- 誰もが「からだの権利」をもつことを認識する（態度）
- 自分が不快だと感じる触られ方をした場合にどのように反応すればよいか（「いやだ」「あっちにいけ」という、信頼できるおとなに話すなど）をはっきりと示す（スキル）

学習目標（9〜12歳）

キーアイデア 望まない性的な扱われ方とは何かを知り、成長に伴うプライバシーの必要性を理解することは重要である

学習者ができるようになること

- プライバシーを守り、望まない性的扱われ方に対抗するために、アサーティブ（相手も尊重した自己主張）に伝える（スキル）

　日本においても、プライベートゾーン・プライベートパーツについては知っているこどもも増えてきているように思います。プライベートゾーンってきいたことある？と尋ねると「みずぎでかくれるところ」「ほかのひとがさわっちゃだめなところ」「みせてもいけないところ」「むねもだよね」「くち（口）も」などと答えてくれます。

　以前は、水着でかくれるところをプライベートゾーンと呼んでいましたが、最近では、水着でかくれるところ（男性の胸も含む）と口（口唇）を含むからだの中でも特別に大切なところを言うようになっています。からだは自分だけの大切なものであって、その自分のからだの

ことは自分で決めることができ、その決定をするためには、正しい知識が必要ですし、こどもが小さなうちは、その決定を手伝う必要もあるかもしれません。

　自分のからだのどこを誰がどのように触ってもよいのか、良くないのかを、決めるのは自分自身です。プライベートゾーン以外の場所でも、からだの全部が大切で、勝手に触られて嫌なところはあります。自分で排泄のためにトイレに行ってパンツを自分で上げ下げすることや拭くことができるような年齢になれば、親であっても、無理やりパンツを下ろしたり、勝手に拭いたりすることはしてはいけないということを、こどもとあわせて親にも伝えます。入浴に関しても、親やきょうだいが一緒に入りたいと思っても、一人で入りたいとか、○○とは入りたくないということであれば、無理やり、一緒に入ることはせず、話を聞いたり、小学生以上であれば、気をつけて一人で入るようにさせることも大切です。そして、このことは、こどもだけではなく、おとなも同じです。こどもから触られたくないところは、こどもが触りたいと言っても、「ここは○○の大切なところだから、触ってほしくないんだ」と言って、断ることは悪いことではありません。もちろん、相手のことを否定したり、拒否するような言い方ではなく、アサーティブなメッセージで伝えられるようにすることが大切です。

②同意を確認すること、そして、相手の気持ちを理解すること

4.2　同意、プライバシー、からだの保全

学習目標（15〜18歳以上）

キーアイデア　健康で、よろこびのある、パートナーとの合意したうえでの性的行動のために同意は不可欠である

学習者ができるようになること
・同意に基づいた性的行動は健康的な性的関係において重要な要素であると認識する（態度）・同意を示したり拒否したりすることや、同意の有無を認識するさまざまな方法を実際にやってみる（スキル）

　お互いの気持ちを尊重しあうことは、恋愛関係においてとても大切なことで、安心で信頼のある関係が築けます。そのためにも、小さな頃から、自分や相手のからだの権利は守られなくてはならないこと、

人に触れる時には同意が必要であるということを繰り返し学ぶことで、性行為をする年齢になった時、「性行為においても相手の同意をとる」「同意のない性行為は相手を傷つけ暴力にもなる」ということが当たり前のこととして認識しやすくなるのではないかと思います。

　つまり、相手の意思を無視して、同意を得ずに、無理やり行うことは、強さではなく暴力であり、愛情ではないのだということも学んでおくことです。

　そしてまた、人との関係において、いつも、自分の欲求や意見が通るということではないことも、学んでおかなくてはなりません。断られた時に、どんな気持ちになるのか、その時、どのようにして気持ちを切り替えるようにするのかなども、ワークなどを通して考えておくことは大切なことです。

ワーク　性的同意のない行動があった時に、相手にどう伝えるか？

　同意のない相手の行動に対して、どのように伝えるか。自分が言った言葉で、相手がどんな気持ちになるかをいろいろなパターンで考えます。そして、どんな言い方であれば、相手を尊重しつつも、自分の気持ちも伝えることができるかを考えます。

　例）付き合いだして間もない二人。帰り道で突然キスをされて。

　　a. ちょっと待って。好きだけど、キスしてもいいって言ってないよ。

　　b. 誰か知ってる人が見ているかもしれないから、そういうところも考えてくれるとうれしいな。

　　c. びっくりした。何も言わないで、突然するんだもん。今度からは私の気持ちも確認してね。

　　d. 自分の気持ちだけでしちゃうんだから。いいって言ってないよ。

　キス以外でも、どんなシチュエーションの時に、どんな言い方ができそうか、グループごとに考えたものを発表するのもよいと思います。

3）安全にソーシャルメディアを使うためには、こどもだけでなく、
おとなも一緒に考えることが必要

学習目標（5〜8歳）

キーアイデア　インターネットやソーシャルメディアは情報収集や他者
とつながる方法であり、安全に使うこともできる一方、子どもを含め
て人々が傷つけられるリスクをもっている

学習者ができるようになること
・インターネットやソーシャルメディアで自分が不快に思うことや怖い
と感じることをしてしまったり、見てしまったりした場合、信頼でき
るおとなに伝える方法を明らかにし、実際にやってみる（スキル）

学習目標（9〜12歳）

キーアイデア　性的に露骨な表現やメディアはソーシャルメディアを通
じて簡単に入り込んでくるが、それらは時に有害なジェンダーステレ
オタイプを促進する

学習者ができるようになること
・性的に露骨なメディアは、しばしば男性、女性、性的関係をしばしば
非現実的に描くということを説明する（知識）

①友だちからの暴力から自分を守ること

　暴力についての理解を深めるには、それぞれの立場の人（被害者・
加害者・傍観者・支援者など）の気持ちを考えてみることが必要ではない
かと思います。そのために、ロールプレイを見てもらい意見を出し合
うということも1つの方法です。起きそうな状況を事前にロールプレ
イで見ておき、考えておくことで、実際に、自分や身近な人に同じよ
うなことが起きた時に、どう行動したらよいのかのヒントとなります。
また、これは暴力であって、自分は悪くはないし、守られてよい存在
なんだと認識されやすくなります。

　例えば、友だちから「これとても面白い動画だから、うちに帰った
ら絶対見てみなよ」と言われ、家に帰って、教えられたURLをタブ
レットで検索してみたらアダルトサイトで、それを見ているところを
親に見られてしまったというストーリー。

　そのやりとりを見て、a）なぜ友だちは友人にそのサイトを見せよ

うと思ったのか、b）アダルトサイトと知らずに見せられてしまった人はどんな気持ちになったと思うか、c）その時の親の対応はどうだったかなどについて、一人ひとりでまず考えてみて、グループで意見を出し合います。みんなで意見を出し合ってみると、いろいろな感じ方があることに気が付きます。ただ、最終的には、これはふざけたとかいたずらではなく、相手にとっては、性暴力であるということをみんなで話し合えるところまで行けるとよいなと思います。そして、親の対応についても違うパターンで実践して見せることで、このように対応してもらえたら、きちんと自分の気持ちも話せて、自分に対しても、処罰的にならなくて済むんじゃないかとか、頭ごなしに叱られたら、自分の気持ちやどうして見ることになったのかを何も話せなくなってしまって、そのこともショックに感じてしまうなど、いろいろなことを学ぶことができます。

　性教育は教えられるだけではなく、話をすることがとても大切です。

②安全に動画を見ることができるようにするにはおとなの配慮が必要

　こども向け動画の中には前述のエルサゲートと呼ばれるものもあり、一見、人気キャラクターのこども向けの動画に見えるため、こどもが気が付かずに見てしまう可能性があります。気が付いた人がYouTube側に報告をしないと削除されず、その後も、他のこどもが見てしまう可能性もあります。また、タブレットやスマートフォンは触ることで、簡単に他の動画やサイトにも飛べてしまうため、気が付くと、アダルトサイトを小さなこどもが見ていたということも起きています。

　そう考えると、小さなこどもにタブレットやスマートフォンを与えて動画を見せる際はおとなの配慮が必要です。なるべく、動画を見る時は、一人で見るのではなく、おとなと一緒に見るようにしたり、タブレットではなく、テレビにつないで、親も家事をしながらでも見聞きできる状況にしておくことや、動画の自動再生を解除しておく、などの対応をすることは必要です。

③ソーシャルメディアを使った性犯罪に巻き込まれやすいのはなぜかを考える（9〜12歳）

　小学生になると、ソーシャルメディアを使った性犯罪にあってし

まったというこどもも出てきています。ネットでつながった人が、巧みにグルーミング（grooming）という方法で、自分のことを信用させ、手なずけ、はだかの写真を送らせたり、性的な行動に及ぶことがあります。こどもは、自分を理解してくれる大切な人であると思いこんでしまっているので、性被害にあったということを認識しにくい状況にあります。このような、性的なメッセージや写真などを携帯電話間で送ってしまう行為（セクスティング）の危険性や送った写真が今後どのように使われるか、デジタルタトゥーについても学んでおきたいことです。警察庁からもいろいろな犯罪事例が出されています。犯罪に遭う前に、実際の事例について、「被害にあってしまった人は、どのような気持ちでいる時に、相手との距離が近くなってしまって、気持ちを許してしまったと思うか、嫌だと言えなかったのはどうしてなのか」など、こどもたちと意見を出し合うのもよいでしょう。

　そして、無理な要求をされた時に、どうしたらよいのか。「一人で何とかしようとすると、間違った選択をしてしまう可能性があるし、怖いよね。誰かに話して一緒に考えてもらうことが必要だね」と伝えます。ただ、わかっていても、話したら怒られると思って、勇気が出ないこともあります。そのためにも「被害にあった人は悪くはないし、守られないといけないから、話すことは勇気のいることだけど相談してきてほしい」ということを、おとなから発信しておくことは、自分が同じようなトラブルに巻き込まれてしまった時に、一緒に考えてくれる人はいるんだと、こどもたちを安心させることにつながります。

　ストップネット犯罪　（警察庁）
　　https://www.npa.go.jp/safetylife/syonen/news_2019_stop_
　　cyber_crime.pdf
　インターネットトラブル事例集　（総務省）
　　https://www.soumu.go.jp/main_content/000707803.pdf

5　補足しておきたいこと
　　──信頼できるおとなに伝えること

　このキーコンセプトを学ぶにあたり、自主ゼミのメンバーで「信頼

できるおとなに伝える」ということについて意見交換をしてみました。

- 「信頼できるおとなに伝えよう」とだけ教えると、伝えられなかったら、自分を否定してしまうことにもなる。言えないことや、その時言えなくても、あとから相談してもよいことも伝えている。そして、相談してきてくれたら、よく相談してきてくれたねという言葉をかけるようにしている。
- 親も一緒に学んで、普段から家庭内でも相手が「いやだ」「やめて」と言ったらやめるやりとりをしておく。
- 自分にとって「信頼できるおとな」とは誰かを考えてみる。そのようなおとなが思い浮かばない子もいる。
- 「信頼できるおとな」とは「自分のはなしを否定せずに聞いてくれる人」。「信頼できる人」ではなく「安心できるおとな」という表現だとわかりやすいかもしれない。
- 相談した一人目がだめだったら諦めないで次に行くスキルも必要。
- 障害のある子は自分の発信をどう受け止めているかをよく見ていて、自分を受け止めてくれる人と受け止めてくれない人を見分けるのがうまかった。言葉で信頼を理解するのが難しい子でも、感じ取る力はある。
- 「信頼できるおとな」については、保護者や支援者も同時に考えていかなくてはいけない。相談を受けた時に動けるおとなでありたい。
- 親の方にもむしろ、超えてはいけないところを日常的に超えていることがあると伝えていく必要がある。

　普段は話せる関係性の人であっても、暴力・虐待・性被害・ネットの被害にあったということ等に関しては、伝えることで相手がどのような反応をするかわからないことや、「やめておきなさい」と言われていたのに自分がしてしまった時などは、自分で何とかするしかないと考え、隠してしまうこともあります。おとなの方から「いつもより元気がない感じだけど困っていることはない？」と声をかけられたことで、何とか話すことができたということもあるでしょう。

　自分が困っていることを人に伝えたり、相談するということは、力のいることです。困って相談してきたこどもに対しては、「どうしてそんなことをしたの?!」という気持ちもありますが、「よく相談してくれたね」と声をかけるようにすることは、相談をしてきた子を安心させ、サポートされたい、守ってもらいたいという気持ちにさせることにつながります。

　また、年齢が上がってくると、こどもたちの人間関係も広がり、親との関係から、友だちとのつながりをより大切にするようになっていきます。信頼して相談できる相手がおとなではなく、友だちになる場合もあれば、友だちが信頼できる相手につないでくれることで、相談をすることができたりする場合もあります。

　しかし、性的な被害に遭っても、友だちに話したらどう思われるか、もしも、他の人に勝手に話されたらと思うと不安で、親にも言えずに、一人で抱え、被害を誰にも言えずに過ごしていることもあります。その場合、せめて、匿名でも相談のできる相談窓口を利用することができると、そこでの安心安全が守られることで、少しずつ、自分に起きたことを話せたりします。そして、相談することで、ここまでは自分にできる、これ以上は無理というラインを作りつつも、誰かと一緒だったら病院を受診できたり、検査薬が手に入れば、自分で妊娠の有無を確認したりすることができたりします。

　その意味では、信頼できるおとなというのは、必ずしも知っている人ではなく、相談窓口の相談員もなりうることです。そのため、実際の相談機関となる、警察、性犯罪・性暴力被害者ワンストップ支援センターの人から話を聞いてみたり、チャットや電話の窓口の方からどんな相談があるのか、本人はどのような気持ちで相談をしてくるのかなど、学校で聞けるチャンスがあると、困った時の相談のハードルが低くなるのではないかと考えます。

6　まとめ

　このキーコンセプトでは、自分を危険にさらさないためには、どのようなことを知っておくことが必要か、そして、その暴力に対してどのようにしたら、自分や自分の周りの人を守ることができるのかを、

知るだけではなく、態度やスキルもあわせて学びます。しかし、その
ためには、当事者がどうするかだけではなく、身近なおとなたちが、
こどもの話を聞き、寄り添い、安全を確保する勇気と力がなければ、
こどもたちが学んだ知見は、十分にいかされないかもしれません。ま
た、こどもたちのために、社会には安心な支援場所（安全基地）が必
要です。いざとなったら守ってもらえるんだという安心安全がなけれ
ば、相談はできません。こどもへの教育だけではなく、社会を変えて
いけるように、親も地域も巻き込みながら、一緒に学んでいけること
を願います。

相談窓口

● 児童相談所虐待対応ダイヤル
　虐待かもと思った時などに、すぐに児童相談所に通告・相談ができる全国共通
の電話番号です。近くの児童相談所につながります。
　　電話番号：189（いちはやく）
● 児童相談所相談専用ダイヤル　https://www.mhlw.go.jp/stf/newpage_19433.
html
　虐待の相談以外にも子どもの福祉に関する様々な相談を受け付けています。
　　電話番号：0120-189（いちはやく）-783（おなやみを）
　　受付時間：24時間受付（年中無休）
● 24時間子供SOSダイヤル　https://www.mext.go.jp/ijime/detail/dial.htm
　いじめやその他の子供のSOS全般について、子供や保護者などが相談できる、
都道府県及び指定都市教育委員会などによって運営されている全国共通のダイ
ヤルです（文部科学省）
　　電話番号：0120-0-78310（なやみいおう）
　　受付時間：24時間受付（年中無料）
● 子どもの人権110番　https://www.moj.go.jp/JINKEN/jinken112.html
　「いじめ」や虐待など子どもの人権問題に関する専用相談電話です（法務省）
　　電話番号：0120-007-110
　　IP電話の場合はhttps://www.moj.go.jp/JINKEN/jinken112-1.html（法務局電
話番号一覧）参照（通話料有料）
　　受付時間：平日8:30～17:15　※通話料無料　土・日・祝日・年末年始は休み
● 性犯罪被害相談電話全国共通ダイヤル
　ダイヤルすると発信された地域を管轄する各都道府県警察の性犯罪被害相談電
話窓口につながります。
　　電話番号：#8103（ハートさん）

● あなたのいばしょ　チャット相談　NPO法人あなたのいばしょ　https://talkme.jp

24時間365日、年齢や性別を問わず、誰でも無料・匿名で利用できるチャット相談窓口です。

● デートDV110番　認定NPO法人エンパワメントかながわ　https://ddv110.sodan.chat/

恋人のことで困っていること　恋愛のモヤモヤ話してみませんか。

　LINE、Wi-Fi電話、通常電話（050-3204-0404）

　開設時間：毎週月～土曜日 19時～21時（年末年始除く）

参考 ────────────────────────────

「生命（いのち）の安全教育」

https://www.mext.go.jp/a_menu/danjo/anzen/index.html

R3.11.19.「生命の安全教育」公開授業資料 生野南小学校の「生きる教育」

http://swa.city-osaka.ed.jp/weblog/files/e671493/doc/204993/4016200.pdf

5.6 キーコンセプト5 健康とウェルビーイング（幸福）のためのスキル

谷村久美子

自己紹介

　私立高校で非常勤講師として働いています。大学卒業直前に「『人間の性と生』っていう授業があるんだけど、興味があったらやってみない？」と、けっこうアバウトに声をかけられて、現在の勤務校と出会いました。「性教育」という言葉さえちゃんと知らず、うっすらとした認識でしたが、「面白そう……」と授業を担当したのが、性教育と関わるようになったきっかけです。「人間の性と生」の授業では、総合科目として1学年で1年間かけて性について学ぶことを位置づけています。テーマはジェンダーやセクシュアリティについて、性に関わる身体の機能や、恋愛や性暴力などです。この授業を担当して、もうすぐ20年が経ちます。

　大学生のころから戦時性暴力について関心があり、韓国へのスタディーツアーを仲間と企画したことがあります。韓国で考えたことは、今も宿題のように残り続けています。毎日の生活のなかで感じる性に関わるモヤモヤは、いったいどこからくるのか……ずっと不思議に思ってきました。私自身のモヤモヤ、イライラ、ザワザワする思いを聴きとってくれる性教協の仲間に出会えたことは、私の人生にとって大きなことです。共に学ばせてもらって、課題が整理され深まっています。時に、ますますわからなくなることもありますが……（笑）いつも本当にありがとうございます。子どもの声を聴き、一緒に考えることを土台にする学びを、どうにかつくりたいと走り回る毎日です。

※文中に登場する子どものやり取りは、本人であることがわからないように文意を損ねない範囲で編集しています。

1 ここで書かれていることのまとめ

> 【トピック】
> 5.1　性的行動における規範と仲間の影響
> 5.2　意思決定
> 5.3　コミュニケーション、拒絶、交渉のスキル
> 5.4　メディアリテラシー、セクシュアリティ
> 5.5　援助と支援を見つける

　このキーコンセプトでは、「健康とウェルビーイング（幸福）のためのスキル」を扱っています。キーコンセプト5の全体を見渡してみると、「仲間の影響」に始まり、次に「意思決定」について、続いて「コミュニケーション」「メディアリテラシー、セクシュアリティ」、最後に「援助と支援を見つける」という流れになっています。誰しもが「意思決定」に値する存在であることを土台にし、「意思決定」には、仲間やメディアなどのさまざまな影響を受けること、援助と支援を受けることは権利であることが中心に述べられています。

2 みなさんと考えたいこと （問題提起）

1)「健康とウェルビーイング（幸福）」とは？

　このキーコンセプトでは、「健康とウェルビーイング（幸福）のためのスキル」を扱っています。そもそも「健康」と「ウェルビーイング（幸福）」とはどのような状態であると「ガイダンス」は捉えているのでしょうか。第3章の「若者の健康とウェルビーイング（幸福）」において「性と生殖に関する健康はセクシュアリティに関連する身体的、感情的、精神的、社会的ウェルビーイング（幸福）を含む。つまり、性と生殖に関する健康とは単に病気や機能障害、または病弱さがないことではない」(p.42)とあり、単純に身体的な健康だけではなく、感情面や精神面、社会的な面も含めて考えられていることがうかがえま

す。また、病気や機能障害、何らかの病弱さがあったとしても、感情面や精神面、社会的な面ではいたって「健康」であることも考えられる表現です。しかし、「〜ではない」という説明にとどまり、どのような状態が「健康」で「ウェルビーイング（幸福）」であるのかはっきりした定義はありません。このキーコンセプトを通じて、「ガイダンス」は、どのようなことが「健康」であり、「ウェルビーイング（幸福）」であると捉えているのか、考えてみたいと思います。

2）「健康とウェルビーイング（幸福）のため」の"スキル"とは？

　それでは、このキーコンセプト5で語られている「健康とウェルビーイング（幸福）のため」の"スキル"とは、いったいどのようなものとして捉えればいいのでしょうか。

　昨今、「性的同意」についての教育が注目されています。キーコンセプト5のなかでいうと「5.3 コミュニケーション、拒絶、交渉のスキル」が「性的同意」と関わりの深いトピックです。お互いの意思表示によって同意を確認しあえる関係性をどう形成するかは、大切な課題です。しかし、「性的同意」を扱う教員・講師がしばしば感じていることは、"性的"な同意以前に、自分の考えや感情を伝えること、相手の意見を丁寧に聴きとること自体が難しい子どもが少なくないということです。

　「スキル」という言葉からは、個人のもっている技術や能力のようにイメージされますが、いったい「健康とウェルビーイング（幸福）のため」の"スキル"を「ガイダンス」はどのように語っているのでしょうか。

　以上の2点について考えてみたいと思います。

3　キーアイデアの説明

　最初に「健康とウェルビーイング（幸福）のためのスキル」と聞いたとき、「スキル」について私の頭に思い浮かんだのは、主にキーコンセプト6、7、8で扱われている内容でした（キーコンセプト6：人間のからだと発達、キーコンセプト7：セクシュアリティと性的行動、キーコンセプ

ト8：性と生殖に関する健康）。

　キーコンセプト5.1には「仲間・ピアプレッシャー」の影響が多く登場しますが、「スキル」とどのように関わるのかわからず、不思議な印象を受けました。以下、トピックを追いかけながら、考えてみたいと思います。

1）5.1　性的行動における規範と仲間の影響
──ピアプレッシャーって、ダメなこと？

　このトピックで土台になっているのは、人は「仲間」からの影響をよくも悪くも受けるという考え方です。仲間から、ポジティブな影響もネガティブな影響も受けるということです。以下には、5.1より仲間の影響に関する主なキーアイデアを抜き出しました。

5.1　性的行動における規範と仲間の影響
学習目標（5〜8歳）
キーアイデア 仲間からの影響はさまざまであり、よい場合も悪い場合もある
学習目標（9〜12歳）
キーアイデア 仲間は、思春期やセクシュアリティにかかわる意思決定や行動に影響する
キーアイデア 思春期やセクシュアリティに関連する、仲間からのネガティブなプレッシャーに対抗し、仲間からのポジティブな影響を受け入れ、それを促進するさまざまな方法がある
学習目標（12〜15歳）
キーアイデア 社会規範、ジェンダー規範、仲間の影響力は、性的な意思決定や行動に影響を与える可能性がある
キーアイデア 仲間は性的な意思決定や行動に影響する可能性がある
キーアイデア 性的な意思決定や行動におけるネガティブな仲間からの影響に対抗するためのさまざまな方策がある

　これらを読んでみると、年齢が低いころは性的な意思決定に限らず、

意思決定や行動において仲間からの影響を受けるとされており、年齢があがるにしたがって性的な意思決定や行動にも影響を受けるという内容が入ってきます。私は、「ピアプレッシャー」について考えるとき、周りから悪い影響を受けないように、流されないようにと、ネガティブな面ばかり意識が向いてしまいます。一方で、私の接している高校生たちをみていると、仲間からネガティブな影響をもちろん受けますが、お互い声を掛けあい、励ましあって課題に向きあうときに、教員が驚くほどの力を発揮するようにも思えます。

　例えば、タンポンを使うかどうか迷っているとつぶやいたＡさんに、Ｂさんが応じてくれたことがありました。

　　　Ａさん：「タンポンって、使ったことある？」
　　　Ｂさん：「あるよ〜。すっごい楽だよ。漏れにくいし！」
　　　Ａさん：「そうなんだ……でも、入れるとき、痛いって聞くけど、
　　　　　　　ホント？」
　　　Ｂさん：「最初、怖いよね……入れる場所を間違わないで、ちゃ
　　　　　　　んと奥まで入れれば大丈夫！」
　　　Ａさん：「え〜！　間違えちゃいそう……」
　　　Ｂさん：「わかる〜！　私も最初そうだった‼　YouTubeの○○
　　　　　　　さんの動画に詳しくあがってて……」

……という風に、おしゃべりを続けていました。もちろん、保健体育の授業でも総合の授業でも、ナプキン以外の月経用品（タンポン、月経カップ等）について積極的に扱っているのですが、いざ自分が使うとなったとき、自分ひとりでは踏み出しにくい……大げさかもしれませんが、勇気のいることなのだと思います。別の場面で、自分の目が一重であることについて話してくれたＣさんと周りのやり取りを紹介します。

　　　Ｃさん：「自分さ、目一重なのがすごくイヤで……」
　　　Ｄさん：「ふ〜ん……クールな感じでかっこいいのに」
　　　Ｃさん：「でも……二重でパッチリしてた方がいいじゃん……」
　　　Ｅさん：「それな。アイプチはやったことある？」

Cさん：「うーん、アイプチもいいけど、すっぴんとギャップあ
　　　　りすぎんのもちょっとさ～」

Dさん：「そうだね～、目がかゆくなったりするし、毎日だとめ
　　　　んどくさいかもね。アイラインひいてクールビューティーな感
　　　　じにしてみれば？」

Cさん：「いいかも……」

Eさん：「こないだモデルの○○がSNSにあげてたよ」

Cさん：「え～、どれどれ？……」

……やり取りが途絶えません。当初表情の重かったCさんも次第に柔
らかな表情に。おとなの立場としては「そのままのあなたで素敵だ
よ」と伝えたいところです。でも、きっと子どものモヤモヤは晴れな
いのでしょう。いろいろ試して、つまずいたり、時には失敗もしたり
して、その過程のなかで「これが自分だ」と等身大の自分を確かめて
いくのではないでしょうか。

　これらは、日常の些細なやり取りですが、不安や悩みを伝えられる
関係になっていること、共感的に受けとめてもらえること、そういっ
た仲間関係があって「やってみよう！」と前向きな一歩へつながるの
だなと感じます。子どもにとって、声を受けとめてくれる仲間の存在
や、よいモデルがいることは、非常に重要なことです。

　一方で、「ピアプレッシャー」のネガティブな影響はもちろんあり
ます。5.1のトピックスでは、ネガティブな影響について、以下のよ
うに触れられていて、ネガティブな影響へ対抗すること、その方法・
方策がさまざまあることを重視していることがわかります。

5.1　性的行動における規範と仲間の影響

学習目標（9 〜 12歳）

キーアイデア　思春期やセクシュアリティに関連する、仲間からのネガ
ティブなプレッシャーに対抗し、仲間からのポジティブな影響を受け
入れ、それを促進するさまざまな方法がある

キーアイデア 性的な意思決定や行動におけるネガティブな仲間からの影響に対抗するためのさまざまな方策がある

　子どもの行動において、仲間の影響が重要であることがこの5.1のトピックでは語られていました。では、どんなことが要因になって「ネガティブ」なプレッシャーに対抗し、「ポジティブ」な影響を受けとることができるのでしょうか。子どもの様子をみていると、友だちやインターネットから得た情報をもとにしつつ、「これなら信じられそう」「こっちはちょっとヤバイかも」など、自分の感覚を発動させて取捨選択しているようです。一方で、誤った情報を、何の疑いもなく信じ込んでしまったり、周りがそうしているからという理由だけで行動してしまったり……。「あれ？　これってヤバイんじゃ……」「ちょっと違うなぁ」など、「何か、変かも？」と立ち止まることのできる感覚は、どうしたら磨かれるのでしょうか。続いて、5.2「意思決定」についてみてみましょう。

2）5.2　意思決定──「意思」って何だろう

　5.2のトピックでの大きな特徴は、"「誰もが意思決定するに値」する" という言葉に集約されているように思います。そしてその「意思決定」は、学ぶことができるとされています。

5.2　意思決定

学習目標（5〜8歳）

キーアイデア 誰もが自ら意思決定するに値し、そのすべての決定は結果をもたらす

学習目標（9〜12歳）

キーアイデア 意思決定は、学び、実践することのできるスキルである

　"「誰もが自ら意思決定するに値」する" という言葉で「ガイダンス」が伝えたいのは、あらゆる人間にとって「意思決定」する権利がある、ということなのだなと私は受けとめました。今を生きるすべて

の人が、一人ひとりかけがえのない個として自らの意思を決定し、それを尊重される価値のある存在であるということ。そのことは、何らかの義務を果たしたからとか、何かを成し遂げたからとか、そういった条件付きのものではなく、一人ひとりの思いや願いに無条件に価値があるということでもあります。私は、そのようにこの部分を読みました。

　続いて5.2のトピックスでは、5.1で触れられた「仲間」以外に、以下のように「文化」や「ジェンダー役割のステレオタイプ」など、さまざまなものから影響を受けることが示されています。

学習目標（9〜12歳）

> キーアイデア　意思決定には、友だち、文化、ジェンダー役割のステレオタイプ、仲間、メディアを含むさまざまなものが複合的に影響している

　また、「意思決定」にいたるまでのプロセスについても語られます。時には、合理的な意思決定ができない場面も想定されていることは、私たちの生活感覚に近い印象を受けます。

学習目標（12〜15歳）

> キーアイデア　性的行動に関する意思決定のプロセスには、可能性のあるポジティブ、ネガティブな結果をすべて考慮することが含まれる

> キーアイデア　性的行動に関する合理的な意思決定を難しくしうる要因がある

　そのうえで、以下のように、自らの行った意思決定は、自分や他者に影響をもたらし、責任が伴う可能性があることを理解する必要を「ガイダンス」は主張しています。

学習目標（15〜18歳以上）

> キーアイデア　性にかかわる意思決定は、社会的、健康的な影響を含む結果を自分と他者にもたらす

さて、皆さんは、「意思決定」という言葉についてどのような印象をおもちでしょうか。「意思」とよく似た言葉として「意志」という言葉があります。辞書における意味を集約すると、主に以下のように表現できます。

> 「意思」：心のなかに思い浮かべる何かをしようという考え。思い。
> 「意志」：考え。意向。物事をなすにあたっての積極的なこころざし。

とても似ている言葉ではありますが、「意思」は、「意思表示」「意思の疎通をはかる」などと使われ、考えや思いそのものを表現する言葉であるのに対して、「意志」は、「意志の強い人」「意志の力でやりとげる」などからわかるように、何かを成し遂げるための自発的な状態を指す言葉のようです。

高校で働く私が、子どもに対して「イシ表明をするのが大事だよ」「自分のイシをはっきり伝えて」と使うとき、後者である「意志」のニュアンスで使っているように感じますし、子どもにもそのように響いているように思います。

現在の学校という場では、いつも正解を求められ、なるべく早く効率のいい方法で正解に到達することが重視されています。また、子どもは、周りに受け入れられる自分を演じることに神経をすり減らし、なるべく浮かないように空気を読むことに身体も心も緊張させているようにも感じます。自分の心地よいことや気分のあがること。イヤなことや迷いや心配事。「あれ、何か変かも？」という気づきや疑問。そういった小さな声に共感してくれる仲間のなかで生きられる、安心できる世界は、子どもたちからは遠い世界のようです。学校での毎日に目を向けてみると、生徒の自由や自治を発揮できる領域は非常に狭く、自ら考え、表現することを求められることはほとんど与えられていないといっていいのではないでしょうか。誰かに自分の考えを丁寧に聴きとって受けとめられたり、誰かの考えにじっと耳を傾ける時間や経験を、日常的に十分にもっている子どもは多いとはいえないのが

現実です。「競争」「自己責任」「同調性」を強調する新自由主義的な価値観が学校に浸透していて、おとなもじっくりと子どもの声を聴き、丁寧に受けとめていく時間や心の余裕が奪われています。

　現在の教育現場で行われている「イシ」表明とは、ゆるぎのない主張をもった個人が、自己の能力を活かして「自己決定」を行い、競争に生き抜くため獲得すべき「スキル」であるというメッセージが強いように思えるのです。大げさかもしれませんが、少なくとも私自身を振り返ってみると、そのような背景をもったニュアンスで使ってしまっている言葉です。「自己決定」は「自己責任」とセットです。「自己決定」は、失敗や間違いをしたときには、自分でその責任をとらなければならなくなるという脅しにもなります。つまずきながら学び、自由に自分の考えを形成し、多様性を認めあいながらお互いの関係をつくる姿勢とは、ほど遠い姿です。

　一方で、「ガイダンス」の示す「意思」はどのように語られているでしょうか。ここまで 5.2 の内容を振り返ってみると、意思決定のプロセスを学び、仲間や文化などさまざまな影響があることを理解し、助けを借り、その決定の結果がどうなるかをわかったうえで行われる「意思決定」であると読み取れます。また、そうした支援や援助を十分に受けたうえで、「責任」を伴うものであると「ガイダンス」は語っていますが、ここでいう「責任」とは、成功や失敗はすべて自分の能力と努力の結果であり、その責任は自分で負うべきであるという新自由主義的な意味での「自己責任」ではありません。「ガイダンス」のいう「責任」は、自らの行動がどのような結果を招くのか十分に情報を得て、さらに必要な支援や援助を適切に得られる存在であると認識したうえでの「責任」なのです。それなら、私も自ら責任をとりたいと思えるかも……（笑）と感じさせる内容です。

　そして何より、「5.2　意思決定」のキーアイデアの最初には、「誰もが自ら意思決定するに値し、そのすべての決定は結果をもたらす」とあり、どのような人も自己肯定感・観をもって生きる権利をもっていると表明しています。これらからみえてくる「意思決定」は、自己決定を自己責任として背負わせていく姿とはかけ離れたものです。

　「健康とウェルビーイング（幸福）のスキル」という言葉からは、「健康」でいるためのハウツーや、「幸福」であるための交渉技術のよ

うにもイメージされますが、ここで語られているのは、以上のような「意思」をつくることが「健康やウェルビーイング（幸福）」であると考えられます。「ガイダンス」は、「『あれ、何か変かも？』と感じたあなたを信じてOK！　むしろ歓迎!!　そのために周りは応援するし、どうして「変」と感じたか、どこから影響を受けてそう思ったか、よく考えてみて」と励ましてくれる感じなのです。仲間からネガティブな影響を受けそうなとき、周りに流されてしまいそうなとき、あなたの「意思決定」をして大丈夫、その「意思決定」を学ぶ権利があなたにはあるよ、と「ガイダンス」は語りかけています。

　「何か、変かも？」と立ち止まることのできる感覚は、どうしたら磨かれるのでしょうかと、1）で述べましたが、上記のような「意思決定」を学ぶ権利を保障することが求められているのだと思います。

3) 5.3　コミュニケーション、拒絶、交渉のスキル
──お互いの境界線を理解しあうこと

　5.3では、「コミュニケーション、拒絶、交渉のスキル」が続きます。5.2で述べたように、新自由主義的な価値観の下での「スキル」という言葉には、自分の「意志」を言葉にしてはっきり伝えること、それができなければ自己責任を負うというメッセージが隠されているように思います。もちろん、自分の思いや感情を言葉にして伝えていくことは重要なことです。しかし、「意志」表示をしなければ、責任は自分にあるという認識は危うさを伴います。「意志」表示をせずに（できずに）暴力に遭遇した場合、その責任はどんなことがあっても加害者にあるはずなのに、被害者が「意志」表示しなかったからであると責任転嫁が行われる可能性があるからです。この5.3のトピックで繰り返し述べられるのは、「コミュニケーション」の重要性であり、「責任」という言葉は出てきません。5.3のコミュニケーションに関するキーワードをみてみましょう。

5.3 コミュニケーション、拒絶、交渉のスキル

学習目標（5〜8歳）

> **キーアイデア** 親、保護者、信頼するおとなと子どもとの関係性、そして友だちやその他のすべての人との関係性において、コミュニケーションは重要である

学習者ができるようになること

- さまざまなコミュニケーションの形（言語・非言語コミュニケーション含む）を明らかにする（知識）
- 「イエス」「ノー」といった明確な意思表示が、自分のプライバシーを守り、からだを保全し、幸せな関係性を構築する中核をなすということを再認識する（知識）

学習目標（9〜12歳）

> **キーアイデア** 効果的なコミュニケーションにはさまざまな方法とスタイルがあり、それは希望やニーズ、個人の境界線を伝え、理解するために重要である

学習者ができるようになること

- 効果的な言語・非言語コミュニケーション、効果的でない言語・非言語コミュニケーションの特徴（積極的に聞くこと、感情を表現すること、理解を示すこと、直接的なアイコンタクト、一方これらに対して、耳を傾けないこと、感情を表現しないこと、理解を示さないこと、目をそらすことなど）を説明する（知識）
- 自分の希望やニーズ、個人の境界線を表現できること、他者のそれらを理解できることの重要性に気づく（態度）

学習目標（12〜15歳）

> **キーアイデア** 良好なコミュニケーションは、個人、家族、学校、仕事、恋愛の関係において必須である

学習目標（15〜18歳以上）

> **キーアイデア** 効果的なコミュニケーションは、個人のニーズや性的な許容範囲を表明する鍵である

　ここでは、「言語」コミュニケーションにも、「非言語」コミュニケーションにも、さまざまな方法とスタイルがあることが説明されて

います。「ガイダンス」の語る "意思" 表示は、「言語」によるコミュニケーションに加えて「非言語」によるコミュニケーションも想定されています。それぞれに「健康」か「不健康」なのか、「効果的」か「効果的ではない」かの線引きはあるものの、そのどちらが優れているかなどの価値判断はありません。「この表現ではダメ」とか、「その伝え方ではNoとは伝わらない」など、「ガイダンス」はジャッジしないのです。また、学習者ができるようになることに「自分の希望やニーズ、個人の境界線を表現できること、他者のそれらを理解できることの重要性に気づく」とあるように、自らが表現することだけではなく、他者の表現を受けとることも同時に重視されています。

学習目標（9〜12歳）

キーアイデア 効果的なコミュニケーションにはさまざまな方法とスタイルがあり、それは希望やニーズ、個人の境界線を伝え、理解するために重要である

学習者ができるようになること

・自分の希望やニーズ、個人の境界線を表現できること、他者のそれらを理解できることの重要性に気づく（態度）
・交渉の際には、相互に尊敬し協力すること、時には妥協することが、すべての当事者から求められることを認識する（態度）
・自分の希望やニーズ、個人の境界線を伝えるさまざまな効果的な方法、他者のそれらに耳を傾け敬意を払うさまざまな効果的な方法を実際にやってみる（スキル）

　これらの表現からは、自己と他者が、お互いに尊敬し協力しながらコミュニケーションをとることが重視されています。「意志」表示しなかった（できなかった）人を責めるのではなく、お互いにさまざまな方法を試しながら "意思" を表現し、「境界線」を見出していくような関係性のありかたが示されているように思います。

4）メディアリテラシー、セクシュアリティ
──メディアからの影響を前提に

　5.4 は、メディアとセクシュアリティについてです。現代の中・高校生のメディアとの親和性は非常に高く、メディアから影響を受けて

いるのが当たり前であり、リアルの世界との区別はないと考えていいでしょう。「ガイダンス」では、メディアによってつくられるジェンダーステレオタイプや、性的関係についての非現実的なイメージに影響を受けていることを指摘しています。

5.4　メディアリテラシー、セクシュアリティ

学習目標（5〜8歳）

キーアイデア　メディアにはさまざまな形態があり、それは正しい情報を提供するものも、間違った情報を提供するものもある

学習目標（9〜12歳）

キーアイデア　メディアは、セクシュアリティやジェンダーに関する価値観、態度、規範に、良くも悪くも影響を与える可能性がある

学習目標（12〜15歳）

キーアイデア　セクシュアリティや性的関係について非現実的なイメージを描き出しているメディアもあり、それらは私たちのジェンダーや自尊心の捉え方に影響を与える可能性がある

学習目標（15〜18歳以上）

キーアイデア　行動にポジティブな影響を与え、ジェンダー平等を促進するために、メディアによるネガティブで間違った男性と女性の描写に対抗することができる

　確かに、子どもにとって、アニメ、マンガ、アーティスト、アイドルなどメディアからの影響はかなり大きいと考えられます。一方で、中・高校生のSNSの使用状況から考えると、ごく近い人間関係の維持のために利用しているように感じられます。インスタグラムで友だち同士の近況を把握していたり、GPS機能付きのアプリでお互いの位置情報を共有していたり……。おとなにとっては「それって監視じゃないの？」と感じられる行為も、子どもは親密さの表現だと感じていることもあります。

　メディアによってつくられる影響も、人間関係をつくるうえでのSNSからの影響も、両方とも子どもと一緒に考えてみたいテーマです。

5.1 の「仲間」からの影響によい影響も悪い影響もあったように、きっとそこにはよい影響も悪い影響もあることでしょう。アニメやマンガにおける男性と女性の描写がどのように描かれているかを比べる授業などは取り組みやすいテーマかもしれません。

5）援助と支援を見つける──信頼できるおとなとは？

「信頼できるおとなとはどんな存在かを説明する」という学習者ができるようになることにある「信頼できるおとな」とはどのような存在なのでしょうか。この問題は、自主ゼミのなかでも度々話し合ってきた難問です。「信頼できるおとな」とはいったい誰なのか……。5.5 では、「すべての人に、保護され支援される権利があることを認識する」「プライバシーや秘密を守り、しかも安価で現実的な、敬意ある支援を受ける権利を誰もがもっている」という表現もあります。以下をみてみましょう。

5.5　援助と支援を見つける

学習目標（5〜8歳）

キーアイデア 友だち、家族、先生、宗教の指導者、コミュニティのメンバーはお互いに助け合うことができるし、そうするべきである

学習者ができるようになること
- 信頼できるおとなとはどんな存在かを説明する（知識）
- お互いに助け合えるさまざまな具体的方法を説明する（知識）
- すべての人に、保護され支援される権利があることを認識する（態度）
- 信頼できるおとなを見つけ、助けを求めるさまざまな方法を実際にやってみる（スキル）

学習目標（15〜18歳以上）

キーアイデア プライバシーや秘密を守り、しかも安価で現実的な、敬意ある支援を受ける権利を誰もがもっている

ここで「ガイダンス」が伝えたいのは、「信頼できるおとな」を具体的に定義したり、「誰が信頼できるか」と教えたりする必要があるということではなく、自分は保護され支援されるべき存在であるという理解と実感のもとに、自ら「信頼できるおとな」をみつけられる、

選べる、ということなのだと読み取りました。5.2のキーアイデアに、「誰もが自ら意思決定するに値し」とあり、自分の意思が尊重されるべきであるという意識（自己肯定感・観）が重視されています。そのことと、この「信頼できるおとな」の存在を説明できるということは両輪の関係にあるのだと思います。

　もちろん、家庭で「信頼できるおとな」の存在を感じられることが重要です。しかし、虐待や貧困のなかに置かれている子どもは、「意思決定するに値する自分」である感覚自体が奪われていることもあると考えられます。また、繰り返しになりますが、新自由主義的なまなざしの強い日本社会のなかで、たとえ虐待や貧困のなかになかったとしても、「意思決定するに値する自分」という感覚を育てられていない子どもは少なくないかもしれません。そういったなかで、どのように自己肯定感・観を育むかを考えると、保育園・幼稚園、学校や教室空間、学童、「ユースワーク」などの公的支援など、さまざまな場に、子どもを励ます存在が必要であると考えます。

　加えて、具体的に相談できるようになる実践が必要です。私自身の授業を振り返ると、授業の最後に相談先を紹介するだけで終わってしまっています。どうしたら具体的なサポートにアクセスできるか考える実践も課題です（『季刊セクシュアリティ』102号p.44〜「大東学園とピッコラーレの模擬相談する実践」が参考になります）。

4　学習者ができるようになること

1）どうしたら「意思決定」はできるようになるのだろう

　すべての人が、「意思決定するに値する自分」であると実感できて、どう表現するかを学ぶ権利がある。このことが、このキーコンセプト5での中心的な課題であると私は受けとりました。では、学習者はどのようにして肝心かなめの「意思決定」ができるようになるのでしょうか。

　「5.2　意思決定」の学習目標（5〜8歳）の学習者ができるようになることには、以下のように述べられています。

5.2 意思決定

学習目標（5～8歳）

キーアイデア 誰もが自ら意思決定するに値し、そのすべての決定は結果をもたらす

学習者ができるようになること

- 自分が下しその内容に誇りをもっている意思決定を説明する（知識）①
- 自分たちの、そして他者の、よい結果あるいは悪い結果をもたらす意思決定の例を明らかにする（知識）②
- 子ども、若者が意思決定をするときには、親や保護者、信頼できるおとなの助けが必要なときもあることを認識する（態度）③
- 適切な意思決定をするための助けが得られる状況についての理解をはっきりと示す（スキル）④
- 適切な意思決定をするために助けを求められる親、保護者、信頼できるおとなを明らかにする（スキル）⑤

（①～⑤の番号は筆者による）

①の「自分が下しその内容に誇りをもっている意思決定を説明する」を読むと、「ハードル高すぎ……こんなのおとなでも無理～！」と、本を放り投げたくなります。が、②をみてみると、「よい結果」「悪い結果」をもたらす「例」を明らかにする、とあります。「例」なんですね！「自分たちの、そして他者の……意思決定の例」とあるからなのか、私の頭には、幼児が保護者と一緒に「AとB、どっちがいいかな？」「こうしたから、こういう結果になったんだね」「こっちにしてたら、どうなったと思う？」などと語りあいながら考える場面が浮かびました。「例」から学ぶことが、学習者には必要そうです。

③～⑤に着目してみると、「助け」がキーワードになっています。親や保護者、信頼できるおとなの助け。どういう状況なら助けが得られるのか。子どもの意思決定において「助け」が重要であることがわかります。おとなが子どもに"意志"決定を迫ってしまうという「呪い」から、少し自由になって、子どもをケアし支援することを軸足にする必要があるのではないでしょうか。「助け」、つまり援助や支援を十分に得られる安心で安全な関係のなかで、さまざまな「例」をもとに学ぶことが、子どもの「意思決定」に必要なことであると考えます。

2)「意思決定」をどう学ぶ?

　以上のように考えてみると、「意思決定」とは、幼児のころから、日常の生活のなかで繰り返し学習していくことだと考えられるでしょう。加えて、「5.1　性的行動における規範と仲間の影響」で、ピアプレッシャーの影響がトピックスになっていることを考えると、集団で学ぶ場である学校の役割は非常に重要です。自分の意思を相手に伝えること、相手の意思を聴きとること。それは、あらゆる人間関係において尊重されなければならないことです。授業、学級活動、行事、クラブ・委員会活動、生徒と教員のやり取り、さまざまな場面において「意思決定」について考える必要があります。

　一方、学校で「意思決定」について学習したという人はほとんどいないのではないでしょうか。ホームルームや、道徳の授業などで、あえて答えの出ない、でも子どもの日常的な課題になりそうなことをテーマにしてみたらいいかもしれません。「意思決定の例」の学習、またできれば「仲間の影響」も加えたケーススタディが考えられます。例えば、「周りのノリに合わせて、悪口を言っちゃった」とか、「断りたいけど、相手が自分のためにしてくれていることだからNoと言いにくい」など、子どもの賛否が分かれるような日常のケースを取り入れてみるのがいいかもしれません。「はっきりNoと言おう」とか「やってはいけません」と徳目的に終わるのではなく、「こういうことってある?」「どうしてNoと言いにくいんだろうね?」「こういうときって、皆はどうしてるの?」など、子どもと一緒に迷いながら考えあえたら面白そうです。

　また、ケーススタディ等の学習を行わなくても、感想やわからないことを出しあう機会をつくる、心配なこと、気になることを共有する……そういった取り組みならば、わずかな時間でも行えるかもしれません。教科の学習でも、上手くいかないこと、つまずいていることなどを出し、考えあう機会をつくることなら取り入れられそうです。むしろ、そのような時間を大切にすることで、子ども自身の課題が浮かびあがってくるのかもしれないとも思います。性教育を始めてみたいという方でも、制限があったり、踏み出しにくかったり、さまざまな状況の方がいらっしゃると思います。性に具体的に関わる問題ではなくとも、意思決定について考えあえる場面は日常のなかにちりばめら

れているように思えますが、いかがでしょうか。もちろん、性的同意
等、意思決定が重要になるテーマを学習できるなら、それに越したこ
とはありません。その場合も、学習者がお互いの意思を表現し、聴き
あう場面を、意識的につくっていく必要があると思います。

※子どもと共に考える営みは、『15歳、まだ道の途中』高原史郎（岩波ジュニア
　新書）から、たくさんのヒントをいただいています。
※雑誌『教育』2023年2月号特集1「性的同意と教育の課題」は、「同意」や教育
　のありかたを学ぶうえでとても参考になります。
※協同で授業を、学校をつくる取り組みについて、『学びをつむぐ〈協同〉が育む
　教室の絆』金子奨（大月書店）、『「協同の学び」が変えた学校　新座高校　学校
　改革の10年』金子奨・高井良健一・木村優　編（大月書店）に励まされていま
　す。
※自らの「弱さ」に向きあい、仲間と共に乗り越えていく取り組みは、加害者ケ
　アのなかで深められているように思います。映画『Lifers ライファーズ 終身刑
　を超えて』監督：坂上香（2004年）『プリズン・サークル』監督：同（2019年）
　は、語りあうことについて重要な示唆を与えてくれます。

5　補足しておきたいところ──「ガイダンス」は語ら
　　ない……ガイダンスの読み方について

　ここまで、キーアイデア、トピックを追いながら考えてきました。
このキーコンセプト5では、「ピアプレッシャー」がよくも悪くも影
響することや、誰もが「意思決定」に値することなどが述べられてい
ます。しかし、どのような状態が「健康」で「ウェルビーイング（幸
福）」であるのかはっきりした定義はありません。また、「ピアプレッ
シャー」とはどのようなことか、「意思決定」とはどのようなことか、
「ガイダンス」自身は語ってくれないのです。

　このことは、他のキーコンセプトでもみられます。例えば、キーコ
ンセプト1「人間関係」のトピック2では「友だちとは何かを明らか
にする（知識）」（p.77）、キーコンセプト2「価値観、人権、文化、セ
クシュアリティ」のトピック2では「人権の意味を明らかにする（知
識）」（p.89）とありますが、それぞれ「友だち」とは何か、「人権」と
は何か、「ガイダンス」は定義しません。包括的セクシュアリティ教
育の「ガイダンス」のはずなのに、どうしてガイドしてくれないのだ

ろう……。

　これらのことは、私に、子どもの権利条約にある「子どもの最善の利益」という言葉を思い起こさせます。「子どもの最善の利益」という言葉は、子どもの権利条約において繰り返し登場しますが、条約自身は「子どもの最善の利益」について、どのような定義もしていません。例えば、おとなや学校、公的な機関や国が、その子どもにとって「最善の利益」と判断し、ある行為をしたとします。しかし、実際にはその子にとって「最善の利益」にならない場合は十分ありえます。おとなたちの考える「最善の利益」が、その子どもの「最善の利益」に必ずつながるわけではないということです。にもかかわらず、「最善の利益」とは何かを条約は語らない……。そのことは、「子どもの最善の利益」とはいったい何なのか追求し続けることを、条約が私たちおとなに要請していると考えられます。「ガイダンス」も同様に、「健康」と「ウェルビーイング」とはいったい何なのか、「意思決定」とは、「友だち」とは、「人権」とは……、私たちおとなが常に追求し続けることを要請していると考えられるのではないでしょうか。私たちの認識は、その時代の社会通念や、共同体、国の文化などから常に影響を受けます。どんなに慎重に考え抜いて行動したとしても、間違いや限界は必ずある……それでも子どもにとって「健康」と「ウェルビーイング（幸福）」とは何かを追求し続ける姿勢を、「ガイダンス」はおとなに求めているように感じられます。

　また、このことは私たちの知的な探求が常に「最善」を求め、近づこうとすることを「ガイダンス」が信頼してくれているようにも思えます。もちろん、あくまで「近づく」だけで、「これがベスト！」とはならないわけですが……。日本における教員は、長時間の業務に追われ、子どもと丁寧に向きあう時間や、授業準備の時間を十分にとれていません。自分の主体性を発揮し、生徒の実態を土台に学びをつくるという営みから阻害されている状況にあるといえるのではないでしょうか。性教育の分野を考えてみると、学習指導要領のいわゆる「はどめ規定」から、性について生徒と考える時間をとること自体に制約があります。本来、学習指導要領とは、「全国どこの学校でも一定の水準が保てるよう、文部科学省が定めている教育課程（カリキュラム）の基準」で、あくまで「基準」であるはずの存在です。しかし、

実際には、書いてあること以上にはみ出してはいけない、拘束力をもつ存在となってしまっています。そのようななかで、私たちは "学習指導要領的な読み方" に慣れてしまっているのかもしれません。学習指導要領をバイブルとし、その範囲のなかでしか許されない……。「ガイダンス」は、"学習指導要領的な読み方" ではない読み方を私たちに迫ってきます。主体性を発揮し、探求しながら読むこと。創意工夫をし、自由な実践に踏み出すこと。さまざまな制約のなかで、それは簡単なことではありませんが、「ガイダンス」が、私たちの「最善」に近づこうとする努力を期待をこめて見守り、応援してくれていると思うと、力が湧いてくる気がします。

6　まとめ

　私が、皆さんと考えたいこととして、この章の初めに提案したことは、以下の2点でした。

　　1)「健康とウェルビーイング（幸福）」とは？
　　2)「健康とウェルビーイング（幸福）のため」の "スキル" とは？

これらについて私は以下のように考えます。
　　1)「健康とウェルビーイング（幸福）」とは？
　　　……「誰もが自ら意思決定するに値し」、どのような人も自己肯定感・観をもって生きる権利をもっているということ。
　　2)「健康とウェルビーイング（幸福）のため」の "スキル" とは？
　　　……仲間やメディアの影響を理解し、支援を十分受けられることを理解したうえで自らの「意思決定」を表現し、他者とコミュニケーションをとれるということ。

　おおざっぱで乱暴な言い方ですが、このキーコンセプト5は、以上のようにまとめられると私は思います。人間は、人との関係のなかでつくられ、さまざまな価値観、ジェンダー観の影響を受けている。それを理解したうえで、支援を受けながら意思決定することが、健康とウェルビーイングには必須であるということを「ガイダンス」は語り

たいのだろうと思います。

　「ガイダンス」の「意思」の捉え方と、「自己決定・自己責任」と
セットの捉え方、どちらを選んでいくのか、突きつけられているよう
に感じます。日本において子どもの意思表明を保障するには、学校に
おいてどのように「意思」を育てていくか考えなければいけません。
包括的セクシュアリティ教育は、人間の「意思」を、人間そのものを
どう育てていくか考えることをおとなに要請しているのではないで
しょうか。また、性教育に限らず、私たちおとな自身の子ども観や、
教育観を変えていくことにもつながっているように感じられます。
「性は人権である」ということの意味が、やっとわかってきたような
……。「ガイダンス」との距離が、グッと近くなったように感じてい
ます。

5.7 キーコンセプト6
人間のからだと発達

渡邉安衣子

渡邉安衣子

自己紹介

　私は、地域で開業している助産師です。以前は、総合病院の産婦人科病棟で働いていましたが、そこは大変緊急性の高い緊張感漂ういのちの現場そのものでした。その後、もっと女性たちの暮らしの場に私から出向いていきたいと、行政の新生児訪問のお仕事に携わり、たくさんの赤ちゃんや妊産婦さんのおうちに出向いて子育てのアドバイスなどしてきました。現在は、自宅や助産院での出産のサポートや妊娠・子育てに関する女性の個別相談などに応じながら、性教育講演活動をさせていただいています。

　性教育は助産師学生の頃から始めて20年を超しました。当初の対象は、小学生や中高生だけでしたが、ここ10年ほどで、幼児から大学生と幅広くなり、また保護者や教員、保健師などの専門職の方など、おとなに対する講演の依頼が増えています。時代が性教育を求めている、そう感じます。「あるがままの姿を丸ごと受け止める」私の助産観をそのままひっくるめた「人権を基盤にした幼い頃からの包括的性教育」をあらゆる年代の方へお伝えし、共に考える時間を大切にしています。

1　ここで書かれていることのまとめ

【トピック】
6.1　性と生殖の解剖学と生理学
6.2　生殖

　ここでは、月経や射精に関する思春期のからだの変化、性交、妊娠の成立、妊娠の経過、不妊など、ヒトの生物学（科学）としての「生殖」に関する知識が多くまとめられています。このような生物的な側面だけでなく、社会的な側面での「ボディイメージ」、いわゆる「外見」や「人からの見た目」がもたらす影響（力）やからだ観についても言及されています。「性教育」と聞くと、このトピックの内容を多くの方はイメージされると思います（包括的性教育の意味を学べば、これらはその構成の1つでしかない、とお気づきのことと思います）。

前期思春期とは（『IPPF用語集』より） ※IPPF：国際家族計画連盟

　身体的、心理的変化の時期で、子どもから大人への発達を象徴する。女子の場合は、乳房の発育、陰毛（性毛）の出現、月経の開始、男子の場合は、ヒゲと陰毛（性毛）の発生、射精が代表的変化である。前期思春期は、子どもを産む能力がそなわった時期に終了する。思春期と同義ではない（思春期とは、個人が、大人に依存した状態から責任ある大人に移行する期間。世界保健機関〈WHO〉と国連では、思春期を10～19歳の間と定義しています）。

2　みなさんと考えたいこと（問題意識）

1）性教育への苦手意識

　教師の中には、性教育に対して、「大切なことだけど、どう扱ったらよいのか方法がわからない」、「苦手意識が強くてできれば避けたい」など、個人の価値観が大きく影響しているように思います。性を下ネタ扱いする子どもからの授業の妨害や、素直に沸き起こる素朴な質問にも答えられないことも多く、対応に困っている現場の声をよく耳にします。いわゆるはどめ規定も影響をしていることは考えられますが、現場では一体全体、どうしたらよいのでしょうか。

2）子どもの学ぶ権利

そもそもの大前提として、子どもたちは、包括的性教育を学ぶ権利があるということ（※）を教育者はもちろん、子どもを取り巻くすべてのおとなが知る必要があります。そのことを多くのおとなたちが知るためにはどうしたらよいでしょうか。

※参考）　性の権利宣言2014改訂版（WAS）

9．情報への権利

　人は誰も、様々な情報源を通じて、セクシュアリティ・性の健康・性の権利に関する科学的に正しく、理解可能な情報を入手する権利がある。こうした情報がほしいままに検閲されたり、取り上げられたり、又は意図的に誤って伝えられるようなことがあってはならない。

10．教育を受ける権利、包括的な性教育を受ける権利

　人は誰も、教育を受ける権利および包括的な性教育を受ける権利を有する。包括的な性教育は、年齢に対して適切で、科学的に正しく、文化的能力に相応し、人権、ジェンダーの平等、セクシュアリティや快楽に対して肯定的なアプローチをその基礎に置くものでなければならない。

3）専門職と学校の連携

本トピックは、医師や助産師などの専門家を外部講師として招くことで、子どもたちの学びもより深まるのではないかと思われます。私も毎年たくさんの学校からお招きを受けますが、たまたまその年にご縁あって……ということも多いです。地域の専門家が学校と連携し、1回の授業だけでなく、子どもたちへの「継続した学習の機会を保障する」ために、どんなことができるのでしょうか。

3　キーアイデアの説明

1）知りたいと思うことは自然なこと

多くのおとなは"性と生殖"に関して科学的に学ぶ機会が持てないまま成長してきました。大切なことだという意識はあるけれど、どう

教えていいのかわからない、そもそもネガティブなイメージが払しょくできないから、話題に出すのも嫌だ、といった声も多く聞かれます。この漠然としたネガティブな感覚をどう整理し、このトピックに向き合えばよいのでしょうか。いくつかの キーアイデア を抜粋し、私たちが共通して持ちたい基本的な姿勢を確認したいと思います。

6.1　性と生殖の解剖学と生理学

学習目標（5〜8歳）

キーアイデア 自分のからだの名称と機能を知ることは重要で、性と生殖にかかわる器官も含め、それらについて知りたいと思うことは自然なことである

学習目標（9〜12歳）

キーアイデア 誰のからだにも性の健康や生殖にかかわる部分があり、それらについて子どもたちが疑問を抱くことはよくあることである

6.4　ボディイメージ

学習目標（5〜8歳）

キーアイデア すべてのからだは特別で、個々に異なりそれぞれにすばらしく、からだに対してはポジティブな感情を抱くべきである

「性と生殖にかかわるからだの器官について知りたいと思うことは"自然なこと"である」「性や生殖に関する疑問を抱くことは"よくあること"である」とあります。性器をのぞいている、触っている、どうしたら赤ちゃんができるのか？　どこから生まれてくるのか？　なぜ血が出てくるのか？　そのような態度や質問に対し、問題行動と捉え、身構える姿勢をとるのではなく、子どもの発達の過程で自然な姿、反応であると、まずはおとなが認識し直す必要があるでしょう。

「そうか、それは自然な姿なのだな」と知ることができただけで、目くじら立ててしかることでもないのか、と、ほっとしませんか？

また、5〜8歳の キーアイデア には、「からだに対してはポジティブな感情を抱くべきである」とあります。興味を持ち、知りたいと感じる中で、科学的な知識を得る。そのような自然な流れの中で、から

だっていいな、うまくできているなといったポジティブな感情につなげていけたらよいですね。

2) 前期思春期と生殖を関連づけた学習

保健や理科の教科でも前期思春期や受精や妊娠、胎児の成長について生殖の一部を学習することはありますが、明確に"生殖能力における変化"であると伝えていない現状があります。今一度、キーアイデアを確認してみましょう。

6.3　前期思春期

学習目標（9〜12歳）

キーアイデア　前期思春期は人の生殖能力における変化の前兆である

9〜12歳のキーアイデアには「前期思春期は人の生殖能力における変化の前兆である」とあります。日本でも、ちょうど9〜12歳に、保健や理科の教科でも前期思春期について、人の受精や妊娠、胎児の成長について学習する内容にはなりますが、すっかり抜け落ちている部分があります。まさにキーアイデアそのものである「前期思春期の変化は生殖と関連している」という事実と、受精に至る過程（性交）、出産についてです。いわゆる"はどめ規定"も影響していると思いますが、この点に関してガイダンスでは、2.2包括的セクシュアリティ教育の発展的分野におけるその他の重要な考慮事項（p.33〜p.35）に、以下の様に書かれています。

重要なトピックを省略すると（中略）教育効果は低下してしまう。例えば、月経について議論しないことで、それに対するネガティブな社会的、文化的態度を存続させてしまうことがある。
（中略）その他の例として、性交、避妊に関する科学的情報、（中略）これらのトピックを無視したり省略したりすることは、スティグマ*や恥、無知を引き起こし、脆弱な人々や阻害された

---

* スティグマ「個人やグループにネガティブに影響する、人々や社会がもつ意見や判断。

人々にとって、リスクを冒すことを増大させ、助けを求める障壁を作り出す可能性がある。

合わせて、「教員が安心して話せるようになる質の高い専門的学習の機会が必要である」とも書かれています。「子どもができるようになる」、そのために、伝える側のおとなの学習も必要です。個人の努力に頼ることなく、大きな単位での仕組み・体制作りが望まれます。

4　学習者ができるようになること

1）ネガティブからポジティブへの変換

　性と生殖に関するからだへの興味を自然な姿とおとなが捉え、子どもがからだに対してポジティブな感情を抱くようになるための実践について考えていきたいと思います。

6.1　性と生殖の解剖学と生理学

学習目標（5〜8歳）

キーアイデア　自分のからだの名称と機能を知ることは重要で、性と生殖にかかわる器官も含め、それらについて知りたいと思うことは自然なことである

学習者ができるようになること
・内性器、外性器の重要な部分を明らかにし、それらの基本的な機能を説明する（知識）
・性と生殖にかかわる器官も含め、自分のからだを知りたいと思うことはまったく自然なことであると認識する（態度）
・自分が知りたいと思うからだの部分に関する疑問について、質問したり疑問に答えたりすることを実践する（スキル）

学習目標（9〜12歳）

キーアイデア　誰のからだにも性の健康や生殖にかかわる部分があり、それらについて子どもたちが疑問を抱くことはよくあることである

スティグマが作用しているときに差別が生じる。（「ガイダンス」p..223、用語集より）

学習者ができるようになること

・自分のからだや性的機能に関して知りたがったり、疑問をもったりすることは自然なことだと認識する（態度）
・質問ができる信頼するおとなを特定し、性と生殖に関する解剖学および生理学について質問するさまざまな方法を実際にやってみる（スキル）

① 「おとな」からのリアルな質問の実際

　私への性教育講演のご依頼にはPTA主催の講演会、研修会も多くあります。幼稚園や保育園から、小中高校まで、幅広い対象者です。「性教育と聞くと、参加表明するだけでも恥ずかしくて勇気がいったが、聞いてみたら親子関係や自分自身の生き方も振り返る良い機会になった」など、おおむね好評です。「最近の性教育、なんかいいらしいよ」と、口コミで広がっていくのを感じます。助産師として、地域にお住まいのみなさんへの性の健康教育も大切な業務の１つです。公衆衛生の観点からも、看護職の有効活用が広がるとよいなと思っています。

　講演の前に寄せられる質問（幼児期の保護者）

- 子どもが「おまた」に興味を持っている。自分のを見ようとするがどうしたらよいか。
- 性教育はいつから？　何から？　何をどこまで話せばよいかわからない。
- おちんちんを剥くのか。痛がったらどうするか？
- 動物系の番組で「交尾」という言葉が出てきたとき、どう説明すればよいか。人間はどう交尾をするのかというときの説明の仕方。
- おちんちんを触ることについて、どこまで、どういって注意するか。
- よく、「なぜお父さんはおちんちんがあるのに私（娘）にはないの？」と聞かれる。「女の子だから」というと「なんで？」と続く。どう答えればよいか。
- ２人兄弟だが、遊びの中でお互いのおちんちんを触ったり引っ

張ったり、けったりする。どう対応すればよいか。

● 学生で妊娠などのニュースを見て、将来とても心配している。いつ頃、どのように子どもに対して性の話をすればよいか。

● 母親の更年期がとても辛そうで将来が不安。今からできる対策などはあるか？（現在34歳）

● PMS（premenstrual syndrome、月経前症候群）でイライラするようになってきた。対処法はあるのか。

● 更年期の中での子育てのコツ。

● 男性更年期についても聞きたい。

● 年少の子が寝るときに指を吸っておっぱいを触ってくる。気持ち悪く感じてやめてほしいが、どうすればよいか。

● プライベートゾーンについての話を子どもにしているが、周りのおとな（父・祖父母）が無頓着な場合、子どもが混乱してしまわないか心配している。

● 父親にどうやって関わってもらえばいいのか。（母親）

講演の前に寄せられる質問〜今までの保育中に対応で困ったことは？（保育士）

● 自慰行為をする子への対応。

● 保育士のお尻や胸を触ってくる子に対して何歳くらいから注意すべきか。

● ふざけて「おちんちん」などいうときの対応。

● 園庭の物陰でキスをして遊んでいる子の対応。

● 赤ちゃんはどこから生まれてくるのか質問されたこと。

② 「恥ずかしい」を「大切」に変換してみませんか

おとなに対する講演で、必ず出る質問として、「子どもが性器を触っています。どうやってやめさせたらよいですか？」というものがあります。子どもが自身の性器をただ見ているだけでも非常に強い嫌悪感を抱く方もおられます。それは、保護者であっても、教員であっても同様です。

その対処法としては、「恥ずかしいからやめなさいといっても、恥ずかしくないのか、いくらいってもやめません」「恥ずかしい意識を

どううえつけたらいいですか？」またいっても聞かないから、「鬼が
くるよ」と脅す、子どもの手をたたく、「うちの子じゃない！」など
といって「しつける」という言葉も聞かれます。

　性器に対する印象、それはそれは「恥ずかしい」「隠された」もの
になっています（陰部、陰茎、陰毛（性毛）、恥垢、恥部という漢字からの影
響もありますよね）。

　「どこから赤ちゃんが生まれてくるのか、そんなヤバいこと子ども
にいつどうやって教えるの？」ともいわれますが、私たち助産師は、
女性の性器を日々、それはそれは大切に扱っています。女性の性と生
殖の専門家ですが、決して隠された恥ずかしい仕事だと感じたことは
ありません。

　からだはそもそも恥ずかしいものなのでしょうか？　からだに恥ず
かしいところも、見てはいけないところも、触ってはいけないところ
もないと、特に医療者の私は思います。からだは、逆に、どの部分が
最高に素晴らしいわけでも、特別視されるわけでもなく、どれも大切
なパーツから成り立っています。せっかくなら、からだは「恥ずかし
いもの」ではなく、「大切なもの」と伝えたいと私は思います。恥や
いやらしいといった、タブー意識や、ネガティブな伝え方は、自分自
身の「からだ」に対する偏見にもつながる可能性もあります。おとな
が無意識に持っているそんなタブー意識もまた、子どもの頃から日常
生活の中で、おとなの言葉かけや態度によって刷り込まれてきたネガ
ティブな性教育の結果かもしれません。

　からだに関して、「恥ずかしい」を、「大切」に言葉を切り替えるだ
けで、子どもにはポジティブな感覚を伝えることができると思います。
「恥ずかしいから触りません！」から、「大切だから手をきれいにして、
一人きりのところでやさしくふれようね」「大切だから、パンツをは
いて守っておこう」といった具合にです。

　自尊感情というと“こころ”のイメージが浮かぶと思いますが、
「からだの自尊感情」という言葉を見たらどう感じられるでしょうか。
からだっていいな、うまくできてるな、たいせつだな、そんな「から
だの自尊感情」を育むためにも、おとなも一緒に、性教育の学び直し
や、偏見に満ちた感覚に対しては、学び落としが必要なのではないで
しょうか。

また、「科学的に伝えましょう」の一言で、目から鱗だという教員や保護者も多いです。知りたいという知的欲求に対し、絵本などを活用して、外性器や内性器のイラストを見せながら、その器官の名称やはたらき、清潔の保ち方を伝える。そんな科学的な学びの提供をガイダンスではレベル１（5～8歳）の学習目標にしています。保育実習で性器を触っている幼児を見た学生が、見てはいけないものを見てしまって驚いた、今まで誰にも話すことができなかった、と心の内を語ってくれたこともあります。そうか、問題行動として対処しなくてもいいのか、幼い頃から性に関することをからだの学習として伝えてもいいのか、そんな発想の転換が、おとな自身をほっとさせてくれたとよく耳にします。

講演後の感想（保育園・幼稚園教員）

- 「相談すること」＝「自分の思いを伝える。受け止めてもらう」であり、「答えてもらうことではない」という言葉が印象的でした。実際に話を聞いてもらうだけでパワーをもらえる気がしますもんね。
- 正直、保育園の立場として「性教育」というのは縁遠い印象もありましたが、「自己肯定感を育む」という見地に立つと、幼児期から始めることが大事であることを痛感させられました。
- 「性教育」というと何か「性」に特化して枠でくくってしまいがちでしたが、これは人権教育であり、幼児期から正しいことを伝えていくことが必要であることがわかりました。性を身近なものと捉えることができました。
- おとなの何気ない声かけや対応が、子どもたちの性自認に大きく影響し、人格形成にも関わること、身に染みて感じ、学ぶことができました。

2) 月経・射精をどう教えるか

前期思春期の大きな変化は、月経や射精がおこることです。それについての授業は、男女別がよいのか、全員で受けられる方がよいのか、現場でも声がわかれるところです。また科学的に「生殖能力」として学ぶことも難しい現状もあります。まだまだおとなからの「秘密」の

多い分野をどう打開していけばよいのか考えてみましょう。

6.3　前期思春期

学習目標（9〜12歳）

キーアイデア　前期思春期は人の生殖能力における変化の前兆である
学習者ができるようになること
・前期思春期のプロセスと生殖システムの成熟を説明する（知識）
・前期思春期に起こる主な身体的、感情的変化を列挙する（知識）
・前期思春期について信頼できる情報を得るさまざまな方法を実際に
　やってみる（スキル）

キーアイデア　月経は一般的なことで、女子の身体的発達の自然な一部
であり、秘密やスティグマとして扱われるべきでない
学習者ができるようになること
・月経周期を説明し、その時期に女子が経験する可能性のあるさまざ
　まな身体的症状や気持ちを明らかにする（知識）
・ジェンダー不平等が月経中の女子の恥ずかしさや恐れの気持ちにどの
　ように影響しているかを再認識する（知識）
・月経期間中も女子が快適に感じるため積極的で支援的な方策をはっき
　りと示す（スキル）

①オープンに語れる場の提供をしているだろうか

　ある地域で使用している小学4年生の学ぶ保健体育の教科書では、
子どもとおとなが体操服を着用しているイラストを用いて、前期思春
期のからだの変化を学習するようなものもあります。科学としてのか
らだの学習の視点が欠けているように感じます。また、教科書の欄外
には、「心配なことがあれば保健室の先生（養護教諭）に相談しましょ
う」とあり、担任の先生が、私は相談もしてもらえない立場なのかと
がっかりしてしまう、とも話してくださいました。

　まだまだ依然として、前期思春期の授業では、男女を分ける学校も
多い印象です。男女別々にされることで、このことは、異性には聞か
せてはいけない話なのか、といった性に関する偏見やタブー意識を刷
り込むことになり、隠されたと感じれば、話題に出せない雰囲気を子
どもは察し、また興味も持ってはいけない、持ったらおかしいという

認識にもつながる可能性もあります。

②戸惑いも含めいろいろな思いがあることを尊重する実践

　おとなが何気なく口にしている「生理だから最悪〜」「ああ、女で損した」など、月経にまつわるネガティブな言葉や態度を子どもたちはよく見聞きしており、初潮を迎えるのが「怖い」「女だけなんでこんな思いをしなくてはいけないのか」と、少女たちからそんな相談もよく聞きます。だからこそ、おとなたちは授業などで、子どもの思春期の変化には、ポジティブなイメージを伝えることが大切だ！と、「初潮や精通を迎えることはとてもうれしいことなんですよ！」「成長を喜ぼう！」「みんな、うれしい、幸せなことなのです」と、スローガン的なメッセージを発してしまいがちです。しかし、子どもがそれぞれ、自身の成長に対してどう感じるかは個人個人本当に違います。ネガティブなイメージを持ち、怖くて月経が来てほしくないという理由だけでなく、そもそも"おとな"になることに抵抗感のある子もいます。また、性別違和感を持つ子どもが、授業を受けることで苦しくなることもあることを、おとなたちは知っておきたいと思います。うれしいなと感じる人もいるだろうし、嫌だな、もやもやするなと感じる人もいると思う、すべて自然なことですよ、思ってはいけない感情などないのですよ、と、おとなから説明を受けることができれば、それだけでもほっと安心できる子どもも増えるのではないでしょうか。

　身体的にも、心理的にも決して安全だと感じられない暮らしの中で生きている子どもや自身の性に戸惑いを持つ子どもたちにどう気づき、配慮をしたらよいのだろうか、とよく聞かれますが、根掘り葉掘り聞いたり、何かを教えてあげよう！と張り切るよりも、どんなメッセージも受け止めるよという態度をとっていれば、おとなのサポートが必要な子どもから、声をかけてもらいやすくなるのではないでしょうか。

③男子への性教育

　男子への性教育は、女子と比較しても本当に足りていない現状です。女子にはナプキンの使用方法など丁寧に伝えていますが、男子に夢精の際にはどれくらいの量で、どのような液体が付着するのか、ぬれた下着（汚れたという表現はネガティブな価値観を与えがちなので私は使用しませ

ん）の処置はどうするのか？　セルフプレジャー（自慰）の際は、手でやさしく陰茎を持つこと、ティッシュなど捨てることが可能なもので精液をとること、布団や固い床、バスタブなどでこすりつけないことなど、将来の生殖機能や健康を保つためにも伝えておきたいことはたくさんありますが、どこでも学べず終わっていることは大問題だと感じます。

「セルフプレジャーは、学習課題」と障害児・者サークル代表の伊藤修毅さんより学びました。性別に関係なく、人の科学的なからだの発達について学ぶ機会が必要です。

子どもたちは、現状の授業やおとなの態度では、あいまいな表現でごまかされている感覚を抱くでしょう。氾濫するインターネットの情報や子どもたちにとって非常に大切な居場所ともなっているSNSでのつながりから、その真実を求めようともしています。「教えてくれる人は、相談できる人」にもなれるはずです。信頼できるおとなとのリアルなつながりから、子ども自身の性の健康を守るための具体的なアクションにつながる性教育が今、まさに求められています。

3）生殖を科学的に学ぶこと

多くの子ども・若者にとって、インターネット上で受け取る歪んだ性情報が性と生殖に関する教科書になっている現状があります。おとなたちはそれを放置していてよいとは思っておらず、特に「性交」の取り扱いについて、どうしたらよいのか頭を抱えています。性交を含む生殖に関して、子どもたちの学習の機会を保障するためにどうしたらよいのか、国の方針も含め考えます。

6.2　生殖

学習目標（5〜8歳）

キーアイデア 妊娠は、卵子と精子が結合し、子宮に着床して始まる

学習者ができるようになること
・生殖のプロセス、特に精子と卵子が結合し、それが子宮に着床して初めて妊娠が始まることを説明する（知識）

> 学習目標（9〜12歳）
>
> **キーアイデア** 妊娠が始まるには、精子が卵子と結合し、子宮に着床するという条件が必要不可欠である
>
> **学習者ができるようになること**
> ・生殖のために必要な段階を列挙する（知識）
> ・ペニスが腟内で射精する性交の結果で妊娠が起こることを再認識する（知識）
> ・性交によって常に妊娠するわけではないことを再認識する（知識）

①日本の教育状況

　「妊娠したと女性が気づくのは、いったいどんなからだの変化があるからでしょうか？」性教育の講演で私は小・中・高校生に語りかけます。「お腹が大きくなって服が入らなくなる？」「つわりだっけ？気持ち悪くなるんでしょ？」そんな声がたくさん聞かれます。「月経が止まる」その答えがなかなか出ません。

　小学生への講座の感想では、「どうしたら受精するかは最大のナゾ！　たぶん先生も知らんと思う」「結局、人間は体外受精なの？体内受精なの？」こんな声も聞かれます。また、「自分のからだの中に子宮や卵巣があるなんて知らなかった。赤ちゃんを産むときにできるのかと思ってた」。これも実際に寄せられた質問、感想です。

　ある小学校の養護教諭が、外部からの授業視察の際、排卵の結果、受精するかしないかで月経があったり、止まることがあることを説明したら、起きている事象（経血が流れてくる）だけを説明すればよい、その他の点は不必要だとはっきり注意されたことがあると話してくれたことがありました。月経は妊娠が起きなかったというサインであるという医学的には当たり前なことが、小学校では説明できないこともあるようです。

　多くの学校では、文部科学省の学習指導要領に沿って、小学4年生の保健で体の発達発育、思春期の変化（二次性徴）の学習、5年生の理科で人のたんじょう（精子、卵子、受精、妊娠、胎児の成長）、6年生の保健で病気の予防について、中学1年生の保健体育科で身体機能の発達、生殖に関わる機能の成熟（二次性徴、妊娠成立）、中学3年生の保健体育科で性感染症（コンドーム）等について学びます。その他、特別活動

（特活）の学級活動で、LGBTQやデートDV、ジェンダー平等などの学習の取り組みを入れる学校もあります。

　また、より学習を深めるために、医師や助産師など、専門性の高い外部講師を招く場合もありますが、それも学校ごとの采配によって変わってきます。子どもたちは性に関して、多くのことを学んでいるようにも受け取れますが、なぜ冒頭の疑問を持つことにつながるのでしょうか。それは、「性交」と「避妊」について、小・中学校では取り扱っていないからです。

②はどめ規定

　文部科学省の学習指導要領には、これら性に関する内容で、以下に示すような "はどめ規定" が記載されています。

> ● 小学5年生の理科「人の受精に至る過程は取り扱わないものとする」
> ● 中学1年生の保健体育科「妊娠の経過は取り扱わないものとする」

　精子、卵子、受精、受精卵、妊娠の成立、胎児の成長を学ぶことができるものの、それに至る過程である「性交（セックス）」や出産そのものについては、教科書には記載されていません。

　生殖に関連づけた思春期のからだの変化の説明ができないため、小学校の教科書には、からだにおこる変化や事象（月経血や精液が出るなど）の記載にとどまっています。高校になると、性交を理解している前提で学習は進み、学習指導要領では、高校保健体育科で「生殖に関する機能については、必要に応じ関連付けて扱う程度とする」とされています。

　現状では、性交に関して、子どもたちは学習の機会が保障されていないことがわかります。実際にはどうしたらいいのでしょうか。ゼミの仲間とは、はどめ規定と学校での実践に関して様々な立場からの意見交換が盛り上がりました。

　「はどめ規定があることで、教師自身の心にはどめがかかってしまう」「はどめ規定だけではなく、教師の多忙化でがんじがらめになっ

ているから、学ぶ機会もなかなか作れないのではないだろうか」学校関係者でない方からは、「はどめ規定がそんなに怖い実際があるのですか？　無くしていくことができるのでしょうか。そういった疑問を持たないことの問題も深刻なんじゃないかな」と率直な意見も飛び出しました。教えてはいけないわけではない、けれど、積極的には取り組めない。この現状をどう打開していくのか、ゼミは終われど、継続してみんなでしっかり考えていきたいことです。

5　補足したいこと──障がいのある子どもへの性教育

　障がいのある子どもへの性教育はまだまだ不足している現状です。障害者権利条約批准国である日本は、2022年9月に、「障害者権利委員会」より改善勧告を受けました。その中には、「『包括的性教育』を受ける機会の保障」も含まれていました。

6.1　性と生殖の解剖学と生理学

学習目標（5〜8歳）

キーアイデア　障がいのある人を含む誰もが、尊重に値するそれぞれにすばらしいからだをもっている

　障がいの有無にかかわらず、すべての子どもが性教育を学ぶ権利があり、みな尊重に値することにかわりありません。しかし、同じ年代の子どもと比較して、おとなの対応に異なる点があります。それは障がいのある子どもは、おとなからからだを触られる機会が多くなりがちなことです。立つ位置1つとっても、そこは危ないから、邪魔になるからと、「こっちだよ」「こうしなさい」と手を引かれ、からだを触られ移動させられることも多くなります。自分ができないから、教えてくれている。だから、しょうがない。そんな感覚を持つかもしれません。からだの肯定的な感覚や、自分がこのからだの主人公だといった感覚が持てず、他者と自身の境界もあいまいになりやすいことは、自分のからだを守る意味でも大きな問題です。関係性においても、「いうことを聞かせる側」と「聞く側」といった上下関係にも発展しやすいことも心配です。

具体的な実践として、実際の行動をやって見せたり、視覚優位な方には、カードや道具を使用して説明する、からだにふれる前は同意を得ることなどの配慮があれば、私は大切にされる存在なのだと、自然に感じ取れるのではないでしょうか。

6 まとめ

このトピックでは、前期思春期、性交、受精、妊娠、出産のことが書かれていました。医師や助産師など専門家を外部講師として有効に活用していただくのも効果的ではないかと思われます。私も一専門家として、地域の子どもたちの性の健康を守るために、現場の先生方を応援できることはないのだろうかと、常々考えています。

私の住む京都では、京都府と学校、医師会、助産師会が連携し、希望の合った小中高校へ専門家が出向く、妊娠・出産に関する内容の出前授業をしています。京都府少子化対策条例に基づき、思春期からの正しい知識の普及啓発が大切であると、京都府が学校と連携し、子どもが医学的知見に基づく妊娠及び出産に関する知識を学ぶ機会を提供することを目的とした「学校と連携した妊娠・出産に関する啓発事業」です。本事業が実施され、7年が経過しました。希望を申し出た小・中学校へは、私たち京都府助産師会の講師が出向きます。高校は京都府医師会が担当しています。予算の都合上、限られた校数しか対応することができませんが、毎年、定数以上の応募がある人気事業となっています。

その中から、令和3年度、京都府助産師会が実施した、教員への調査（小学校13校67名、中学校12校75名回答）結果の一部をご紹介します。

小・中学校共に、約90％の先生方が、今回同様、専門家による出張講座の形で希望したいと回答されました。現場のリアルな声、外部講師としての効果、キャリア教育として、など、そのメリットを多くの先生方が感じておられました。しかし、例年、次年度以降も継続的に開催してほしいが、予算取りが難しいと多くの学校から聞かれます。

継続的に学習を提供するための支援策として何が必要と思われているかも調査した結果は図5-7-1の通りです。

継続的に学習を提供するための支援策としては、小・中学校共に、

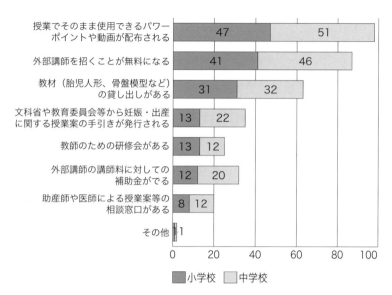

図 5-7-1　継続的に妊娠・出産に関する授業を行っていくために必要だと感じる
　　　　　支援策は？（3つまで）

出所）京都府委託事業令和3年度「学校と連携した妊娠・出産に関する啓発事業　助産師が行く！
　　　いのちの出前講座」実施報告書、公益社団法人京都府助産師会、2022、p.15

「授業で使用できるパワーポイントや動画教材の配布」「外部講師を招
くことが無料になる」ことが選ばれました。コロナ対応にも追われ、
現場の先生方の業務量は相当なものと思われます。外部講師の活用や
専門性の高い教材の貸し出しは非常に現実的かつ、具体的な提案です。
これは、各学校単位ではなく、より大きな単位での施策として事業
化・予算化が現場からも切望されていることが示されています。

　また、教師の研修制度に性教育を取りいれられることも望まれます。
現在、性教育を学ぶためには、プライベートな時間を使って、自費で
学習している先生方も多いと聞き、正直驚きました。教員養成課程、
初任者研修、中堅研修など、性教育の研修が求められていると、現場
の先生方とお話をしていて感じることです。そして何より、自身の所
属する組織を超えて、性教育仲間を作ることが継続して学び続けるた
めにも大切な秘訣だと思います。

　性と生殖の健康と権利に関する教育を受けることは、すべての子ど
もたちの権利です。教育を提供する側のおとなが、今こそ、性教育を
アップデートし、学び直す必要があるのではないでしょうか。そのた

めにも、助産師として、幅広い年代や職種の地域の皆様へ「性の健康教育」をこれからもコツコツと続けていきたいと思っています。

田部こころ

自己紹介

　私は、法務省の地方出先機関である保護観察所で保護観察官として働いています。主に、犯罪や非行をして裁判所で保護観察の決定を受けた人、あるいは刑務所や少年院から釈放されて保護観察を受けることになった人と関わる仕事です。まず保護観察を受けることになった人と面接をし、成育歴や人間関係を把握して、犯罪に至った原因を探っていくことからスタートします。そして、必要であれば医療や福祉につないで、生活環境を整え、指導助言をして、再び犯罪をしないようサポートしていきます。また、性犯罪をした人に対しては認知行動療法に基づいたプログラムが用意されており、実施しています。性犯罪者の中には、メディアの誤った性情報を信じている人が少なくありません。学校でのこどもたちへの性教育の姿勢とは異なりますが、性欲はコントロールできること、性加害は被害者に深い傷を残す人権侵害であることなどを伝え、再犯防止に取り組んでいます。

1　ここで書かれていることのまとめ

【トピック】

7.1　セックス、セクシュアリティ、生涯にわたる性

7.2　性的行動、性的反応

　キーコンセプト7は、2つのトピックから構成されており、他の

キーコンセプトの中で1番トピックが少ないです。"セックス" "性的行動" といったインパクトのある言葉が登場し、抵抗を示す方やこどもに教えるのははばかられると思う方もいるかもしれません。しかし、こどもたちにセックスや性的行動のやり方を教えて促進するわけではありません。安全なセックスや性的行動の知識を身に着けることは、こどもたちが自分自身の身を守ることにつながります。正しい知識やスキルがないままでは、性被害に遭う危険性があり、あるいは性加害をしてしまう可能性もあります。

　なお、ガイダンスの用語集では、セックス (Sex) は「男性または女性のいずれかの集団のメンバーとして人々を分類するために使われてきた生物学的および生理学的特徴 (遺伝的、内分泌的、解剖学的)」と定義されていますが、キーコンセプト7では、「セックス＝性行動」の意味としても使われています。以下、セックス＝性行動として用います。

2　みなさんと考えたいこと （問題意識）

1) 禁欲について

　初版のガイダンスでは、「禁欲は、他者と性行動を行わない選択をするということ」と記述されていましたが、改訂版では、「セックス (性行動) をしない選択をすること、また、セックス (性行動) をいつ、誰と、初めてするかを自ら決めること」と記述されています。セックス (性行動) しない選択だけでなく、いつ、誰とどのようなセックスをするのかを決めるまでの選択を「禁欲」として、提起されており、禁欲の概念が広がっています。この部分の改訂は、ガイダンスが純潔強制教育や抑制的性教育とは異なり、自己決定能力の形成を重視する基本的スタンスを明示したものといえるでしょう。

　広辞苑では「禁欲は、人間の欲望、ことに性欲を禁じおさえること。」と書かれています。また英単語では2つの意味合いがあるようです。

　　①abstinence
　　　一般的には、なんらかの行動をとらないというような消極的な

規定ではなく、特定の一義的に定立された価値的目標に向ってみずからの行為を、いわば内側から律し統括すること。

②ascesis

　心理・生理的な欲求を抑圧することによって聖なる体験を得ようとする倫理・宗教的な行動をいう。（中略）禁欲の手段は多種多様であるが、そのうちもっとも重要視されたのが断食と性的隔離である。

　ガイダンスでいうと、①に近い意味で「禁欲」を用いているように思います。②の意味合いの禁欲であったり、広辞苑での「禁欲」を促進する教育にならないようにしなければいけません。

2) 取引的な性行為のリスクについて

　禁欲と同様に、初版と改訂版では、「取引的な性行為」についての記述にも変化がありました。初版では、「取引としての性的行為とは、性的なサービスをお金や物や保護と交換することである」と記述されているだけでしたが、改訂版では、「性的快楽と金銭や物品を交換する取引的な性的行為は、健康や幸福を危険に晒す可能性がある」と定義されています。初版の発行からの世界の性買売の動向と実態を踏まえて、「ガイダンス」は性買売による人間の健康やウェルビーイングへの危険性を指摘し、性買売が不平等な力関係を増大させていく可能性を明確に提示しているといえます。

　セックス・ワークも取引的な性行為にあたりますが、こどもたちに身近なものとしては、「パパ活」や「JKビジネス」ではないでしょうか。パパ活とは、男女が体の関係を持たずに食事やデートの対価として女性に報酬を払う関係であり、性的関係を前提としないとされていますが、実際はパパ活をきっかけにこどもたちが性被害に遭う事件が相次いでいます。

　JKビジネスとは、繁華街を中心に、女子高校生等を商品化し、青少年の性を売り物とするものです。「お散歩」「カフェ」などと一見すると問題ないアルバイト先に見える場合でも、裏オプションと称してわいせつな行為が行われたり、ストーカーや性犯罪の被害に遭うなど、思わぬ危険が潜んでいます。SNSなどで簡単に高額が稼げると紹介さ

れることから安易な気持ちで始めるこどもたちもいます。背景には、それらのアルバイトに対する認識の甘さがあり、少女たちは「いざとなったらその場から逃げればいい」「決定権はこちらにある」という意識があるようです。取引的な行為が性被害や事件につながる可能性は高く、おとなであっても騙されて被害に遭うことを考えると、こどもが取引的な性行為をするのは危険だといえます。

3）性的行動に伴う責任について

　2022年4月から民法改正により成年年齢が20歳から18歳へと引き下げられました。民法が定めている成年年齢は、「一人で契約をすることができる年齢」という意味と、「父母の親権に服さなくなる年齢」という意味があります。成年に達すると、親の同意を得なくても、自分の意思でさまざまな契約ができるようになるということです。例えば、携帯電話を契約する、一人暮らしの部屋を借りる、クレジットカードをつくる、高額な商品を購入したときにローンを組むといったとき、未成年の場合は親の同意が必要ですが、成年に達すると、親の同意がなくても、こうした契約が自分一人でできるようになります。逆にいうと、未成年者取消権は行使できなくなります。つまり、契約を結ぶかどうかを決めるのも自分なら、その契約に対して責任を負うのも自分自身になります。自由な選択が得られる代わりに責任が伴うことになったといえます。契約にはさまざまなルールがあり、そうした知識がないまま、安易に契約を交わすとトラブルに巻き込まれる可能性があります。知識がないままで、困ったことになるのは、性的行動も同様だと思います。セックスや性的行動には責任が伴うものです。こどもたちには、セックスや性的行動に伴う責任はどういったものかを考えさせていく必要があると思います。

3　キーアイデアの説明

7.1　セックス、セクシュアリティ、生涯にわたる性

学習目標（5〜8歳）

> **キーアイデア**　一生を通して、自分のからだや他者と親しい関係になることを楽しむことは、人として自然なことである

学習目標（9〜12歳）

> **キーアイデア**　人間はそれぞれのセクシュアリティを一生を通して楽しむ能力をもって生まれる

> **キーアイデア**　セクシュアリティに興味を抱くことは自然であり、信頼できるおとなに疑問を尋ねることは重要である

学習目標（12〜15歳）

> **キーアイデア**　性的な気持ち、ファンタジー、欲望は自然なもので、一生を通して起きるものであるが、人は常にそれらの感情を実行に移すことを選択するわけではない

学習目標（15〜18歳以上）

> **キーアイデア**　セクシュアリティは複雑なもので、一生を通して発達する生物学的、社会的、心理的、精神的、倫理的、文化的な側面を含む

　トピック7.1では、"自然"というワードが複数回登場し、性的な感情や、性的なことを考えたりすることは人間として自然なことであり、決して恥ずかしいことではないということがテーマとなっています。

　恥ずかしいものというイメージにならないように言葉の使い方も注意したほうがいいかもしれません。12〜15歳段階では、"性的な気持ち""欲望"と書かれていますが、いやらしいものというイメージを持たないように、"性的欲求"という言葉を用いて、生理的な欲求を含めた広義の意味を指すことをこどもたちに伝えてはどうでしょうか。また、性的欲求の中には、「相手を支配したい」「自分だけを見てほしい」というような支配的な欲求と、「大切な人とふれあいたい」「自分を受けいれてもらいたい」というような共生を求めるような欲求に分けられるように思います。大切な人を独占したい、大切な人に

自分だけを見ていてほしいというような気持ちを持つこと自体が悪いわけではありませんが、ストーカーやDVのような暴力的な行動で表してしまうと相手の人権を脅かしてしまうことになります。共生を求める欲求も、相手の気持ちを考えず行動に移してしまえば、相手を傷つけてしまうことにつながります。どちらの性的欲求も、欲求のまま行動しないためには、知識やスキルの習得が必要となります。

7.2　性的行動、性的反応

学習目標（5～8歳）

キーアイデア　人は他者にふれたり親密になったりすることで、相手に愛情を示すことができる

キーアイデア　子どもは、何が適切なタッチで、何が適切ではないタッチなのかを理解すべきである

学習目標（9～12歳）

キーアイデア　人には、性的刺激（身体的、または精神的）が身体的反応を引き起こしうるという性的反応の周期がある

キーアイデア　セックス（性行動）を遅らせるだけではなく、性的に活発になることも含め、性的行動について情報に基づいた決定ができることは重要である

学習目標（12～15歳）

キーアイデア　性的反応の周期とは、性的刺激に対するからだの生理的な反応の仕方に関するものである

キーアイデア　あらゆる社会、文化、世代はそれぞれ性的行動に関する迷信をもっているため、事実を知ることが重要である

キーアイデア　性的行動に関して情報に基づいて決定できることは重要である

キーアイデア　健康やウェルビーイング（幸福）にネガティブな影響を強く及ぼすような性的行動のリスクを避ける、もしくは最小限にするさまざまな方法がある

> **キーアイデア** 取引的な性的行為、金銭や物品と性的行為の交換は、自分の健康やウェルビーイング（幸福）を危険に晒す可能性がある

学習目標（15〜18歳以上）

> **キーアイデア** 性的行動をとるときには、よろこびを感じられるべきであり、自分の健康やウェルビーイング（幸福）に対する責任が伴っている

> **キーアイデア** 性的意思決定の際は、意図しない妊娠やHIVを含む性感染症を防ぐため、リスクを低減する方法を優先的に考えることが求められる

　トピック7.2では、愛情表現でない性行為である「取引的な性行為」に注目したいと思います。パパ活やJKビジネスによる性的搾取の被害については前述しました。ただ、居場所のない女子の支援をしているボンドプロジェクトによると、JKビジネスの背景には貧困問題があり、好んでやっているわけではないこどもたちがいる状況もあるようです。性教育の実践においても、JKビジネスなどの取引的な性行為をやっている子がいる可能性を念頭に置く必要があります。その上で、嫌なことがあったとしてもお店は守ってくれない現状があること、辞めたいといっても辞めさせてもらえないことがあるかもしれないことを伝え、取引的な性的行為に潜むリスクを知ることで、知らぬまに被害に遭うことを防げると思います。さらに、困ったら相談する、ヘルプを出すといったスキルを身に着けさせ、相談先の情報を提供することが重要です。

　取引的な性行為がいけないというよりは、性的搾取につながるおそれがあるということを伝えていくことが大事です。取引的な性的行為に嫌悪感や抵抗がある子もいると思いますが、"取引的な性行為は危ない"、"絶対ダメ"というメッセージを伝えてしまうと、取引的な性行為を好んでやっているわけではない子やセックスワーカーの存在を否定し、差別につながってしまいます。

　セックス・ワークについても授業で扱えるといいのですが、実際には難しいと思います。取り入れるとするならば、セックス・ワークの是非ではなく、社会ではセックスワーカーに対するスティグマがある

ことや、労働環境が保証されていないことなど、セックス・ワークを取り巻く問題について考えさせることがよいと思います。

4　学習者ができるようになること

7.1　セックス、セクシュアリティ、生涯にわたる性

学習目標（5〜8歳）

学習者ができるようになること
- 身体的なよろこびや興奮は自然な人間の感情であり、そこには他者との身体的親密さが含まれうることを理解する（知識）
- 自分の感情を他者に示したり他者との親密さを表現する方法に関して、適切な言葉や行動と、不適切な言葉や行動があることを認識する（態度）

学習目標（9〜12歳）

学習者ができるようになること
- セクシュアリティには、他者への感情的、身体的な関心を伴うことを理解する（知識）
- さまざまな性的な感情について伝え、理解し、適切な方法でセクシュアリティについて語る（スキル）

学習者ができるようになること
- セクシュアリティに興味を抱き、疑問をもつことは自然であることを認識する（態度）
- 一緒にいて居心地のよい信頼できるおとなを特定し、そのおとなにセクシュアリティについての質問をすることを実際にやってみる（スキル）

学習目標（12〜15歳）

学習者ができるようになること
- 性的な気持ち、ファンタジー、欲望は自然なもので、恥ずかしいものではなく、一生を通して起こるものであることを提示する（知識）
- 文化や状況を超えて、人がセクシュアリティを表現するさまざまな方法を尊重する重要性を的確に認識する（態度）
- 性的な気持ち、ファンタジー、欲望に関する感情を上手に扱うさまざまな方法を実際にやってみる（スキル）

210

> ### 学習目標（15〜18歳以上）
>
> #### 学習者ができるようになること
> ・セクシュアリティは、人間の自然な一部であり、ウェルビーイング（幸福）を高めることを認識する（態度）

　学習者ができるようになることを年齢順に見ていくと、まず、他者へ関心を持つことや、性的な気持ちが自然であるという知識を身に着け、セクシュアリティを表現する方法はさまざまであり、それを表現していいという態度を持つこと。そして、セクシュアリティをうまく表現するスキルを習得するということが学習目標の流れであることがわかります。

　12〜15歳では、自分の性的欲求をコントロールして、うまく付き合っていくスキルを身に着けていくことが課題です。私の仕事は犯罪をした人と面接することですので、お金がなく食べ物を万引きした人や無銭飲食をした人と会うこともあるのですが、人にとって食事（食欲）は生きることに関わることであり、犯罪をしてまでも食べ物にありつこうとするのは理解できなくもないように思います。お金があれば、万引きや無銭飲食をしなかった人もいるでしょう。では、性的欲求はどうでしょう。無銭飲食は別として、食欲旺盛な人が、他人が食べているものを奪い取ってまで食べるでしょうか。もし、そのようなことがあったとしても、人より食欲旺盛だから仕方ないことだとはならないと思います。それなのに、強制性交やわいせつ行為などの性犯罪をした人は、「性欲が強くて我慢できなかった」「交際相手も配偶者もおらず、セックスする相手がいなかった」と言い訳をする人が少なくありません。性犯罪をしていなくても、性犯罪の動機として性欲が高まったのであれば仕方ないと考えている男性はいるのではないでしょうか。「男性は女性より性欲が強い」とか、「男性の性欲は理性がきかない」といった誤った認識は、性犯罪の容認につながってしまいます。こどもたちには、性的欲求の個人差はあるものの、食欲や睡眠欲とは大きく違って、自分でコントロールできるものであり、生涯を通じて、うまく付き合っていくことを伝えることが重要です。

7.2 性的行動、性的反応

学習目標（5～8歳）

学習者ができるようになること
- 「よいタッチ」と「悪いタッチ」を明らかにする（知識）
- 子どもへの悪いタッチの方法があることを認識する（態度）
- もし誰かが悪い方法でタッチしてきた場合にすべき行動を実際にやってみる（スキル）

学習目標（9～12歳）

学習者ができるようになること
- セックス（性行動）を遅らせたり、性的に活発になったりすることを選択することのメリットとデメリットを比較対照する（知識）
- 禁欲とは、セックス（性行動）をしない選択をすること、また、セックス（性行動）をいつ、誰と、初めてするかを自ら決めることを意味し、妊娠やHIVを含む性感染症を防ぐ最も安全な方法であることを理解する（知識）
- セックス（性行動）や恋愛関係において下す決断が、自分の将来設計にどう影響しうるかを省察する（態度）

学習目標（12～15歳）

学習者ができるようになること
- 性的行動に関する情報が入ってきたときに迷信と事実を区別する（知識）
- 性的行動に関する迷信に問題意識をもつ（スキル）

学習者ができるようになること
- 情報に基づいて性的な意思決定をすること（性的に活発になるか、もしなるのなら、いつ、誰とするのかについて決定する際に、情報を十分にもち自信をもっていること）は、その人の健康やウェルビーイング（幸福）にとって重要であることを認識する（態度）
- 自分の性的行為に関して責任ある決定をする（スキル）

学習者ができるようになること
- 取引的な性的行為と関連するリスクを説明する（知識）

- 金銭や物品との取引を伴う性的関係は、脆弱性を高めうる不平等な力関係を増加させ、セーファーセックスを交渉する力を制限することを認識する（態度）
- 取引的な性的行為を拒否するための、積極的なコミュニケーションや断り方のスキルをはっきりと示す（スキル）

学習目標（15〜18歳以上）

学習者ができるようになること

- 性のよろこびや責任について重要な点をまとめる（知識）
- 意図しない妊娠、HIVを含む性感染症の予防には、性的パートナーの両方に責任があることを認識する（態度）

学習者ができるようになること

- 金銭や物品の取引を伴う関係は、セーファーセックスを交渉する力を制限する可能性があることを再認識する（知識）

　学習者ができることを見ていくと、幼少期からふれあいを通して、他の人に愛情を示すことができるということを学び、そのふれあいにはさまざまな方法があることを認識することが目標となっています。年齢が上がるにつれ、性的行動は責任が伴うことを学び、どのような性的行動をとるかを選択していくスキルを身に着けていく流れとなっています。

　5〜8歳では、よいタッチと悪いタッチを学ぶことがポイントとなっていますが、これはこどもたちが性的な被害から身を守るためにとても重要な知識やスキルです。ただ、知識やスキルが未熟なうちは、こどもたちが「よいタッチ」にも「悪いタッチ」のどちらかにも分けられないと感じるような、はっきりとしないタッチがあるかもしれません。こどもたちには、どちらともいえない「はてなタッチ」があることも伝え、「なんとなく嫌だな」「おかしいな」と思えば、それは悪いタッチであり、自分の感覚を大切にするよう伝えていきます。これは、のちに信頼できるおとななのか否かを判断するスキルの土台にもなると思います。

　9〜12歳では、知識として「セックス（性行動）を遅らせたり、性的に活発になったりすることを選択することのメリットとデメリットを比較対照する」が挙げられていますが、実践の中では、具体的な例

を挙げてこどもたちに考えてもらう必要があるでしょう。例えば、デートやキスをしたり、SNSで頻繁に連絡を取り合うことは、大切な人と親密な関係になれるというメリットがあるかもしれません。しかし、デメリットとして、他の友人と遊ぶ時間が減ったり、勉強する時間が減り成績が下がるということがあるかもしれません。性行動を広い意味で捉えて、こどもたちにメリットとデメリットを考えさせていく必要があります。

　トピック7.1で学んだように性的な気持ちや欲求は自然なものですが、欲求のままに行動してはいけません。どのような行動を選択するか判断するためには知識が必要であり、その選択が他の人の人権を侵害するものであってはいけないという態度を持ち、行動しないことも選択できるようなスキルを身に着けることがトピック7.2の課題となります。ここでいう"行動しない"というのは、何も考えない、何もしない、ただ我慢するということではありません。"行動しない"ことを積極的に選択するということです。

　12～15歳では、スキルとして「取引的な性的行為を拒否するための、積極的なコミュニケーションや断り方のスキルをはっきりと示す」が挙げられており、ガイダンスでは、取引的な性的行為を拒否することを前提としています。具体的な性教育実践でいえば、①「金銭や物品との取引を伴う性的関係」の具体的内容と勧誘方法などの実際の情報を知る課題、②取引的な性行為が不平等な力関係を拡大することの学び、③セーファーセックスの内容と対等な関係性のあり方の学習、④取引的な性的関係に関わったことに気づいたときの助けを求めるための相談窓口と具体的な相談相手のことの確認などが必要であるといえるでしょう。15～18歳の知識としても、「金銭や物品の取引を伴う関係は、セーファーセックスを交渉する力を制限する可能性があることを再認識する」が挙げられており、取引的な性行為がセーファーセックスを脅かすことを繰り返し学ぶことが強調されています。

　内閣府や警視庁のHPでは、JKビジネスの被害の事例が掲載され、注意喚起がされていますので、それらを参考にしてこどもたちに考えてもらってはどうでしょうか。

　また、15～18歳では、知識として「性のよろこびや責任について重要な点をまとめる」、態度として「意図しない妊娠、HIVを含む性

感染症の予防には、性的パートナーの両方に責任があることを認識する」が挙げられており、「責任」がキーワードの１つとなります。

　性的行動には法律で定められた年齢制限はありませんので、未成年であっても責任が伴ってきます。もし、未成年者が親の同意を得ずに何かを契約した場合には、民法で定められた「未成年者取消権」によって、その契約を取り消すことができます。しかし、性的行動によって、性感染症や予期しない妊娠をしたとしても、取り消すことはできません。性的行動により、誰かを傷つけても、被害弁償を支払って解決できるという問題ではありません。教育実践では、性的行動による「責任」とは何か、また、性的行動においては、「責任をとる」ことは簡単ではないことを伝える必要があります。キーコンセプト7では、トピック7.1と7.2を通して、性行動はウェルビーイングを高めるものであるとともに、責任が伴うことを学び、安心安全な選択をできるようになることが、学習者の最終目標だと思います。

5　補足しておきたいこと

1）性の商品化とセックス・ワーク

　2021年4月、新型コロナウイルス対策の救済措置として国から支払われる事業者向けの給付金の対象から性風俗業従事者が外されたことをめぐって、国に対し、性風俗業従事者が原告となって訴えた裁判が開かれました。原告は、社会の一員として認めてほしいと訴えていることに対して、国側は、性風俗業は本質的に不健全であり、国民の理解が得られないとして反論しています。これは、性産業に対する偏見と差別を浮き彫りにしたといえます。この偏見や差別により、性風俗業従事者が警察官や客、それ以外の一般人から暴力や強姦などの人権侵害を受けている事例が多数あります。

　性に関わる仕事は、売春婦や娼婦などと呼ばれてきており、国際的には禁止し、処罰する流れをたどっていました。

　1949年には、「人身売買及び他人の売春からの搾取の禁止に関する条約」が採択され、この条約は、売春の目的で多淫を斡旋したり、誘引したりすることを、その者の同意の有無にかかわらず処罰し、また、他人の売春からの搾取を、その同意にかかわらず処罰するとしていま

した。さらに、売春宿を完全に廃止すること及び売春を維持し、管理し又は資金を提供する者を処罰することを目指すものでした（日本は1958年締結）。

1979年には、「女子に対するあらゆる形態の差別の撤廃に関する条約」が採択されており、この条約の第6条では、「締約国は、あらゆる形態の女子の売買及び女子の売春からの搾取を禁止するためのすべての適当な措置（立法を含む）をとる」ことが挙げられています（日本は1985年締結）。

しかし、1970年代からアメリカでは、セックス・ワークという言葉が使われるようになり、1980年代には、性産業従事者がサービスを提供する労働者であり、労働者としての主体性が守られるべきだという考えが広まってきました。セックス・ワークとは、性的サービスをお金などの対価を得て行うこと、つまり「労働」としての性的サービスの総称です。日本では戦前には公娼婦があり、現在では、ソープ、デリヘル、出会い系、ワリキリ（恋愛感情を持たず体の関係だけと割り切って男性が女性に金銭を支払ってセックスする行為）などさまざまな形態があります。

現在、国際的な性の商品化をめぐる考え方には、①禁止主義（あらゆる形態の性買売や広告を禁止し処罰しようとする立場）、②規制主義（性買売を「必要悪」と捉え、他の職業と同じように「合法」とする一方で、行政面でさまざまな規制をかける立場）、③廃止主義（公娼制を奴隷制として捉えて性売女性を社会構造に基づく格差と貧困の「被害者」として非処罰の対象とし、あっせん業者などは処罰の対象とすることで公娼制の廃止を明確にする立場）がありますが、ガイダンスの改訂版では、廃止主義の立場をとっています。

多様な意見がある問題ではありますが、それぞれの理論や主張がセックス・ワーカーにとって、人権が守られる方向にすすみ、エンパワーメントされることになるのかについて、検討してみなければなりません。

2）AV出演での被害、性風俗産業での被害

未成年者が意に反してAV（アダルトビデオ）出演契約を交わしてしまった場合、未成年であるという理由だけで未成年者取消権を行使し、その契約を取り消すことができますが、2022年4月1日に成年

年齢が18歳に引き下げられたことにより、18歳と19歳が未成年者取消権を行使できなくなり、18歳、19歳のAV出演被害が深刻な問題に及ぶのではないかと議論になりました。そのような中で、AVへの出演を強要される被害を防ぐための「AV出演被害防止・救済法」が2022年6月15日に成立しました。

AV出演被害の問題は、本人の意に添わない映像を撮影されてしまったり、その映像の配信や販売が続けられたりしてしまうことによって、被害者の心身や私生活に長期間にわたって取り返しのつかない悪影響を与えることにあります。

AV出演の契約なんて簡単にしないと思っていても、街中で「モデルになりませんか？」「アイドルとしてデビューできますよ」と勧誘を受けて、実際に撮影現場に行ったら、性的な行為等の撮影を要求されたりするなど若い女性にとって身近なことになっている実態があります。2018年に内閣府男女共同参画局が15歳（中学生を除く）から39歳までの女性を対象として行ったインターネット調査によると、「モデルやアイドルにならないか」などの勧誘を受けた経験がある人は4人に1人、さらに、勧誘を受けた・応募した人のうち、撮影の現場で事前に聞いていない・同意していない性的な行為等の写真や動画の撮影を要求された経験がある人は7人に1人となっています。性的搾取の被害に遭わないために、こどもたちに法律の知識を伝えておく必要があると思います。

6　まとめ

性的行動は、おとながこどもに一律に行動を強制したり、考え方を押し付けるのではなく、こどもが自由意思で行動できることが大前提です。ただ、放任するわけではなく、こどもたちが正しい知識を持った上で、納得のいく行動を選択できるために、学ぶ機会を与え、正しい知識を提供することが必要です。また、社会の現状や問題、行動に伴うリスクも伝えていく必要があります。

特に、取引的な性的行為については、最新の社会の現状や問題を伝えなければ、こどもたちがリスクを回避することはできません。そして、セックス・ワークに従事する人の存在を伝えることも必要だと思

います。幼いうちから伝えることは難しいですが、高校生になれば、あらゆるメディアからセックス・ワーカーの存在を認識できていると思います。私が日頃関わっている性犯罪者の中には、「性産業に従事している女性は、リスクをわかって好んで働いているのだから、乱暴に扱ってもいい」「体を売っている女性は汚れている」といった思い込みや、差別意識が強い人がいます。「性を売る女性がいるくらいなので、すべての女性は性被害に遭っても傷つかないはずだ」とさえ思っている人もいます。これは極端な例ですが、取引的な性的行為への抵抗感や嫌悪感から、セックス・ワークに従事する人に対して、偏見を持っている方は少なくないのではないでしょうか。どの職業も自身で選択して就いていると思いますが、だからといって、排除していいわけではないですし、労働環境が悪くていいということにはなりません。このテーマをこどもたちに伝えることは容易ではないですが、さまざまな意見や価値観がある問題だからこそ、議論していくべきだと考えます。

【参考文献】
浅井春夫（2020）『包括的性教育——人権、性の多様性、ジェンダー平等を柱に』大月書店
SWASH（2018）『セックスワーク・スタディーズ——当事者視点で考える性と労働』日本評論社
警察庁生活安全局少年課「令和2年における少年非行、児童虐待及び子供の性被害の状況について」https://npa.go.jp/publications/statistics/safetylife/R2.pdf（2022年8月30日）
政府広報オンライン「AV出演被害防止・救済法が施行　AV出演を契約しても無条件でその出演契約をなかったことにできます！」https://www.gov-online.go.jp/useful/article/202207/1.html（2023年1月13日）
性犯罪に関する刑事法検討会　取りまとめ報告書　https://www.moj.go.jp/content/001348762.pdf（2022年8月10日）

岩佐寛子

自己紹介

　私は助産師として保育園や学校そして各家庭などで性と生の大切さを伝え、当事者の相談にのっています。私が以前行っていた性教育は性的行動に対するリスクに着目し、意図しない妊娠や性感染症など性のネガティブな側面に焦点を当てた予防教育に近いものでした。現在は性の主体者であるこどもたちが自己決定権を持ち行動できるように心がけて話しています。性についての正しい知識を伝えることに加え「幸せ」で「健康である」ために、お互いに尊重しあい、コミュニケーションや人間関係を考えることができる感覚を育てていくこと（人権を守ること）を大切にして性教育を行っています。また、助産師としていのちの誕生やこどもの成長に日々関わる中、幼い頃から性と生の学びは始まっていると感じています。

1　ここで書かれていること

【トピック】
8.1　妊娠・避妊
8.2　HIVとAIDSのスティグマ、治療、ケア、サポート
8.3　HIVを含む性感染症リスクの理解、認識、低減

　性と生殖に関する健康を維持するには、性的行動の先にも責任を持てるように自己決定していかなくてはなりません。そこで、妊娠のシステムを理解したうえで、意図しない妊娠を防ぐためにはどのように

したらよいかを主体的に、かつパートナーや仲間と一緒に考えることで理解を深めていきます。そして、予防したとしても意図しない妊娠は起こることを想定して、その時にどのような選択をするのか、産まない場合の人工妊娠中絶について、妊娠継続する場合は必要なサービスや保護を受ける権利があること、そして、自らが育てられない場合の養子縁組についてもまとめられています。

性感染症についてはさまざまな感染経路があることを理解したうえで、性感染症を予防すること、健康を維持するためには、早期に検査・治療が欠かせないこと、世界の新規HIV感染者は1998年のピークから半数近く減少したとはいえ、まだ多くの人がHIVとともに生きている現状があることを踏まえ、予防と治療を徹底させ感染拡大を防ぐこと、そして、HIVと共に生きる人たちと共生していくことについてまとめられています。

2　みなさんと考えたいこと（問題意識）

キーコンセプト8「性と生殖に関する健康」を読み進めていくにあたり、切り離せないのが**セクシュアル・リプロダクティブ・ヘルス/ライツ（SRHR）**：「性と生殖に関する健康と権利」です。これは1994年にカイロで開かれた国際人口開発会議において提唱された概念で、性と生殖に関する健康・生命の安全を、女性のライフステージを通して、権利としてとらえる概念です。性や生殖など、自分のからだに関するすべてのことは、当事者である女性が選択し、自己決定できる権利のことです。女性に限らずすべての人の健康と幸福のために欠かせません。その24年後の2018年5月にIPPF（国際家族計画連盟）がグットマッハー・ランセット委員会の報告書により、人権の観点からエビデンスに基づき、包括的なSRHRの新しい定義を提示しています。性と生殖の健康とは、「身体的、感情、精神、社会的な幸福がセクシュアリティと生殖のすべての局面で実現できていることを指します。単に病気、機能障害、虚弱ではない状態を意味するのではありません」[1]。性と生殖の健康（SRH）の実現には、性と生殖の権利（SRR）を達成する必要があり、次のような[2]個人の人権が尊重されなくてはならないと述べています。

- 自分のからだは自分のものであり、プライバシーや個人の自主性が尊重されること
- 自分の性的指向、ジェンダー自認、性表現を含めたセクシュアリティについて自由に定義できること
- 性的な行動をとるかとらないか、とるなら、その時期を自分で決められること
- 自由に性のパートナーを選べること
- 性体験が安全で楽しめるものであること
- いつ、誰と、結婚するか、それとも結婚しないかを選べること
- こどもを持つかどうか、持つとしたらいつ、どのように、何人のこどもを持つかを選べること
- 上記に関して必要な情報、資源、サービス、支援を生涯にわたって得られ、これらに関していついかなる時も差別、強制、搾取、暴力を受けないこと

　これらのことからもわかるように、私たちの人生と切り離すことができないSRHRは、人が生まれながらに持つべき権利（人権）で、性や生殖など自分のからだに関するすべてのことは当事者である者が選択し自己決定できるという権利のことです。

　SRHRが示す権利を獲得することは、性や生殖について正しい知識を持ち、ジェンダーに基づく暴力などによって傷つけられず、生涯にわたって選択が尊重される社会を創り上げていくために必要なものです。「私のからだは私のもの」「産む・産まないは自己決定」そして、包括的セクシュアリティ教育を受ける権利もすべての人にとって欠かせないものといえます。

　ネットやメディアを通じて歪んだ性の情報やあからさまな性情報に過剰に晒されている現在、こどもや若者が安全で有意義な充実した人生を送るために、そして人生において責任ある選択をするために、正確で年齢に適した知識、態度、スキルを身につけることが重要です。

　性と生殖に関する健康についての現在の日本における問題点を挙げてみました。

　①文部科学省の小中学生の学習指導要領には「受精に至る過程は

取り扱わないものとする」となっており、性教育を積み重ねて学び知識を得ている人と、ネットなどで情報を得て独自の知識を持つ人がいる。

②確実性の高い避妊法の選択肢が狭く、知識とスキルが広まっていない。

③緊急避妊薬が病院での処方に制限されており、スムーズに入手することが困難。2020年からオンライン診療での処方が認められるようになったが高額（8000～2万円程度）で身近なものではない。

④2020年度の人工妊娠中絶は年間14万5000件実施され、その内19歳以下は1万1000件であった[3]。

⑤高校生の妊娠件数は2年間で約2000件あり、うち3割が自主退学している[4]。

⑥生みの親のもとで育つことができないこどもが累計約4万2000人おり、うち6割近くが乳児院や児童養護施設などの施設で暮らしている[5]。

⑦最近のHIV新規感染者数は横ばいの状況にあるとはいえ、毎年1500人前後の新規感染者およびAIDS患者が発生しており、2020年末の統計によると日本の新規感染者数およびAIDS患者数は累計で3万2000人である。また、世界のHIV感染者数は3770万人、新規HIV感染者数は年間150万人、AIDSによる死亡者数は年間68万人となっている[6]。この事実から考えると、いまだ世界的に深刻な感染症の1つである。

⑧AIDSを発症した約3割が新規にHIV感染判明となっている[7]。

⑨代表的な性感染症であるクラミジア感染症の患者数が年々増加している[8]。

⑩2022年の梅毒患者報告数が1万2964人と2021年の1.6倍となり、感染症法に基づく調査が始まって以来、最も多くなっており全国的に増加している[9]。

問題点解決に向けて、ガイダンスに照らし合わせて、どのトピックで考えていくかを整理しました（図5-9-1）。

①～⑩の番号は問題点として挙げた番号を記しています。

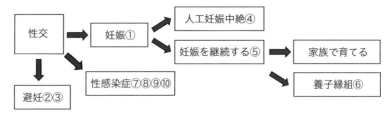

問題点①〜⑥　トピック 8.1 「妊娠・避妊」
問題点⑦〜⑧　トピック 8.2 「HIV と AIDS のスティグマ、治療、ケア、サポート」
問題点⑨〜⑩　トピック 8.3 「HIV を含む性感染症リスクの理解、認識、低減」

図 5-9-1　性交にともない起こりうるトピックの流れ

　性行動をとるにあたって、科学的知識としての人間のからだと発達の仕組みは当然のことながら、避妊方法や、意図しない妊娠時の選択肢や、性感染症について知ることは自分のからだを守るために重要なことです。

3　キーアイデアの説明

1) ライフサイクルに大きな変化をきたす妊娠を自分ごととして考えていこう

8.1　妊娠、避妊

学習目標（5〜8歳）

キーアイデア　妊娠は、自然な生物学的プロセスで、計画可能なものである

学習目標（9〜12歳）

キーアイデア　現代的避妊法は避妊や妊娠の計画を助ける

学習目標（15〜18歳以上）

キーアイデア　避妊具の使用は、性的に活発な人々の妊娠を防ぎ、また、子どもをもつ・もたない、もつのであればいつもつかといった計画を助けることができる。それは避妊に関連する、個人と社会への重要な恩恵を伴っている

> **キーアイデア** 意図しない妊娠というのは起こるもので、すべての若者は健康やウェルビーイング（幸福）に必要なサービスや保護にアクセス可能であるべきである

> **キーアイデア** まだ親になる準備ができていない、または親になれないときには、養子縁組も一つの選択肢である

　最近若い女性が誰にも気づかれずに妊娠し、新生児を遺棄してしまう事件が後を絶ちません。誰にも相談できずに妊娠期を過ごしていたことを想像するだけで、悲しくつらい気持ちになってきます。ライフサイクルに大きな変化をもたらす妊娠、出産の時期は、自ら考え選ぶことができます。そのためには、妊娠と避妊をセットにして正しい知識とスキルを学び、適切な避妊方法を用いることで意図しない妊娠を減らすことができます。しかし、その一方で、意図しない妊娠は誰にでも起こりえます。妊娠継続を選択した時には、健康でウェルビーイング（幸福）に過ごすための情報にアクセスできることが必要であること、そして、生まれてくるこどもが幸福に成長していくための選択肢を知り選ぶことも重要になってきます。

2）性感染症を防ごう。そして、HIVとともに生きている人の基本的ニーズを確認しよう

8.3 HIVを含む性感染症リスクの理解、認識、低減

学習目標（5〜8歳）

> **キーアイデア** 人は病気にかかっていても健康的に見えることがある

> **キーアイデア** 病気の有無にかかわらず、誰もが愛、ケア、サポートを必要としている

学習目標（12〜15歳）

> **キーアイデア** クラミジア、淋病、梅毒、HIV、HPVなどの性感染症は、予防、治療、管理が可能である

学習目標（15〜18歳以上）

キーアイデア コミュニケーション、交渉、拒絶のスキルは、若者の望まない性的プレッシャーへの抵抗や、セーファーセックス（常にコンドームや避妊具を使用することなど）を実践する意志を強めることを助けうる

8.2 HIVとAIDSのスティグマ、治療、ケア、サポート

学習目標（5〜8歳）

キーアイデア HIVと共に生きる人たちは平等な権利をもち、豊かな人生を送っている

学習目標（12〜15歳）

キーアイデア 適切なケア、尊重、サポートがあれば、HIVと共に生きる人たちは、差別のない、十分に豊かな人生を送ることができる

学習目標（15〜18歳以上）

キーアイデア 適切なケア、尊重、サポートがあれば、HIVと共に生きる人たちは、生涯を通して十分に豊かな人生を送ることができる

　予期せぬ性感染症にかかり、他人事であったことが自分に降りかかり、相手に対する不信感と悲しみや怒りなど複雑な感情を引き起こします。しかし、ここで考えなくてはならないことは、信頼できるパートナーを選ぶことと合わせて、自分のからだは自分で守るための知識やスキルを持つことが大切だということです。誰もが健康でいたいという権利を持っています。性感染症の感染経路やリスクを軽減する方法などについて知り、検査や治療にアクセスできることが必要です。そして、コミュニケーションのスキルを身につけることは、安全でない性的行為を拒否するなど、セーファーセックスを実践する意思を強めることを助けることに繋がります。

　また、HIVについては感染ルートに対する偏見や死に至る病気という誤った認識などスティグマはまだ根強く残っています。HIVと共に生きる人たちが平等な権利を持ち、差別のない豊かな人生を送ることができるためには、周囲の理解と適切なケア、サポートが必要で、そのことについての学びを深めていかなくてはなりません。そして、

こどもや若者に対するAIDS予防、治療の普及に努めていく責任がおとなにはあります。

4　学習者ができるようになること

　「2　みなさんと考えたいこと」で①〜⑩の問題点を挙げました。その中の①〜⑥について、ガイダンスに照らし合わせて考えていきたいと思います。

1）妊娠プロセスの理解を深める

8.1　妊娠、避妊

学習目標（5〜8歳）

キーアイデア　**妊娠は、自然な生物学的プロセスで、計画可能なものである**

学習者ができるようになること

・妊娠は、卵子と精子が結合し、子宮に着床して始まることを再認識する（知識）

・妊娠と生殖は自然な生物学的プロセスであり、いつ妊娠するかは計画可能であることを説明する（知識）

学習目標（9〜12歳）

キーアイデア　**妊娠の主要な特徴を理解することは重要である**

学習者ができるようになること

・もし妊娠の兆候があったときに、話すことのできる親や保護者、あるいは信頼できるおとなを明らかにする（スキル）

　ガイダンスでは問題点①を解決するためのキーアイデアは5〜8歳、9〜12歳で挙げており、早い時点で妊娠の科学的で基礎的な知識を得ることを勧めています。たとえ高等教育を受ける年齢であっても、このキーアイデアを活用することで妊娠に対する正確な理解に繋がっていくと考えます。

　5〜8歳で再認識とあるように、この年代で男女の性行動による妊娠の成り立ちを科学的に理解することが重要となっています。そのためにはキーコンセプト6の「人間のからだと発達」で、それぞれのか

らだの仕組みから生殖の理解を学ぶことが基本となります。そして、自然妊娠の理解と合わせて、出生した約14人に1人[10]が生殖補助医療によって誕生していることから、生殖補助医療（人工授精、体外受精など）によって妊娠成立することの説明も必要になります。そして、精子と卵子が結合したら妊娠が成立するわけではなく、受精卵が子宮内膜に侵入し「着床が完了」してはじめて妊娠成立となります。着床すれば必ず妊娠継続できるわけではなく、全妊娠の15〜20%は自然流産に至るといわれています。このことからわかるように妊娠を望んだからといって、必ずしも妊娠成立するものではありませんが、妊娠の時期というものは自分で計画を立てることが可能で、主体性を持って妊娠の時期を考えていくことはライフプランを考える意味でも重要になります。

　一般的に4〜5歳で「どこからどうやって生まれてきたの？」と素朴な疑問を投げかけてくるといわれています。また日常生活の中でも性について話し始めるチャンスはたくさんありますが、正確な知識や伝え方がわからず、戸惑ってしまうこともあります。もし、伝え方に難しさを感じた時には「どうしてそれを聞きたいと思ったの？」と尋ねることや、「改めてまた答えるね」と時間をおき、おとな自身が考える時間を作りましょう。その場で答えを出すというよりも、こどもと一緒に考えていく姿勢が大切です。もしとっさに答えた言葉が不適切であった時には、そのことを伝え修正すればいいのです。こどもが投げかけてきた質問にごまかさずに答えるおとなの姿に、こどもは信頼を寄せ、その信頼関係を作ることが包括的性教育の土台になっていきます。

　そして、こどもはケアされ愛されるべき存在です。ケアするというのは、単に世話をするだけではなく、関心を向けること心配することなどの意味があり個別的な関わりが大切です。まさに、こどもの知りたいことに関心を向け一緒に考えること、それは泣くこどもに対し、寄り添い安心感を与えることと同じ感覚です。こどものさまざまな感情を受けとめるおとながいることで、こどもは自分を自由に表現することができるようになり、自分は無二の存在であることを認識していきます。このように、見る、聞く、そして肌のぬくもりを感じるなど脳の原始的な感覚領域が刺激されることで、脳の前頭葉が活発になり、

思考力も発達していきます。ケアされ愛されることで、こどもは親に深い信頼感を抱き、心と思考力が豊かに育っていきます。思春期にこどもたちがからだの変化を肯定的に受けとめられるよう、また危険を回避しながらゆくゆくは性を楽しめるよう、自分のからだに興味を持ち始める幼少期から伝えていくことが大切です。

　また思春期に入り、もし妊娠の兆候が見られた時には、仲間同士で話して解決することは難しく、日数が経てば取り返しのつかないこともあります。若年妊娠のリスクおよび妊娠継続する時の行政支援などを理解しているおとなに相談できることが人生を大きく左右してきます。日本には、性について相談できる場所がまだ少ないのですが、性についての雑談ができ相談ができる場所が増えていくことで、こどもたちは安心できる場所で、安心できる人に心身ともに受けとめてもらえることができます。一緒に考えてくれるおとながいることで、自分は大切にされている、自分の権利を尊重されていると実感していくことでしょう。

2）避妊に対する理解を深める

8.1　妊娠、避妊

学習目標（9～12歳）

キーアイデア　現代的避妊法は避妊や妊娠の計画を助ける

学習者ができるようになること

・性交をしないことが意図しない妊娠を防ぐ最も効果的な方法であることを説明する（知識）

学習目標（15～18歳以上）

キーアイデア　避妊具の使用は、性的に活発な人々の妊娠を防ぎ、また、子どもをもつ・もたない、もつのであればいつもつかといった計画を助けることができる。それは避妊に関連する、個人と社会への重要な恩恵を伴っている

学習者ができるようになること

・コンドームや緊急避妊薬を含む、避妊具を正しく使用することの重要性を認識する（態度）

　避妊とは受精または着床を妨げ、妊娠するのを防ぐ人為的な方法を指します。精子の挿入を防ぎ受精を妨げるバリア法として、コンドームがあります。妊娠を防ぐだけでなく性器と性器が直接触れることを防ぐので、性感染症予防も同時にできるというメリットがあります。そして、現代的避妊法として、ピル（OC）、子宮内避妊器具（リング、IUD）があり、女性の意思で選択することができる方法です。膣外射精、月経中の性交、膣内洗浄などは避妊法に含まれません。国際的に「近代的避妊法」に分類されるIUDやIUS（子宮内黄体ホルモン放出システム）の普及は日本では低く、インプラント、パッチ、避妊注射は認可されていません。どの避妊法も100％の避妊効果はありませんが、それぞれの失敗率および利点・欠点があることを知っておくことは必要です。日本では男性用コンドームが主となっており、男性に判断を委ねることになりやすい避妊法になります。避妊法についても同意を得ながら、避妊は正確に、そして毎回行われることが大事です。以下の動画でしっかり身につけること、男性任せにするのではなく女性も正しい使用方法を知っておくことが必要です。

　　●医師・岩室紳也によるコンドームの正しいつけ方
　　http://iwamuro.jp/
　　●コンドームの正しいつけ方byピルコン
　　https://www.youtube.com/watch?v=0N8fZyC22xg

　避妊について述べてきましたが、妊娠を防ぐには性交をしないことが最も効果的な方法です。自分の気持ちを相手に伝えるようにコミュニケーションをとり、日頃から自分の考えや気持ちを伝えあえる関係性を築いていきます。まず自分がどういう気持ちでいるのかを知り、その気持ちを伝えるにはどのようにしたらよいのか、そして、相手はどのような気持ちなのかという、互いの気持ちを確認しながら人間関

係を作る力は幼少期から育ちます。幼い頃から嫌な時には嫌と言い、気持ちを受けとめてもらうことで、自分の言葉には力があることを体験していきます。

　そして、避妊が必要になった時には、どのような避妊方法があるのかをパートナー間で話し、理解を深めていくことが大切です。高校生向けの性教育で、頭ではわかっていたはずがいざその場になると避妊具をつけることができなかった（男性側）、つけてほしいと言えなかった、つけてといったが強引に進んでいった（女性側）などの相談があります。これを打破するためには、自分自身のライフプランをイメージし、今妊娠するとどのようなことが生じるのかをパートナーと話し合い、二人に適切な方法は何かを考え、金銭も含めた準備の段階から二人で避妊の実施に責任を持つことが大切です。

　そして、緊急避妊薬は意図しない妊娠を避けるための最後の手段となります。性交後72時間以内に内服する必要があるにもかかわらず、受診しにくい状況や、レイプなど犯罪が関係する場合にアクセスしにくいということから、初診からオンライン診療ができるようになりました。しかし、オンライン化とは言え診察が必要であることや高額であることからいまだ購入しにくく、まだ身近なものにはなっていません。薬局などで購入できるようなシステム改善や必要な時に素早く入手できる環境づくりが重要になってきます。

　また、緊急避妊薬の知識があるにもかかわらずアクセス方法がわからなかった高校生もいます。誰に相談したらよいか、お金はどうしたらよいのか、親に怒られるのが怖く、自分が悪いと自分を責めて先に進めない。時間が勝負の緊急避妊薬とわかっていながら、時間が過ぎていく中、不安に押し潰されそうで、恐怖しかなかったと話しています。性的行動をとる時には、避妊法についての正しい知識と共に、パートナーと一緒にどういう行動をとるのかを具体的にイメージし話し合っておくことが必要です。

3）意図しない妊娠継続を中断する安全な方法（人工妊娠中絶）を理解する

> ### 8.1　妊娠、避妊
>
> 学習目標（15 〜 18 歳以上）
>
> **キーアイデア**　意図しない妊娠というのは起こるもので、すべての若者は健康やウェルビーイング（幸福）に必要なサービスや保護にアクセス可能であるべきである
>
> **学習者ができるようになること**
> ・危険な中絶は女性にも女子にも深刻な健康リスクを引き起こすことを理解する（知識）

　キーコンセプト 4「暴力と安全確保」に詳しく述べられていますが、ここでも危険な中絶について書かれています。妊娠は精子と卵子が結合して成り立つにもかかわらず、妊娠継続し出産するのは女性です。人工妊娠中絶ができず出産に至り、悲しい結末を迎えた痛ましい事件も起きています。このたび WHO が安全な中絶法と推奨している「経口中絶薬」がようやく日本で承認されようとしています。臨床試験では中絶を希望する妊婦の 93％が 24 時間以内に中絶を終え、およそ 6 割が腹痛などの症状を訴えたものの、ほとんどが軽症か中程度の症状だったということです。指定医師が処方し、確実に内服したことを確認できる場合のみに認める方向で検討が進んでいます。今後、妊娠した本人が自分の意思で選択できるよう、誰もが安全な方法にアクセスできることが重要になってきます。

4）妊娠継続に向けたサポートの在り方を考える

> ### 8.1　妊娠、避妊
>
> 学習目標（15 〜 18 歳以上）
>
> **キーアイデア**　意図しない妊娠というのは起こるもので、すべての若者は健康やウェルビーイング（幸福）に必要なサービスや保護にアクセス可能であるべきである

学習者ができるようになること

・思春期の母親が教育を受け続け修了する権利、差別なく性と生殖に関する健康にアクセスできる権利を守る法律や政策を調べる（知識）
・在学中に妊娠した思春期の女子を排除したり除籍したりすることは、その女子に対する人権侵害であると認識する（態度）
・意図しない／するにかかわらず、妊娠した女子や女性が入手可能なさまざまな保健サポートサービスを明らかにする（知識）
・たとえ妊娠が早かったり、意図しないものであっても、妊娠した女性や女子は質の高い、安全で包括的なヘルスケアとサポートにアクセス可能であるべきと認識する（態度）

　学業中の妊娠は本人のみならず、家族や学校、周囲の人を驚かせます。周囲の理解を得られたうえで、学業を続けながら健康に妊娠継続ができることが望ましいと思いますが、調査によると妊娠した高校生の内、約3割が自主退学している結果が出ています。これを踏まえ、文部科学省は妊娠した高校生が学業を継続できるよう母体の保護を最優先としつつ教育上必要な配慮を行うなどの支援を求める通知を出しています。

　また、厚生労働省は、10代の親への支援として、妊娠・出産・育児について、医師や助産師などから専門的なアドバイスを受ける機会でもある妊婦健診を受けられるようにし、相談体制の充実を図っています。また、働いている思春期の女性が意図しない妊娠をした場合の働く女性を支援する法制度を整え、就業環境を害されることを防止する措置を講じることを義務付けています。また、2016年の母子保健法の改正によって、妊娠・出産から子育て期にわたって親子を切れ目なく支援する「子育て世代包括支援センター」が全国の市区町村で展開されるようになりました。特に若年妊娠の場合は「特定妊婦」として、妊娠、出産、育児の不安の軽減に繋げられるように支援プランを作成するなどサポート体制が整ってきています。社会全体が子育てを応援し、困った時にはどこにどのように相談したらよいのかを伝え、安心して出産し子育てが送られるよう支援していくことが必要です。

5）出産後の養子縁組について考える

学習目標（15〜18歳以上）

キーアイデア まだ親になる準備ができていない、または親になれない
ときには、養子縁組も一つの選択肢である

学習者ができるようになること

・養子縁組のリスクと利点について見極める（知識）
・まだ親になる準備ができていない、親になれない場合には、養子縁組
　は重要な選択肢の一つであることを認識する（態度）

　すべてのこどもは、適切に養育される権利、生活を保障される権利、
愛され保護される権利、そして心身の健やかな成長・発達と自立が図
られることを保障される権利を持っています（児童福祉法第1条）。し
かし、こどもを育てる意思が乏しい、経済的基盤がぜい弱、義務教育
課程にある、長期入院や精神疾患などでこどもを育てられないなどさ
まざまな事情があります。どのような状況下で妊娠出産したとしても、
こどもは社会全体で守っていく必要があります。やむを得ない理由か
ら親元で暮らせないこどものために設けられた特別養子縁組や養護施
設、里親制度などさまざまな選択肢があります。産む選択をした時に
は、これらの制度があることも伝え、妊婦さんが自分の意志で決める
ことができるよう寄り添った支援が必要です。また、出産した後も一
人の人間として、人生を歩んでいけるよう支えていく必要があります。

　私が出会ったケースは、気づいた時には妊娠22週を超えて受診し
てきた高校生でした。時間が過ぎていく中、妊娠しているかもしれな
いけれど、どうしてよいかわからないと不安でいっぱいだったと話し
ていました。人工妊娠中絶ができないとわかった時は絶望の淵にいま
したが、産むと決心してからは教師の理解を得ながらぎりぎりまで高
校に通い、元気な子を産むためにからだを整えるなど切り替えること
ができました。自分で育てるのか、養子縁組にするのかを迷っていま
したが、学業を続けたいことやこどもにとってしっかりしたおとなが
育てる方がよいと考え、特別養子縁組を決めました。出産後1か月ま
で自分のもとで育てた後、養父母にこどもを託しました。その時に一
緒に手紙を添え、その中には、産んだこどもが大きくなり自分に会い

に来てくれた時に、恥じることがないように、ちゃんと勉強して資格をとりたいという夢を書き、そして自分の名前と住所と電話番号を記していました。こどもと別れる時には、養父母に「よろしくお願いします」と頭を深々と下げていました。はじめてお会いした時よりもぐっと顔つきがしまっていました。意図しない妊娠がわかった時はショックで受け入れがたいものであったと思いますが、いかなる選択をしたとしても前を向いて生きていくためには、周囲と専門職のサポートが大切であると実感しました。

5　補足しておきたいところ

　先進国の中でHIV/AIDS患者が減らない日本といわれています。HIVに感染してもAIDS発症までに自覚症状がなく進行するため、自ら検査を受けない限りは感染してもそれを確認することはできません。高校生に性教育を実施した時に「日本にいてもエイズになる危険性はあるのか」という質問が出てきました。HIVに関する啓蒙活動が低下していることにより、AIDSへの警戒心が希薄化しており、HIV/AIDSが身近な感染症でなくなっている今、検査を受ける人が少ないことは想像に難くありません。AIDSを発症してはじめてHIV感染に気づく人が多いということは、10年以上も前にHIVに感染していて、気づかずに生活している人が多いことを意味します。近年の抗HIV療法の進歩により予後は改善され、正しい知識とそれに基づく注意深い行動により、多くの場合HIVの感染を予防することは可能になってきました。

　長期予後が可能となった現在、HIV感染カップルにおいてもこどもを持つことは当然の権利となってきます。

　十分なウイルス抑制が得られている場合、通常の性交渉でも二次感染のリスクはかなり軽減されていますが、100%安全というわけではないため、より安全な方法の生殖補助医療を検討する必要が出てきます。母子感染も十分な準備や対応を行えばかなりの確率で予防が可能となっています。正しい知識と治療の普及が欠かせないといえます。

　HIVに限らず、性感染症は感染しても自覚症状に乏しいため、早期受診に繋がらないという特性があり、10代の感染率の高さが不妊

に繋がるとして憂慮されています。口腔性交による咽頭への感染も少なくありません。検査による早期発見に努めることが大事になってきます。

　高校生の性教育で、保健所では無料匿名で性感染症の検査が行われていることを勧めたところ、実際にパートナーと一緒に検査を受けた生徒が、マイナスで安心したことや一人の人を大切にしていきたいと話してくれました。性に関する適切な意思決定および行動選択に係る能力が形成過程にある若者に対して、教育の中で性に関する重要な事柄の1つとして、リアリティを持って性感染症に関する知識の普及啓発を行うことが重要です。

6　まとめ

　私は外部講師として、性教育を行っています。1回50〜100分の講演では、伝えたいことの何割伝わったかはわかりませんが、感想の中には「今まで知らなかったことがわかり、性に対する意識が変わった」「一人ひとりが主体性を持って性について考えていくことが大切と思った」「性について良いイメージを持っていなかったけれど、自分の健康に関わるとても大切なことだと知った」とあり、性に対する意識の変化をきたすきっかけづくりになっているのではないかと思っています。性行動がお互いを大切にしたコミュニケーションのうえに成り立ち、豊かな経験に繋がっていくことを願いながら今後も講演を続けていきたいと思います。

注

1) 国際家族計画連盟（IPPF）「テクニカル・ブリーフ　セクシュアル・リプロダクティブ・ヘルス／ライツ（性と生殖の健康と権利：SRHR）の新定義」2018年5月
2) 同上
3) 厚生労働省「令和2年度の人工妊娠中絶数の状況について」令和3年5月26日　https://www.mhlw.go.jp/stf/newpage_18838.html
4) 文部科学省「公立の高等学校における妊娠を理由とした退学等に係る実態把握の結果等を踏まえた妊娠した生徒への対応などについて（通知）」平成30年3月29日　https://www.mext.go.jp/a_menu/shotou/seitoshidou/1411217.htm

5）厚生労働省子ども家庭局家庭福祉課「社会的養育の推進に向けて」令和 4 年 3 月 31 日　https://www.mhlw.go.jp/content/000833294.pdf

6）エイズ予防情報ネット API-Net「世界の状況 UNAIDS『ファクトシート 2021』」https://api-net.jfap.or.jp/status/japan/nenpo.html、https://api-net.jfap.or.jp/status/world/sheet2021.html

7）国立感染症研究所（NIID）「HIV/AIDS 2020 年」（IASR Vol. 42, pp.213-215, 2021 年 10 月号）https://www.niid.go.jp/niid/ja/aids-m/aids-iasrtpc/10712-500t.html

8）国立感染症研究所（NIID）「性器クラミジア感染症の発生動向」https://www.niid.go.jp/niid/ja/chlamydia-std-m/chlamydia-std-idwrs/10630-chlamydia-21sep.html

9）国立感染症研究所（NIID）「日本の梅毒症例の動向について」https://www.niid.go.jp/niid/ja/syphilis-m-3/syphilis-idwrs/7816-syphilis-data-20180105.html

10）厚生労働省「不妊治療と仕事との両立サポートハンドブック：令和 3 年度 不妊治療を受けやすい休暇制度等環境整備事業」https://www.mhlw.go.jp/bunya/koyoukintou/pamphlet/dl/30l.pdf

5.9　キーコンセプト8　性と生殖に関する健康

第Ⅲ部
効果的な実施体制に向けて

辻奈由巳

自己紹介

　私は、大学の授業で包括的性教育に出合いました。明るくポジティブな印象の包括的性教育に魅了され、性のことをもっと知りたいという思いから大学院に進学しました。男子高校の保健室での勤務経験から、大学院では思春期男子性教育に焦点をあて、性教協をはじめ研究会で授業案を検討、報告してきました。仕事は養護教諭（私立男子高校、私立共学高校、公立中学校）、放課後等デイサービス・児童発達支援指導員（未就学児～中学生の学習支援とソーシャルスキルトレーニング）、高校英語科教員（私立、公立）の経験があります。現場によって性教育へのスタンスの違いがあり、満足できる実践をさせてもらえたりもらえなかったりしています。包括的性教育と出会ってまだまだ日が浅いですが、バリバリ実践することを夢見て模索する日々です。

239

1　ここで書かれていることを受けて

　「6.1　包括的セクシュアリティ教育へのコミットメントの強化」では、はじめに世界各地の性教育の実態や課題が簡単に書かれていました。

　　効果的な包括的セクシュアリティ教育の明確で差し迫った必要性にもかかわらず、世界中多くの国々で包括的セクシュアリティ教育は残された課題のままである。(p.162)

日本は世界と比べて包括的セクシュアリティ教育の実施が遅れていることは多くの人が気づいていることだと思います。しかしガイダンスによると、包括的セクシュアリティ教育を実施するために課題があるのは日本だけではないことがわかります。このように6章では、現時点では包括的セクシュアリティ教育が十分になされていないことを受け入れつつ、どのように実施していけばいいのか、どのようにすれば実施されうるのかを考えるための手がかりがまとめられています。

1）性教育実践に向けての課題の整理

では、皆さん自身の「包括的セクシュアリティ教育の明確で差し迫った必要性」と、「残された課題」は何でしょうか。

包括的セクシュアリティ教育の明確で差し迫った必要性
（実践する上での）残された課題

私自身、包括的性教育に出会ったことで生きるのが楽しくなったと実感しています。性教育には人を、人生を変える力があると身をもって感じたからこそ、子どもたちの性について知りたがっている姿や知識・スキルがなく困っている姿を職場で見て、やっぱり性教育が必要だと強く思いました。その気持ちはずっと変わりません。一方で、なかなか性教育実践をさせてもらえずにモヤモヤした経験が何度もあります。そんな私の実践する上での課題意識は、①実践する機会や仕組みづくりが困難だったり、②実践に向けて周りのおとなの理解が得られなかったり、③自分の知識が不十分であったりすることです。以下を、この3つの視点で書きすすめてみます。性教育を実践したいけどどうしていいかわからないという方が、何か手がかりを得られる内容になっていれば幸いです。

①実践の機会の保障

> 　国のレベルでは、包括的セクシュアリティ教育を強化することを可能にする支援的な環境を準備する政策的・倫理的リーダーシップを提供することにおいて、教育省、健康省、同時にジェンダーに関する省庁は重要な役割を果たす。(p.166)

　学校では新たに、「生命の安全教育」の実施がすすめられています。これはガイダンスに、国家機関である文部科学省や厚生労働省がセクシュアリティ教育をすすめる中心となるように示されていることを考えると前進かもしれません。ただ、その問題点は明らかで、それを批判するのは簡単なことです。しかし時間のとれない現状を嘆き、「生命の安全教育」を批判しているだけでは包括的性教育の実践につながりません。実際、諸外国に比べて、日本の性教育実施時間は少ないことが指摘されています。限られた中で時間を確保していくために、性教協で活躍されている先輩方は保健や理科をはじめとした教科と関連させたり、道徳教育の中で行ったりされてきました。

　自主ゼミでは、「道徳で性教育を扱うのはダメ？」という議論が起こりました。皆さんはどうお考えでしょうか。

道徳で性教育を扱うことに
賛成　・　反対
理由

　自主ゼミでの議論ポイントをカラフルな仲間たちとともに、整理します。

　つじ　　　道徳教育にはどんなイメージがありますか。
　レッド　　自分の持つ道徳のイメージは「答えのないもの」であって、「正しいものを求めるもの」ではないので、道徳で

性教育を扱うのを悪いとは思わないです。

ブルー　自分が受けてきた道徳の授業に悪い印象はありませんでした。固定観念を崩すような授業が多く、最後はモヤモヤで終わっていました。性教育も、答えを探すということではなく、いろんな意見があるというのを学ぶものなので、道徳教育で性教育をするのは良いことだと思います。

つじ　なるほど、そのイメージなら、道徳で性教育ができそうですね。でも道徳教育に慎重派の皆さんもいらっしゃいます。お考えを教えてください。

グリーン　日本の道徳教育は、誰かが決めた１つの正解に向かっていくような感じがしています。道徳教育の中では、性教育が道徳主義的な内容、心理主義的授業として展開されることへの注意が必要だと感じます。

ネイビー　今の道徳教育は、できあがった方向に子どもたちをどう導くかに重点がおかれていて人格の形成につながっておらず、基本的に良く思っていません。

ホワイト　性教育を推進するために道徳教育を利用できると思っています。でも、今の道徳教育は基本的には特定の価値観に導く授業です。たとえば、学習指導要領には「他者に感謝するように指導する」とあるなど、自分は違う意見だというのは、認められません。道徳教育は日本を支配するメカニズムとなっています。だから今の「特別の教科　道徳」は、なくして欲しいです。

つじ　私も個人的に、道徳の授業で性教育を扱うことにひっかかります。人権教育とは違って道徳教育は、上から押しつけてくるイメージがあります。「道徳的な判断」とは価値観の押しつけであり、これは包括的セクシュアリティ教育の目指しているものとは違うのではないかと思うのですが。

オレンジ　UNESCOと日本で道徳教育の意味づけは違っていると

思います。ガイダンスを読む上では、道徳の捉え方、学習の捉え方が日本と海外で異なるということを押さえておく必要があるかもしれません。海外の道徳教育は対話の中で価値が変わっていくというもので、日本の道徳は、心の持ちようで「みんなちがってみんないい」とするものです。一方で人権学習、権利学習は、みんな意見が違うということを前提にしながら、人間に保障されている権利を確認していくことだと言えます。

ネイビー　『子どもの"いのち"に寄り添う仕事～教室で物語が生まれる～』（エイデル研究所）で、村末さんは人権学習をベースにした道徳教育の実践を書いておられます。そういう意味では、性教育は、「道徳」教育に近いところにあるとも捉えられますね。

つじ　世界とは色の違う日本の道徳教育ですが、そもそも、道徳はなぜ教科化されたのですか。

グリーン　1つは現場の教員が道徳の授業をしっかりとやっていなかったこと、2つめは国家主義的な徳目の教え込みを、教科書を使った授業で徹底させることです。

ホワイト　国は従順な国民を作りたいと考えていて、そのために今の道徳教育を使っていると感じます。今回の学習指導要領改訂で、国は戦前あった「視学官」という国民を監視する仕組みを復活させました。文部科学省は、いろいろな教育プログラムをすすめていますが、その中での最高の位置づけは道徳なのです。「生命の安全教育」も、道徳につながっています。そういう構造の恐ろしさを捉えておく必要があると思います。

　このように、現在日本でなされている道徳教育は内容を鵜呑みにせず、その目的や、教科化された背景を考えていく必要があります。「生命の安全教育」も同様の流れであり、現状の道徳教育のもと展開される恐れがあります。ただし、大筋は決められているとはいえ、教員の裁量に任せられているという面で希望の光が見えます。人権学習、

　「つじさん、ズバリ、性教育にテストは必要かね？」浅井さんから、自主ゼミでこう投げかけられました。

　皆さんは性教育でテストを行うべきだと思いますか。それはなぜですか？

性教育でテストを行うべきだと
思う　　・　　思わない
理由

　　ちっ　　ちっ　　ちっ　　ぽーん（inspired by あっきーさん）

　そのとき私は、考えたことがなかったためびっくりしながらも「授業をしたら学習者の評価をすることが授業者の責任なので、テストはあった方がいいかもしれない」と即答しました。性教育でテストしたことなんてないのに「した方がいい」なんて言っちゃいました。

　私は今まで、性教育実践をした後は感想を書いてもらい、それらを読み取ることでかれらの思考を捉えていました。もちろんそれらは生徒理解を深めることに役立ちますが、生徒たちの到達度を測ってはいませんでした。また、授業者が喜ぶ内容をあえて書いているのではないか、と感じる感想もありました。それを考えると、主観的な感想だけでなく、客観的な評価としてテストは必要だと思うのです。とはいっても、どこか、テストと性教育は相性が悪い気がします。今の道徳教育では点数による評価をしないのと同じように。

第Ⅲ部　効果的な実施体制に向けて

サリー・ヒル編『14歳からの生物学』（白水社）に見られるとおり、性教育の授業でテストを行う国があります。知識に加え、価値観や行動変容を測るものだそうです。そんなテストがあるのなら、性教育を教育課程内で行う限り、それに倣って、単に感想を書くだけでなく、価値観や行動変容を測るテストを行う意義があるかもしれません。むしろ、そのテストを受けてみたいとさえ思います。

　テストと言うと日本の学校教育では定期テストや受験に代表されるように、知識量が問われるイメージが強いですが、実際のコミュニケーションでは「正確性」よりも「流暢性」が重視されることがあります。そう考えると、性教育の授業では得た知識をどのように活用するか、ひいてはどのように生きるか、ということを測るテストを設定してもいいのではないでしょうか。たとえばスピーチやロールプレイ、レポートなどを活用しながら、知識の確認にとどまらない形でふさわしいテストのあり方を模索することができそうです。

　ではもう一度問います。性教育でテストを行うべきだと思いますか？　それはなぜですか？
　またテストを行う場合、どのようにしますか？

性教育でテストを行うべきだと
思う　　　・　　　思わない
理由
方法

権利学習を軸にした性教育を展開していきたいですね。

　次に、道徳教育と性教育についての高校生の声を私の実践から紹介します。受講人数5～7人の高3英語選択科目の教科書に、赤ちゃんの能力についての文章がありました。これは性教育のチャンスです。自主ゼミメンバーの艮さんが監修された『はじめてまなぶ　こころ・からだ・性のだいじ　ここからかるた』（合同出版）で進行し、説明の補足にBaby Centerの動画を使いました。かるたがとても盛り上がり、熱戦が繰り広げられました。『ここからかるた』は絵札の裏にある「お題」について意見を出し合う仕組みになっています。最初はそれに答える子が限られていましたが、次第に1つのお題に対して「〇〇はどう思う？」「私は□□かな。●●は？」と、かれら自身がお互いに意見を聞き合うようになっていきました。

　生徒たちによると「本心が話せた気がする」「普段、自分の気持ちを話すことがないから面白い」「今日の性教育は道徳的な決めつけじゃないから良かった。こういう形式の方がいい」とのことでした。道徳的というワードが出てきたので詳しく聞くと、かれらの中には、性教育は「こうしなさい」「これはダメ」とただ伝えられるもの、というイメージがあると話してくれました。それを「道徳的」と表現したかれらの視点の鋭さを感じるとともに、性教育のあるべき姿を考えさせられました。

②周りの理解を得るために

　実践しようと思っても、周りがいろんなことを理由に止めてくることがあります。その対応を考えながら、実践に向けて動いていきましょう。表3　包括的性教育についての一般的な懸念（p.167～p.170）には、実践を阻みうる懸念が13個書かれています。初版は9個でした。内容を見比べてみます（表6-1）。

　多少の文言の違いはありますが、初版の9個は改訂版にも反映されています。改訂版で新たに言及されたのは⑪インターネットやソーシャルメディアに関することです。そして、G教員に関することが2項目に、I価値観に関することが3項目に増えていることがみてとれます。

　下町ロケットのモデルとなった植松努さんは、TED×Sapporo

表6-1 「包括的性教育についての一般的な懸念」の新旧比較

	初版		改訂版
A	セクシュアリティ教育は性交を早める	①	包括的セクシュアリティ教育は早い性交体験につながる
B	セクシュアリティ教育は「寝た子を起こす」	②	包括的セクシュアリティ教育は「寝た子を起こす」
C	セクシュアリティ教育は私たちの文化や宗教と対立する	③	包括的セクシュアリティ教育は私たちの文化や宗教と対立する
D	若者の性に関する教育は親及び拡大家族の役割である	④	若者にセクシュアリティについて教育するのは親や拡大家族の役割である
E	親は学校で行われるセクシュアリティ教育に反対するだろう	⑤	親は学校でのセクシュアリティ教育に反対するだろう
F	セクシュアリティ教育は若者にとっては望ましいかもしれないが、幼い子どもにはそうではないかもしれない	⑥	包括的セクシュアリティ教育は思春期の若者にはよいかもしれないが、幼い子どもには不適切だ
G	教員はセクシュアリティ教育を行うことを嫌だというわけではないが、不快に感じていたりスキル不足であったり教えることを恐れたりしている	⑦	教員は、居心地の悪さを感じたり、包括的セクシュアリティ教育を教えるためのスキルが不足していたりするかもしれない
		⑧	包括的セクシュアリティ教育を教えることは教員にとって難しすぎる
H	セクシュアリティ教育はすでに他の教科で扱われている。(生物学、ライフスキル、公民教育)	⑨	包括的セクシュアリティ教育は他の教科(生物、ライフスキル、市民教育)ですでにカバーされている。
I	セクシュアリティ教育は価値観を発展させるべきだ	⑩	セクシュアリティ教育はポジティブな価値と責任を促進すべきだ
		⑪	若者はインターネットやソーシャルメディアを通じてセックスやセクシュアリティに関するあらゆることをすでに知っている
		⑫	宗教の指導者はセクシュアリティ教育をサポートしないかもしれない
		⑬	包括的セクシュアリティ教育は若者を非伝統的なライフスタイルに誘い込もうとする手段である

(表のA〜Iおよび①〜⑬は、つじによる)

『思うは招く』スピーチによると、中学生の頃、夢に向かって勉強していたところ、中学校の教員に「どーせ無理」と切り捨てられます。でも、「こんなことを教えてくれるのはやったことがない人なんです。やったことがない人が、適当なやらない言い訳を教えてくれるんです。」と植松さんは話します。そして、「だったらこうしてみたら?」と言う人がいれば、「どーせ無理」がなくなる、と言います。

　性教育実践も、やりたくない人、自信のない人は「どーせ無理」と言ってこれらの懸念のように、できない理由を並べてきます。実践し

たい！という人がいたら、「だったらこうしてみたら？」とアイデア
を出し合って包括的セクシュアリティ教育の実践を築いていきたいで
すね。そのために、①〜⑬から懸念を選び、「だったらこうしてみた
ら？」と具体的な言葉や行動を考えてみましょう。

懸念	対応

③実践者として学ぶということ

　私は⑦⑧を選び、対応はこんな感じになりました。

懸念	対応
⑦⑧	教員が知識と経験をつけていく →セクシュアリティ教育の書籍を読む →性教協をはじめとした研究会の学習会やセミナーに参加する

　スキルの不足、実践の困難さは、知識と経験で取っ払っていくこと
が大切です。しかし皆さんお気づきのように、ガイダンスを読むこと
で性教育に関わる知識が増えるわけではありません。私は所属する
サークルで、会員がテーマを担当して講義する連続講座や読書会、本
の輪読などを企画し、さまざまなスタイルで性について学びを深めて
います。現場で包括的セクシュアリティ教育を実施するためには、系
統的に性の知識を得る場が必要だと強く思います。

　そしてまた、ガイダンスにはこのようにも書かれています。

　利用可能な科学的根拠を利用することは、包括的セクシュアリ
ティ教育の授業が、生徒たちの人生をよりよくするために必要不
可欠なものであることを示す助けとなりうる。(p.162)

　利用可能な科学的根拠については、4章で村末さんが書かれている
とおりです。授業に反映するデータや知識に加えて、『季刊Sexual-

ity』や性教協のセミナーなどで紹介される先行実践やその分析も「利用可能な科学的根拠」と言えます。歴史的に積み重ねられてきた性教育実践から私たちが学ぶことは多く、そのデータベースとしての大きな役割を性教協は担っています。

またインプットだけでなく、実践報告する場があることも民間研究団体で学ぶ醍醐味です。実践報告はとても緊張しますし、とてつもない労力がかかるのも事実です。「自分の実践なんて紹介できるほどのものじゃない……」と謙遜される方もいらっしゃることでしょう。しかし、報告を聞くよりも発表した方が気づきや発見が大きく、深い学びを得られます。また、たとえ実践できなくても、こんな実践がしてみたいと提案することで、アドバイスをいただいて内容をブラッシュアップさせることもできます。さらに、そのアイデアから参加者が新たな実践を生み出すこともあります。皆さん自身が「利用可能な科学的根拠」を増やすことだってできるのです！

2) 性教育実践へのステップ

「6.2　包括的セクシュアリティ教育プログラムの計画作成と実施へのサポート」には、国・地域レベル、学校レベル、コミュニティレベルそれぞれの役割が書かれています。ここでは学校に絞りp.172〜p.174 の「学校の権限とマネジメントの役割」について、自主ゼミのメンバーに話を聞いてみました。水野さんは高校教員と大学教員、村末さんは小学校教員と教職大学院教員、渡邉さんは助産師としての立場で学校の性教育に関わってこられました。3人から、実践に向けたヒントを探っていきましょう。

①学校のポジティブな環境

> 　総合的に見て、学校のポジティブな環境が、プログラムの十分な実施を促進し、それによる効果を確かなものにすることがわかっている。(p.172)

つじ　　　「学校のポジティブな環境」とは具体的にどんなものだと思いますか？

水野さん　「ポジティブな環境」の基本にあるのは<u>学校の管理職、</u><u>同僚、保護者それぞれの性教育に対する肯定的な評価</u>だと思います。この3つは同等ではなく、管理職と同僚による肯定的な位置づけが<u>重要</u>で、その上に具体的な性教育推進体制が作られることで、本当に「ポジティブな環境」が生まれます。大東学園では「総合的な探究の時間『性と生』」という必修科目として位置づけ、週1時間の時間数を確保し、8名から10名のメンバーを揃え、独自の教科会を時間割内に設定し、担当者には持ち時間上の配慮もし、教科予算措置も確保する、などによって具体的な「ポジティブな環境」が作られています。大東学園の場合は、職場全体が総合学習全体を肯定的に評価してきました。それは、1992年からの学校改革の重要な柱に総合学習が位置づけられてきたことにもよりますが、<u>1996年からの総合「性と生」実践が生徒と保護者に強</u><u>く支持されてきた</u>ことも重要なファクターであると言えます。

村末さん　5点あげてみます。

・日常的な関わりの中から子どもの実態（生活の奥行き）を捉え、その課題から実践を組み立てスタートさせることができる（課題によっては、出前授業を含めた外部専門家との連携も）

・短期、中期、長期的な見通しの中で実践を意図的・計画的に構想し、展開できる（子どもたちのわかり具合等に応じて、途中で修正も可能）

・特に、小学校の場合は、各教科・教科外領域の総合学習としてセクシュアリティ教育を展開することが可能（担任の力量、「その気になれば」という条件が付くが…）

・<u>学年集団や学校全体での合意形成がなされた場合には、</u><u>系統的な実践が可能になるし、役割分担や相互協力に</u><u>より実践が展開できる</u>

・授業参観日での親子学習や、学級PTA等での性・性教育に関する学習の場を持つことで、<u>保護者とのつな</u>

がりを作り出し、子どもたちの性的発達を協働で支えることができる

渡邉さん　外部講師（医師、助産師など）を活用した授業を行う環境にある学校もあれば、そうでない学校もあります。たいていは、<u>性教育に対して熱意ある教員がいる場合に招かれることが多いです</u>。その教員が異動になる、もしくは、校長などの管理職がかわり、性教育に消極的な態度となれば、呼ばれなくなります。外部講師の積極的活用を文部科学省も示していますが、教員らによる采配で決まる傾向になるのが現状で、決してポジティブとは言えない環境にあるように感じます。

「すべての教育者が互いに支え合い、包括的セクシュアリティ教育プログラム実施の経験を共有する共同の努力でなされるべき（p.174）」ですが、まだまだ性教育に熱心な教員のみによって行われている現状が感じ取れます。一方で、学校に関わるあらゆる立場の人が性教育に対して必要性を感じ、共通理解を図っていくことによって、ポジティブな環境が作られていくこともわかりました。

②仕組みづくりのプロセス

つじ　　　学校全体で性教育を行うために、どのようなことをされてきましたか。

水野さん　私が経験した策定プロセスと言うと、大東学園における「総合『性と生』資料集」編集作業がそうだったと言えるかもしれません。1996年から始まった「性と生」をもっと系統的なものにしたい、という気持ちを多かれ少なかれメンバーは持っていました。2014年4月、『季刊セクシュアリティ』65号（4月増刊）が私たちの「ガイダンス」とのファーストコンタクトの年でした。「ガイダンス」との本格的な出会いは、2017年の翻訳本出版からでした。<u>チームメンバーでキーコンセプトが書いてあるページをコピーし、15歳から18歳年齢グループの学習内容だけを切り貼りして再構成する作業をしてみた</u>

ガイダンスでは、性教育実施のため、教師、学校内で活動している保健医療提供者および教員以外のスタッフに並列して、生徒の役割も書かれています。

> 生徒会、その他の学生グループ、個々の若手リーダーたちが、包括的セクシュアリティ教育プログラムの設計・モニタリング・評価についての意見を提供すること、包括的セクシュアリティ教育の正当性を明らかにするためにかれらの仲間のニーズに関する情報を収集すること、あるいはかれらの人生における包括的セクシュアリティ教育の重要性について親や他のコミュニティメンバーとの対話を始めることを、積極的に奨励すべきである。(p.175)

非常に長いこの一文、述語は「奨励すべきである」ですが、その主語は実は書かれていません。いったい誰なのでしょうか?
自主ゼミで投げかけると、いろんな意見が出ました。

こともあります。これだけの内容を持つカリキュラムなんか作れるのだろうか、いったい何時間必要なのだろうか、と思いました。それでもチームは、取捨選択を重ねて、B5版71ページの「学習資料集」を編集し、刊行にこぎつけました。これは、「ガイダンス」の学びがもたらした具体的な成果であり、これによって系統的な学習内容、カリキュラムづくりへの一歩を踏み出したと言ってもいいと思います。

村末さん　学校の教育課程(冊子)の中に、「性に関する指導の全体計画」という章があり、勤務した幾つかの学校では私が中心となって執筆しました。学習指導要領のはどめ規定

- ●生徒の代表が周りを巻き込んでいく当事者運動として奨励していく
- ●他の生徒が代表の生徒を奨励する
- ●生徒同士が互いに奨励しあう
- ●周りのおとなが生徒たちを奨励する
- ●学校側が生徒に役割を果たすよう仕向けていく

　このように、いろいろな解釈がありますし、他にも考えられそうです。ここで原文に戻ると、"Students councils, other student groups and individual youth leaders should be actively encouraged"（＊つじ訳：生徒会やその他の生徒グループ、若者のリーダーは積極的に奨励されるべき）と受動態で書かれており、動作主は明記されていません。

　自主ゼミでは「生徒会、その他の学生グループ、個々の若手リーダーたち」が活動できるよう、学校や周りのおとなが支援していくということだろうという結論が出ました。少なくとも、生徒の「知りたい」に答えてくれるおとなが身近にいることが学校のポジティブな環境だと思いますし、それが大東学園の実践につながったと言えそうです。

や、県段階での「指導の手引き」等の縛りがあり、かなり制限されたものでしたが、「科学」「人権」「自立」「共生」の視点を入れて、各教科・教科外領域での関連単元のピックアップを行い、学級活動を中心にした全体指導計画（単位時間の指導展開を含む）等を作成しました。

　皆さんを代表して私がつぶやきます。「す、すごい……」。
　共通していたのが、①ガイダンスや性教協の方針など、包括的性教育のモデルや型を元に作成したこと、②学習内容を一度すべて出して組み合わせていくことです。系統的な性教育実践を組み立てていくためには、あらゆる内容を整理する甚大な時間と労力が必要なのですね。

簡単にはできないからこそ、揺るがない仕組みが完成していったとも言えます。

③性教育実践者のつながりづくり

つじ　　　そうはいっても仕組みづくりはなかなかすぐには難しいです。個人レベルでできることとして、外部講師と教員の連携、教員間の共通理解の作り方を教えてください。

渡邉さん　性教育に熱意のある先生を孤立させないことが大切だと感じています。私たち性教育を実践している助産師同士は、実践者が相対的に少ないこともあり、助産師会や性教協の様な、勤務する組織から出たところで、チームとなり、常にコミュニケーションを図っています。うまくいったこと、いかなかったことなど話し合うことで、<u>学びと癒しの場ともなり、まさにエンパワメントしあう関係性</u>で、成長には欠かせないものだと感じます。同様に、先生方も、勤務校に協力者、理解者が少ない、もしくはいないと孤独感を抱いていることも多いように思います。私にできることとして、打合せの時間をしっかり持ったり、学習会の情報をお伝えしたり、当日の授業の構成以外の雑談もできるだけするよう心がけています。教員と外部講師というよりも、<u>人と人のつながりを通して、互いに学びあう関係性になりたい</u>といつも思いながら先生方とお話しさせていただいています。性教育を大切に思う人間同士がつながることが、きっと子どもたちへの包括的性教育の普及につながると信じています。

村末さん　小学校教員時代には、校内研修において、子どもの「性」や「いのち」をテーマに研修会を担当したり、性教育授業を実施する場合には、<u>同僚に参観を呼び掛けたりしていました</u>。具体的な授業展開の方法がわからない先生たちにとっては、「入口」を作ってみせることも大切だと意識して取り組んでいたことです。

　　　　　大学に来てからは、（そんなに多いわけではありませんが）出前授業として、<u>導入部分を私が担当し、「流れ」を</u>

作った上で、次時から担任の先生が引き継いで展開する
……といった取組もやっています。多忙化解消に向けた
「光」が一向に見えない中で、セクシュアリティ教育の
拡がりと定着のためにどのような取組が必要なのか思案
しています。今の段階では、出前授業の要請があれば可
能な限り出かけていますが、これが自分にとって「エネ
ルギー源」にもなっています。「発見、学習、成長」の
ためには、何より自分自身がいかに「面白がれる」かが
大事ですね。「独りよがり」ではダメですが。

　職場外のつながりを大切にされている渡邉さん。実践者同士がつな
がり、悩みや成果を共有することでよりよい実践へとつながっていく
ようです。そして実践の輪を職場内で作る方法として、同僚に授業を
見せる村末さん。具体的なイメージを持つことで実践がしやすくなる
という工夫です。現場で授業見学やチームティーチングができる場合
はそこから方法を教わることができますが、それができない場合には
性教協のセミナーが有効です。性教協で特徴的なのは、模擬授業が体
験できることです。実践報告やレポート発表では感じ取れない言葉か
けや展開を、模擬授業では教わることができます。研究とともに実践
を大切にしてきた性教協ならではのスタイルと言えます。

④実践に向けてできること

　つじ　　「実践したいけど、学校の仕組みづくりがなかなかでき
　　　　　ない……」と思っている方に向けてのメッセージをお願
　　　　　いします。

　水野さん　自ら学ぶことが実践のスタートだと思います。学びは視
　　　　　野を広げ、自分の行動をも変えていきます。ともに学ぶ
　　　　　仲間ができればさらに心強いですね。同じ職場や地域で
　　　　　あればうれしいですが、そうではなくて遠く離れていて
　　　　　も、オンライン上でも。そうした学びの中から、必ず次
　　　　　の道は見えてきます。宮沢賢治が「求道すでに道であ
　　　　　る」（「農民芸術概論綱要」）という言葉を書いています。私
　　　　　の好きな言葉です。セクシュアリティに関して、広く深

く確実に学んでいくあなたの変化自体が、困難な学校状況の中でも道を切り拓いていく力となるのだと思います。学びましょう。まずはお一人でも。できれば性教協に加わって、たくさんの仲間とともに。

村末さん　仕組みは、後からできていくのではないでしょうか。まずは、子どもとの「対話」。子どもの声に耳を傾け、子どもの姿に目を凝らす。忙しくてそれどころではない日々だからこそ、意識して取り組んでみて欲しいです。そして、課題が見えてきて、実践意欲が湧いてきたら、やってみる。誰かからやらされたものではない主体的取組は、面白いものです。その面白さが少しずつ蓄えられていったら、だんだん仕組みができていきそうな気がします。

渡邉さん　時間は少しかかりますが、やはり性教育に関する学習会に参加するのはいかがでしょうか。今では、オンラインでもたくさん実施されています。そこには仲間が必ずいます。きっとその仲間をつたっていると、近隣の仲間に出会えます。一人では何もできなくても、仲間に出会えたらポジティブな力になります。学校の教員だけでなく、私たちのような外部講師もお住まいの地域には必ず数名いると思います。そういった人とまた出会えるかもしれません。出会いを楽しんでいただけたらうれしいなと思います。

2　まとめ

　この原稿を仕上げるまで、それはそれは悩みました。ガイダンスの内容をどう引き取ったらいいのか、実践量が明らかに足りない自分に何が書けるのかと。でも、そこで支えてくれたのは自主ゼミのメンバーです。自主ゼミの場では、道徳教育や評価について改めて考え直し、もっと迷子になりながら性教育のあり方を模索することができました。でもずっと、「実践したいけど思うようにできない、実践している人がうらやましい」というモヤモヤが常にあったので、私と同じ

ように、何らかの理由で実践できない方に届く内容になればと思い、執筆しました。最後の3人への質問は、実は私が一番聞きたかったことです。自主ゼミのメンバーは性教育実践にバリバリ取り組んでおられる方ばかりで憧れる一方、実践がなかなかできない目の前の現実にどう向き合っていけばいいのかと悩んでいました。体系的な実践は難しくても、小さい実践は行えます。そしてそのうち、いつかチャンスはめぐってきます。そのときのために、仲間とつながり、ともに学び、エネルギーを蓄えながら、日々子どもと関わっていくことが、実は性教育実践への近道なのかもしれません。

自己紹介

　私は 1953 年長野県生まれです。慶應義塾大学文学部卒業後、私立高校で国語および総合的な学習「性と生」を担当してきました。

　定年退職後、非常勤講師として、関東学院大学、恵泉女学園大学、白梅学園大学、一橋大学などの大学と大東学園高校で性に関する科目を担当してきました。

　現在、"人間と性"教育研究協議会（性教協）代表幹事と『季刊セクシュアリティ』誌編集長をつとめています。

　主な著書などは次の通りです。

『改訂新版ヒューマン・セクソロジー』（共著：子どもの未来社、2020 年）

絵本『人間と性の絵本』第 3 巻「思春期ってどんなとき？」（大月書店、2021 年）

『考えたことある？性的同意　知らないってダメかも』（監修・解説：子どもの未来社、2021 年）

「ココロとカラダのことを学べるココカラ学園」（共著：執筆・監修、「Yahoo! きっず」提供インターネットコンテンツ、2022 年）

『授業で使える「生命（いのち）の安全教育」事例集 —— 中学・高校編』（子どもの未来社、2023 年）

『性の学びが未来を拓く —— 大東学園高校・総合「性と生」の 26 年』（エイデル研究所、2023 年）

1 「ガイダンス」7章 「効果的な包括的セクシュアリティ教育プログラムの実施」

　「ガイダンス」179 ページからは「7　効果的な包括的セクシュアリティ教育プログラムの実施」という章です。

　この章では、効果的な包括的セクシュアリティ教育プログラムの特徴と、包括的セクシュアリティ教育の開発と実施のすべての段階（設計、実践、モニタリング、評価、拡大など）にわたる推奨事項を述べています。

2 「効果的なカリキュラム開発」には何が必要か

1）カリキュラムの開発（設計）

　まずは、「開発（設計）」に関わる内容から見ていきましょう。

　180 ページから 189 ページにかけて、「7.2　効果的なカリキュラム開発の特徴」が詳しく述べられ、188 ページにその要点が表 4 としてまとめられています。

　表 4 は「効果的な包括的セクシュアリティ教育の特徴」というタイトルで、本文の「7.2　効果的なカリキュラム開発の特徴」とは微妙に異なりますが、述べられているのは、「こういうことが必要だ」という実践に基づく推奨です。

　表 4 は「準備段階」の「1 〜 4」と、内容の開発に関わる「5 〜 14」に分けて書かれています。詳細で行き届いた内容です。

　表 4 の「準備段階　1 〜 4」について。どのような人びとと力を合わせていくか、何を踏まえるべきかが述べられています。3 は「子ども・若者のリアルな現状把握から出発するべき」だということでしょう。

　「内容の開発」の「5 〜 7」はカリキュラムづくりにおいて大切にすべき姿勢や押さえておくべきポイントです。

　「8 〜 14」は「同意とライフスキル」「HIV と AIDS、その他の性感染症、避妊、早期妊娠、意図しない妊娠、効果的で入手可能なさまざまな予防法」「生物学的経験、ジェンダー規範、文化的規範が、一般的に、子どもや若者の経験にどのように影響するか」「セクシュアリ

表 4. 効果的な包括的セクシュアリティ教育の特徴

準備段階

1. 人間のセクシュアリティ、行動変容、および関連する教育学理論の専門家を巻き込む。
2. 若者、親／家族、その他のコミュニティ関係者を巻き込む。
3. プログラムの対象となる子どもや若者の能力の発達に基づいて、社会的および性と生殖に関する健康のニーズと行動を評価する。
4. カリキュラムの開発と実施に利用可能な資源（人的、時間的、財政的）を評価する。

内容の開発

5. 内容、アプローチ、アクティビティを決めるために、明確な目標、結果、重要な学習に焦点を当てる。
6. 論理的順序でトピックをカバーする。
7. 文脈を重視し、批判的思考を促進するような活動を設計する。
8. 同意とライフスキルを扱う。
9. HIV と AIDS、その他の性感染症、避妊、早期妊娠、意図しない妊娠、効果的で入手可能なさまざまな予防法について、科学的に正確な情報を提供する。
10. 生物学的経験、ジェンダー規範、文化的規範が、一般的に、子どもや若者の経験にどのように影響するか、セクシュアリティや性と生殖に関する健康をどのように導くかについて扱う。
11. 特定の性的行動に影響を与える特定のリスクと予防要因を扱う。
12. HIV 感染、その他の性感染症、望まないまたは無防備な性交や暴力につながる可能性がある特定の状況に対処する方法を扱う。
13. コンドームやその他あらゆる避妊法に関する個人の態度や仲間の規範について扱う。
14. 子どもや若者の健康に関するニーズ、特に性と生殖の健康に関するニーズに対処するために利用可能なサービスについての情報を提供する。

ティや性と生殖に関する健康をどのように導くか」「特定の性的行動に影響を与える特定のリスクと予防要因」「HIV 感染、その他の性感染症、望まないまたは無防備な性交や暴力につながる可能性がある特定の状況に対処する方法」「コンドームやその他あらゆる避妊法に関する個人の態度や仲間の規範」「子どもや若者の健康に関するニーズ、特に性と生殖の健康に関するニーズに対処するために利用可能なサービスについての情報」と具体的な学習内容を列挙したものです。

2）独立型か統合型か

「ガイダンス」p.189 の表 5 は、包括的セクシュアリティ教育を単独科目で進める（独立型）べきか、「統合型」として、複数の科目において進めるべきか、という問題を検討した対比表です。

「統合型」「独立型」それぞれのメリットとデメリットが対比されています。

ヨーロッパなどでは、「統合型」が圧倒的です。

表5. 独立した包括的セクシュアリティ教育にするか
統合的な包括的セクシュアリティ教育にするか重要な考慮すべき事項

独立型	統合型
・それ自体が独立しているため、教科の重要性を表している。	・既存のカリキュラムの教科を補完し、特定のスキルや知識領域が他のテーマ（社会科、ライフスキルなど）と結びつけられる。
・完全に独立した教科として教えるためのカリキュラムにおける十分な時間または空間がないかもしれない。	・教員がセクシュアリティ教育の内容を「はめ込もう」とすると、学習の詳細な側面、または困難なトピックは、試験にとって重要と思われるような他の教科の内容によって圧縮されるかもしれない。
・研修を受ける必要があるのは一人の教員だけである。しかしそうなるとその教科は、一人の個人の責任と能力に依存してしまう。	・多くの教員が、すべての「カリキュラム」を全教科にわたって確実に網羅するために、研修やサポート、調整機能を必要とする。
・評価と試験がより簡単にできる。	・カリキュラムの枠組みに沿って複数の教科にまたがって試験を行うと、全カリキュラムの進捗状況と評価の概要を把握することがより複雑になる可能性がある。
・研修を受ける教員の数や、開発される教育学習教材の数の点から、費用対効果が高いかもしれない。	・包括的セクシュアリティ教育に関連する特定の内容を追加することで、研修、教材、評価にかかるコストを、既存のさまざまな領域に分散させることができる。
・このセンシティブな教科のために、教師が孤立していると感じたり、サポートが欠けていると感じたりするかもしれない。	・より多くの教職員が関与し、包括的セクシュアリティ教育を理解することで、より総体的な「学校全体」のアプローチにつなげることができる。

　日本の「学校における性に関する指導」は全教科で扱うとされているので、極めて貧弱ですが「統合型」と言えるでしょう。しかし「人権教育」とは違って基盤となる根拠法はありませんし、最小実施時間の目処もありません。日本全国の一定規模以上の中学校724校を対象にした調査（橋本紀子、茂木輝順ら，2017）によると、中学校での性教育の授業数は、平均して3年間で8.62時間。1年間では3時間未満に過ぎません。

　文科省によれば、ほとんどすべての科目で性に関わる内容を取り扱えるとされていますが、先ほどの調査では、性教育が位置づけられている科目は保健体育に偏しています。

　また、上述の調査では「性教育で扱う内容」は、「身体」「妊娠」「性感染症」「月経」「射精」などが80％以上を超えているのに対し、「男女平等」「性行動」「避妊」「自慰」などは50％以下であり、包括的な性教育とは言えない内容であることがわかります。

3) カリキュラムの設計から実践へ

189ページからの10項目は、私たちが実際に現場で包括的性教育を行う際のチェック項目としても役に立ちます。皆さんは何番に注目するでしょうか。同じ現場の人と、大事だと思うことを交流するのはとても意味のあることだと思います。

7.3　包括的セクシュアリティ教育プログラムの設計と実践

1. 独立プログラムと統合プログラムのどちらを使用するかを決定する（表5参照）
2. 数年にわたる多様で連続した授業を含める
3. 包括的セクシュアリティ教育カリキュラムを試行する
4. 子どもや若者を積極的に巻き込み、かれらが情報を内面化し統合することを助けるような、参加型教授法を採用する
5. 学校およびノンフォーマルな環境でカリキュラムを実施するため、能力と意欲のある教育者を選択する
6. 教育者に意識高揚、価値の明確化、質の高い教員養成および現職研修、継続的な専門能力開発の機会を提供する
7. すべての子どもや若者の秘密やプライバシーが守られる安全な環境を確保する
8. 多元的な新たな取り組みを実践する
9. 実践手法としてデジタルメディアを使用することの妥当性を評価する
10. 包括的セクシュアリティ教育プログラムを再現するときは質を維持する

3　モニタリングと評価

1) 7.4　包括的セクシュアリティ教育プログラムのモニタリングと評価

ここではモニタリングと評価に関する3つの段階が解説されています。

まず、関係者からのフィードバックです。

> 1. プログラムを評価し、プログラムがどのようにその成果を達成しているかについて、学校、コミュニティ、教育者、学習者から継続的なフィードバックを得る
>
> 　プログラムの定期的なモニタリングと評価には、例えば、参加者数、学習者の属性などのデータの頻繁なレビューや、教員研修や伝え方、介入に関する説明資料の入手を必要とするべきである。モニタリングと評価にはまた、用いられている教授アプローチ、カリキュラムへの忠実度、学生の学習経験に対する認識、学習環境の安全性に関するデータを収集するための標本となるクラスでの観察やインタビューも含むべきである（UNFPA, 2014）。

　ここで述べられている関係者からのフィードバックは、日常的に私たちが行っている評価や振り返りのためのアンケート調査と同じものと考えていいでしょう。

　次の「体系的測定」は一般的なフィードバックとはレベルの違う、国の教育モニタリングシステムの話になります。こんな風に述べられています。

> 2. セクシュアリティ教育の実施についての体系的測定を確実に行うため、国の教育モニタリングシステムに、一つ以上のセクシュアリティ教育に関する重要な指標を組み込む
>
> 　さまざまな教育問題に関する定期的なデータ収集の際に、セクシュアリティ教育に関する重要な質問を一つか二つ含めるといった、国のシステムを通して、セクシュアリティ教育の実践についての体系的モニタリングを実施することができる。

　いくつかの「必須の指標」と「望ましい指標」について教育管理情報システム（EMIS）を用いて国家レベルで体系的に測定することが提起されています。

　この部分で当然のように言及されている「EMIS」ですが、私にはまったく知識がなかったので、とりあえずいろいろと調べてみました。

　わかったことは、教育管理情報システム（Education Management Information System = EMIS）とは「教育システムのあらゆるレベルでの

意思決定、政策分析と策定、計画、監視、管理を支援するために、データと情報を収集、統合、処理、維持、普及することを目的としている」評価システムだということです。

またEMISは、「人、技術、モデル、方法、プロセス、手順、規則、および規制のシステム」であり、「あらゆるレベルの教育リーダー、意思決定者、およびマネージャーに、関連性が高く、信頼性が高く、明確でタイムリーなデータと情報の包括的で統合されたセットを提供し、責任の完了を支援する」というものです。

「必須の指標」はHIV予防に最も直接的な影響を与えるものであり、「望ましい指標」は「HIV予防には間接的な影響を与えるものだが、セクシュアリティ教育プログラム全体の一部として重要なもの」とされています。この指標の詳しい内容は付録Ⅷを参照のこと、とされています。

p.272の付録Ⅷを示します。

付録Ⅷ　ライフスキルに基づくHIVおよびセクシュアリティ教育をモニタリングするために提案された指標

すべての学校におけるライフスキルに基づくHIVおよびセクシュアリティ教育の実施に向けた進捗を評価するために、UNESCOとUNAIDSにおけるHIVと健康教育に関する共同タスクチーム（IATT）は、教育部局が「前年度にライフスキルに基づくHIVおよびセクシュアリティ教育を提供した学校の割合」の指標を測定するよう勧告した。

この指標は、公式なカリキュラム（試験可能な独立した科目として、あるいは他のカリキュラムの科目に統合されているものとして）や課外活動の一部の中で提供されるライフスキルに基づくHIVおよびセクシュアリティ教育プログラムの「必須」および「望ましい」内容のセットを提案する（UNESCO, 2013a）。

これらの必須および望ましい内容を以下に提示する。

トピック／内容

一般的ライフスキル	
必須の トピック	意思決定／アサーティブネス（自己主張力） コミュニケーション／交渉／拒否 人権エンパワーメント
望ましい トピック	受容、寛容、共感、差別しないこと その他の一般的なライフスキル
性と生殖に関する健康／セクシュアリティ教育	
必須の トピック	人間の成長と発達 性的解剖学および生理学 家族生活、結婚、長期的な関係性、対人関係 社会、文化、セクシュアリティ（セクシュアリティと関係した価値、態度、社会規範、メディア） 生殖 ジェンダー平等とジェンダー役割 性的虐待／望まないまたは強要されたセックスへ（性行動）の抵抗 コンドーム 性的行動（性的実践、よろこび、感情） 性感染症（STI）の感染と予防
望ましい トピック	妊娠と出産 コンドーム以外の避妊法 ジェンダーを理由とした暴力と有害な慣行や暴力の拒絶 性的多様性 性と生殖に関する健康サービスの情報源／サービスを探すこと 性と生殖に関する健康やセクシュアリティ教育に関連するその他の内容
HIVとエイズ関連の詳細な内容	
必須の トピック	HIV感染 HIV予防：コンドームの使用を含むセーファーセックスの実践 HIVの治療
望ましい トピック	HIV関連のスティグマと差別 カウンセリングや検査サービスの情報源／カウンセリング、治療、ケア、サポートのためのサービスを探すこと その他のHIVおよびAIDS関連の詳細な内容

出典：UNESCO. 2013a. Measuring the education sector response to HIV and AIDS: Guidelines for the construction and use of core indicators. Paris, UNESCO.

2）プログラムの結果と影響の評価

「3. プログラムの結果と影響を評価する」という項目を見ていきます。

> **結果の評価**では、態度や行動、スキルの変化、特定対象集団において達成した若者の割合、その他の短期的な指標など、リスク要因と予防要因を見極める。

これは私たちの日常の教育活動で普通に行われていることです。

> いくつかの指標の科学的根拠は、特定の種類の調査を通して収集できる。例えば、対象集団へのインタビューやプログラムモニタリングデータの分析を、若者の包括的セクシュアリティ教育への参加を評価する際に使用することができる。

このこともすんなり理解できるでしょう。

> 受講者集団のメンバーが他の受講者との会話形式のインタビューを行うピアレビュー法は、受講者のストーリーや視点に対する理解を深める機会を提供する（IPPF, 2013）。直接的な観察やインタビューは、重要なスキルを実践する若者の能力を評価するために使用することができる

「ピアレビュー法」という言葉は耳新しいかもしれませんが、生徒から生徒への説明、生徒同士のインタビューなどの活動が生徒の理解に大きく寄与する経験は多くの方がお持ちだと思います。

それと並んで挙げられているのは「生徒（学習者）への直接的インタビュー」です。これが若者の能力評価に役立つということは理解しやすいのではないでしょうか。

> 一方、検証済みの尺度や調査は、知識、態度、実践の変化についての情報を提供するために使用することができる。

ここで「検証済みの尺度や調査」と言われているものを見てみましょう。

> 例えば、「自尊感情尺度」「コンドームの正しい使い方と自己効力感の尺度」「思春期の連結性におけるヘミングウェイ尺度」「親と思春期の若者のコミュニケーション尺度」「性的関係における力の尺度」などがある（UNFPA, 2014）。

これらが「検証済みの尺度や調査」であるということを私はまったく知りませんでした。「……ヘミングウェイ尺度」という名称にも驚かされました。これらの内容は現在のところまったく不明です。

> **影響の評価**は、観察された結果の変化と特定のプログラムを関連づける。指標には最終的なプログラムの目標が含まれる。例えば、HIVやAIDS、意図しない妊娠、性感染症の率の低減や、ジェンダー平等、または、特定の状況の中で包括的セクシュアリティ教育プログラムの目標に含めるために明らかにされてきた他の結果などがある。影響は、その要因の特定を可能にする無作為化比較対照試験のような調査方法を用いて評価される。しかし、思春期の妊娠やHIVの発生のような健康指標に従って包括的セクシュアリティ教育の影響をモニタリングすることが難しい場合がある。サービスへのアクセスなどの他の要因が、観察された変化に重要な役割を果たしている可能性があることを想起することは重要である（UNESCO, 2014a）。

p.197の表7から、EMISを用いたアンケートの内容の一端がうかがえます。

表7. ライフスキルを基盤としたHIVとセクシュアリティ教育の質、包括性、適用範囲を調査するために、教育管理情報システム（EMIS）を用いた国での使用が推奨される指標

あなたの学校の生徒は、前年度にライフスキルを基盤とした包括的なHIVとセクシュアリティ教育を受けましたか？		
はい／いいえ		
「はい」の場合、ライフスキルを基盤としたHIVとセクシュアリティ教育プログラムで取り扱ったトピックを示してください。		
一般的なライフスキルに関する指導（意思決定／コミュニケーション／拒否スキルなど）	はい	いいえ
性と生殖に関する健康にかかわる指導／セクシュアリティ教育（人間の成長と発達、家庭生活、生殖に関する健康、性的虐待、性感染症にかかわる指導など）	はい	いいえ
HIV感染と予防に関する指導	はい	いいえ

出典：UNESCO, 2013a. HIVとエイズに対する教育部門の対応の測定：コア指標の構築と利用のためのガイドライン. Paris, UNESCO.

4 7.5 包括的セクシュアリティ教育を拡大する

包括的セクシュアリティ教育をどう広げていくか。このテーマは私たちにとっても切実なものです。

UNESCOは、セクシュアリティ教育を拡大するための重要な10原則を明らかにしています（p.200 BOX 4）（UNESCO, 2014）。

BOX 4 UNESCOによるセクシュアリティ教育を拡大するための重要な10原則
1. 既存のシステムの中で拡大できる介入やアプローチを選択する。
2. 拡大の目的とさまざまな関係者の役割を明確にし、地域／国の権限／主導的役割を確実にする。
3. 認識されているニーズを理解し、既存の政府システムや政策に適合させる。
4. 拡大の前に、試験的プログラムの効果に関するデータを入手し、広める。
5. プログラム効果における介入がもたらす変化による影響を記録し、評価する。
6. リーダーシップの役割を認識する。
7. 持続可能な計画を立て、拡大のための資源の入手を確実なものとし、もしくは資金調達を計画する。
8. 長期の計画（寄付による資金調達サイクルではない）を立て、変化や逆行を予測する。
9. 時間の経過とともに拡大プロセスを導く「リソースチーム（資源に関する協力体制）」における変化の必要性を予測する。
10. 政治的環境における変化に拡大戦略を適応させる。それらが発生したときは、「政策窓口」を利用する。

この10原則は、国レベルにおける拡大策を想定したものです。現場に関わる私たち実践者には、4、5、6などが参考になると思います。

ここまでの記述から浮かび上がってくることは、「効果的な包括的性教育の実現には集団的・協働的な取り組みが必須」ということです。

「包括的セクシュアリティ教育の設計、実践、モニタリング、評価、拡大など、……開発と実施のすべての段階」において、集団的な力、

協働の力が必要なのです。

「ガイダンス」で具体的に挙げられているのは、「開発者」「専門家」「教育者」「コミュニティのリーダーたち」そして「学習者」です。開発者が教育者と同じ場合もあるでしょうし、専門家が開発者であり、さらに教育者である場合もあるでしょう。

プログラムの開発過程において意見を聞く対象としては、「若者自身」「フォーカスグループ」（質的調査のための集団）、「ターゲットグループ」（対象となる集団）または同様の集団が挙げられています。

これらの人びとが、自分のいる地域や職場、学園などにおいては誰を指すのか、具体的に考えてみるのも意味のあることだと思います。

5　私の考える包括的性教育推進のためのプロセス

包括的性教育を推進する集団的な力・協働の力はどのように実現できるのか、どうやったら発揮できるのか。私の考えるプロセスを10項目にまとめてみました。

1　包括的性教育の必要性について自分自身が確信を持つ
2　自分が広く深く学ぶことでさらに確信は深まる
3　包括的性教育の必要性に共感する人を発見する（日本全国を視野に入れれば必ず見つかる）
4　共感する人とは、自由で忖度のない意見交換ができるように留意し、自分が独善的にならないようにする「仕掛け」も作るとよい
5　その人（たち）と包括的性教育の必要性と実現の見通しなどについて意見交換する
6　「仲間」を作る（サークルなのか、チームなのか、協同実践者なのか、実践者と応援団なのか、誰が何の役割を果たすのか、誰がどんな役を演じるのかなど。相談しながら）
7　自分のいる場でどのように包括的性教育につながる取り組みが実現できるのか、どんな糸口があるのか、何から始められるか……戦略と戦術を考える
8　全国的な経験に学ぶ

6　まとめ

　包括的性教育の必要性は広く認識され始めています。

　「国際セクシュアリティ教育ガイダンス」という参考にすべき国際的指針も出版されました。

　そして、性教協という頼りになる研究団体も存在しています。

　やり方を間違えなければ、仲間は必ず（たとえ同じ職場でなくとも）見つかり、必ず協同・協働の力は発揮できます。

　優れた実践者がいるにもかかわらず、仲間ができない、引き継ぐ人がいない、というケースをしばしば見聞きします。その人のいる現場の管理・抑圧が激しいなど困難が多いという事情も確かにあります。

　しかし、往々にして見受けられるのは、優れた実践者が仲間づくり、協同・協働の力づくりに対して必要な目配りを十分にしていないケースです。優れた実践をすることと仲間づくりは、関連し合っていますが、それぞれ独立したテーマ・課題です。いい実践をすればおのずと仲間が増えるという訳ではなく、仲間づくりは独自に追求しなければ実現できないのです。

　仲間とともに歩むことが「1人の10歩より10人の1歩」などと定式化されることがありますが、10歩と1歩が対置される必要もないでしょう。「1人の10歩と10人の1歩」であってもいいのです。いずれにしても「10人」に対する目配りが必要です。

　私は、「何年も何十年も、長期にわたって仲間が作れない性教育実践」には何かしら欠落しているところがあるのではないかとすら考えています。その場合、自己分析と率直な相互批判が必要になるでしょう。

　仲間を見つけてサークル結成をしたにもかかわらず、特定の個人（複数のケースもある）が幅をきかせてボス化し、他の人はボスに忖度するというケースもいくつか見てきました。

　これは組織における民主主義の問題なのですが、民主主義の根本に

はサークル構成員の人権意識が地に足の着いたものなのかどうか、という問題があります。

人権と多様性の尊重、構成員の対等平等性の尊重と保障は、常に構成員全員が意識すべき鉄則です。

最後です。学校で性の学びを進めるために何が必要なのでしょうか。

私が話を聞いた公立学校教員の方々の意見をまとめると、多少の違いはありましたが、以下の大小10項目になりました（順序は人によって違います）。

①文科省のやる気
②教育委員会のやる気
　1　性教育に対する法的裏付け
　2　管理職のやる気
　3　教職員への研修
　4　教員の時間的ゆとり
③教材研究の自由の保障
④教職員間の連携、協力
⑤保護者の理解
⑥学校外専門家の協力

私も、この10項目が実現したら日本の性教育は大きく変わると思います。

問題は、これらを実現する道筋と実現の可能性です。

「文科省のやる気」を実現するためには、政治を変え、文教政策を変える必要があります。政治を変える展望が持ちづらい状況もありますが、2017年に刑法性犯罪規定を110年ぶりに変えさせた協同の取り組みなどに学び、「まともな包括的性教育を実現する」という一点で力を合わせる運動を作っていくことが大切ではないでしょうか。

あとがき──4グループのとりくみから

　執筆にあたり、内容の検討は4つのグループに分かれて行い、各グループのとりまとめを編者が担いましたので、出版に至るまでのそれぞれのとりくみを紹介し、自主ゼミの意味やとりくみの感想などを記します。

グループ1

　グループ1は田部こころさん、岩佐寛子さん、浅井春夫の3名です。岩佐さんは「乳幼児の性と性教育サークル」でお互いに事務局を担っている仲間で、田部さんは大学院で院生と教員として性教育をともに語りあった仲間です。岩佐さんは「こんなに長い論文を書くのははじめてで、書けるかなあ」と、田部さんは「現場の状況をどう文章化できるのか」と不安を口にしていました。お二人ともコロナ禍のなかで現場を持ちながら、原稿の修正を深夜に返送されるなど本当に努力されました。現場の方々が「ガイダンス」を本気で学ぶことで問題意識をより豊かにし、読み、語り、書くことで実践力を高めることになることを確信しています。自主ゼミ方式での学びが全国に広がることを願っています。

（編集担当：浅井春夫）

グループ2

　グループ2は浦野匡子さん、朴惠貞さん、水野哲夫さん、渡邉安衣子の4名です。

　4人で、この本が出版されるときのイメージをワクワクと感じつつ、でもできるかな……と緊張もしながら語りあったことがついこの間のようです。

　ある日のグループミーティングより……「自主ゼミではそれぞれの発表もよかったけど、その後の意見交換が本当に有意義でしたね」「それぞれの実践（体験）と照らし合わせるとガイダンスがわかりやすくなったよね」「さまざまな切り口がおもしろかった！」「それが1冊になるなんて、まさに"寄せ集まった"感じ！」「ちらし寿司、おい

しい！みたいな？」（一同笑）

　事情があり、執筆を断念した仲間もいますが、それぞれが互いに学び合い、影響し合って、この本は出来上がりました。ガイダンスをどう紐解いていくか、道はたくさんあります。「豊かなものほど、道はたくさんになる」、自主ゼミの仲間との学びは、多様性、包括的という言葉がぴったりだと感じました。

（編集担当：渡邉安衣子）

グループ3

　グループ3はあっきーさん、星野恵さん、辻奈由巳さん、谷村久美子の4名です。

　「ガイダンス、本を買ってはみたものの、読むのは難しいという人へ届けたいね」「読んだ人が性教育に踏みだせる内容にしたいね」とグループ3では語りあってきました。教員や講師として、目の前の人に伝える仕事に就いている（就いていた）メンバーが多いのがグループ3の特徴です。まだ見ぬ読者の方に、何を、どこまで、どのように書いたらいいのか……悩みながら原稿に向き合ってきました。編集担当の私の仕事が至らず、何度も修正してもらったことも……みなさんには感謝しかありません。夜遅くまで性教育について語りあった時間は、私の宝物です。ありがとうございました。

（編集担当：谷村久美子）

グループ4

　グループ4は、青年保育士で大学院生の小泉玲雄さん、ベテラン助産師の土屋麻由美さん、性と人権教育が専門の大学教員の艮香織さん（ゼミにおいて「10　付録」の回担当）、元小学校教員で現在大学の実務家教員の村末勇介の4名でした。「ガイダンス」の読み方は、読み手としての個人の経験やそれまでの学びの質によって、当然異なってきます。自主ゼミ形式の今回のとりくみは、この異質による共同の学びのおもしろさを十分に味わわせてくれるものでした。この本では、それぞれが日常的に関わっている具体的な「人間」の姿を、「ガイダンス」を視点・切り口として描き出し、セクシュアリティ教育の課題や可能性につなぎたいと思いました。なお、今回、担当箇所の特徴から、艮さんの執筆原稿は入っていませんが、彼女の貴重な意見が、それぞれの論考のなかに成分としてたっぷりと溶け込んでいることを補足して

274

おきます。読者のみなさんのこれからの実践・研究へのヒントになれば、私たちの大きなよろこびです。　　　　　　　　　　（編集担当：村末勇介）

　明石書店には『国際セクシュアリティ教育ガイダンス』の初版および改訂版の刊行にご尽力をいただき、引き続いての本書の出版をお引き受けいただきました。心よりの感謝を申し上げます。

　とくに編集部長の神野斉さんには、当初の検討段階からさまざまなアドバイスをいただくことで、なんとか出版にこぎつけることができました。謹んでお礼を申し上げます。

　岡留洋文さんには、『ガイダンス』の初版から改訂版の翻訳の際にも担当していただき、本書の出版でも編集・校正をていねいにすすめていただきました。心よりの感謝を申し上げます。

　本書を多くの方に読んでいただき『ガイダンス』の集団的な学びの花が全国各地で咲き、包括的性教育を日本に根づかせるうえで確かな一助になることを願っています。

編者　　浅井春夫　谷村久美子

村末勇介　渡邉安衣子

あとがき　275

執筆者一覧 （五十音順、[ ]内は担当原稿。＊は編著者）

＊浅井春夫 [まえがき、1、2、5.1、あとがき]
立教大学名誉教授・一般社団法人"人間と性"教育研究協議会代表幹事

あっきー [3]
ダイビーノン代表・一般社団法人"人間と性"教育研究協議会幹事

岩佐寛子 [5.9]
公益社団法人日本助産師会・性教協「乳幼児の性と性教育サークル」運営委員

浦野匡子 [5.4]
和光幼稚園教諭・性教協「乳幼児の性と性教育サークル」運営委員

小泉玲雄 [5.3]
東京学芸大学大学院教育学研究科大学院生・性教協「乳幼児の性と性教育サークル」事務局長

＊谷村久美子 [まえがき、5.6、あとがき]
正則高等学校講師・一般社団法人"人間と性"教育研究協議会幹事

田部こころ [5.8]
東京保護観察所保護観察官

辻奈由巳 [6]
一般社団法人"人間と性"教育研究協議会幹事・性教協「障害児・者サークル」世話人

土屋麻由美 [5.5]
麻の実助産所所長・認定特定非営利活動法人ピッコラーレ副代表

星野恵 [5.2]
元公立小学校教員・一般社団法人"人間と性"教育研究協議会代表幹事

水野哲夫 [7]
一般社団法人"人間と性"教育研究協議会代表幹事・『季刊セクシュアリティ』編集長

＊村末勇介 [まえがき、4、あとがき]
琉球大学教員・一般社団法人"人間と性"教育研究協議会九州ブロック幹事

＊渡邉安衣子 [まえがき、5.7、あとがき]
京都あいこ助産院・公益社団法人京都府助産師会理事

「国際セクシュアリティ教育ガイダンス」活用ガイド
──包括的性教育を教育・福祉・医療・保健の現場で実践するために

2023 年 8 月 25 日　初版第 1 刷発行

編著者	浅　井　春　夫
	谷　村　久美子
	村　末　勇　介
	渡　邉　安衣子
発行者	大　江　道　雅
発行所	株式会社明石書店

〒 101-0021 東京都千代田区外神田 6-9-5
電　話　03（5818）1171
ＦＡＸ　03（5818）1174
振　替　00100-7-24505
http://www.akashi.co.jp
組版 / 装丁　明石書店デザイン室
印刷 / 製本　日経印刷株式会社

ISBN978-4-7503-5624-2
（定価はカバーに表示してあります）

LGBTQの子どもへの学校ソーシャルワーク
エンパワメント視点からの実践モデル

寺田千栄子 著

■A5判／上製／216頁 ◎3300円

日本の学校現場において性的マイノリティの子どもの権利は保障されているのか。小・中・高校の養護教諭へのアンケート調査、当事者学生への聞き取りを行い、エンパワメントの視点から学校ソーシャルワークによるLGBTQ支援の道すじを探る貴重な研究成果。

● 内容構成 ●

序　章　LGBTQの子ども達の学校生活の困難とは何か

第1章　LGBTQの子どもへの支援に関する先行研究

第2章　学校教育現場におけるLGBTQの子ども達の相談・支援に関する量的把握

第3章　LGBTQ当事者の学校教育現場での潜在的ニーズの質的把握

第4章　エンパワメント視点の学校ソーシャルワーク支援の必要性

終　章　エンパワメント視点に基づく学校ソーシャルワーク実践について

子どもの権利ガイドブック【第2版】
日本弁護士連合会子どもの権利委員会編著 ◎3600円

子どもの虐待防止・法的実務マニュアル【第7版】
日本弁護士連合会子どもの権利委員会編 ◎3200円

子どもアドボケイト養成講座
子どもの声を聴き権利を守るために
堀正嗣著 ◎2200円

子どもの性的問題行動に対する治療介入
保護者と取り組むバウンダリー・プロジェクトによる支援の実際
エリアナ・ギル、ジェニファー・ショウ著
高岸幸弘監訳、井出智博、上村宏樹訳 ◎2700円

DV・性暴力被害者を支えるための はじめてのSNS相談
社会的包摂サポートセンター編 ◎1800円

女性の視点でつくるジェンダー平等教育
社会科を中心とした授業実践
國分麻里編著 ◎1800円

社会とつながる探究学習
生徒とともに考える22のテーマ
全国民主主義教育研究会編 ◎2000円

トランスジェンダー問題
議論は正義のために
ショーン・フェイ著
高井ゆと里訳　清水晶子解説 ◎2000円

〈価格は本体価格です〉

その指導、子どものため？ おとなのため？

ユニセフ「子どもの権利とスポーツの原則」実践のヒント

日本ユニセフ協会「子どもの権利とスポーツの原則」起草委員会 [編]

◎A5判／並製／148頁　◎1,500円

高校野球の球数制限の議論やバスケットボールの「暴力暴言根絶」など、近年スポーツにおける子どもの健康面への配慮や安心・安全な環境づくりが急速にすすんでいる。それを受け、スポーツ関係者が日々直面するであろう課題解決のヒントを、「原則」に則し解説する。

《内容構成》

Ⅰ 「子どもの権利とスポーツの原則」とは?

1 「子どもの権利とスポーツの原則」誕生の背景と概要[日本ユニセフ協会広報・アドボカシー推進室]／2 スポーツ界から見た「子どもの権利とスポーツの原則」[山崎卓也・高松政裕]／3 「子どもの権利とスポーツの原則」から見た運動部活動の安全と課題[内田良]／4 インクルーシブとダイバーシティを謳う「子どもの権利とスポーツの原則」[マセソン美季]

Ⅱ 「子どもの権利とスポーツの原則」実践のヒント

5 限られた時間の練習で大丈夫?:全国有数のバスケットボール強豪校の顧問に聞く[飯田研吾]／6 「うちの子が、なぜ試合に出られないか」にどう応える?[土屋裕睦]／7 「投球制限」だけじゃない[石川智雄]／8 指導者にルールはないのか?[野瀬清喜]／column 勝利至上主義から子どもの将来を一番に考えた指導へ[阪長友仁]／9 企業だからできること:株式会社アシックス担当者に聞く[日本ユニセフ協会広報・アドボカシー推進室]／10 こんなやり方でもエリートは育つ:ノルウェーとニュージーランドからの報告[山崎卓也・飯田研吾]／column 相手をたたえるセレモニー:全国スポーツ少年団ホッケー交流大会の取り組み[日本ホッケー協会スポーツ少年団部会]

Ⅲ [対談]スポーツには勝利より重要な価値がある

[鈴木大地×筒香嘉智×大滝麻未／モデレーター:山崎卓也]

国際セクシュアリティ教育ガイダンス
【改訂版】
科学的根拠に基づいたアプローチ

ユネスコ [編]

浅井春夫、艮香織、田代美江子、
福田和子、渡辺大輔 [訳]

◎A5判／並製／296頁　◎2,600円

性教育をすすめていくうえで世界のスタンダードとして定評のある手引きの改訂版。本書は、セクシュアリティ教育を人権、ジェンダー平等という枠組みの中で再認識し、若者にとっての利益が最大となる、「性と人間関係」についての包括的な学びを提供している。

《内容構成》

はじめに〜日本語翻訳版の発行によせて
序文
1　はじめに（イントロダクション）
2　包括的セクシュアリティ教育の理解
3　若者の健康とウェルビーイング（幸福）
4　科学的根拠に基づいた包括的セクシュアリティ教育
5　キーコンセプト、トピック、学習目標
6　サポート体制の構築と包括的セクシュアリティ教育プログラム実践のための計画
7　効果的な包括的セクシュアリティ教育プログラムの実施
8　参考資料
9　用語集
10　付録
「国際セクシュアリティ教育ガイダンス」をいかすために
訳者あとがき〜希望を胸に抱いて、包括的セクシュアリティ教育を拓く

〈価格は本体価格です〉